말기술

EXPENSIVE SENTENCES. Debunking the Common Myths that Derail
Decisions and Sabotage Success

by Jack Quarles

Published by special arrangement with Ideapress Publishing in conjunction with their duly appointed agent 2 Seas Literary Agency and co-agent PUBHUB Literary Agency.

말기술

일 결정력을
높이는 말 사용법

잭 퀄스 지음 | 오윤성 옮김

생각의 서재

차례

3부

아깝다! VS 정말 아까울까?

들어가며

잘못된 결정으로 이끄는 한마디가 있다

덫 또는 함정은 이야기를 흥미진진하게 만든다. 주인공은 처음에는 좋게만 보이는 일에 낚여 궁지에 몰린다. 애초의 계획은 훌륭했는지 모른다. 문제는 그 바탕이 되는 정보나 전제가 틀렸던 것이다. 소설이나 영화에만 나오는 이야기가 아니다. 밝은 미래를 약속하는 계획을 따랐다가 쓰디쓴 실패에 이른 경험은 누구에게나 있다. 처음에 결정을 내릴 때는 탄탄한 근거와 논리를 바탕으로 잘 판단했던 것 같은데, 끝에 가서는 시간, 돈, 기회 등 많은 것을 잃고 만다.

우리의 일과 삶을 망치는 적은 영화나 소설에 나오는 악당처럼 사악하게 생기지 않았다. 하지만 분명 존재한다. 좀 더 간사하고 교묘하고 위험하다. 그것은 다름 아닌 '말'이다. 겉은 달지만 속엔 독이 들어 있는 말, 지혜로운 조언처럼 들리지만 사실은 큰 대가를 치르게 하는 말. 그런 '비싼 (대가를 치르게 하는) 문장'이 우리의 적이다.

말은 어떻게 결정을 망치는가

• • •

회사에는 무엇을 구매하고, 누구를 채용하고, 어떤 자원을 어디에

분배할지를 결정하는 여러 팀이 있다. 지난 20년간 나의 전문 영역은 주로 위탁 지출 관리였지만, 그 외에도 임원, CEO 고문, 컨설턴트, 이사 등 다양한 자리에서 결정 과정을 주도했다. 그간 함께 일한 조직은 연 매출 수천억대 기업부터 스타트업, 국제비영리단체까지 다양하다.

성격은 제각각이었지만, 어느 조직이든 똑같은 목표를 추구했다. 투자한 자원 대비 최대의 가치를 얻어낼 것! 이 목표를 위한 의사결정 과정 역시 대체로 비슷하게 시작된다. 먼저 목표를 정하고, 정보를 수집하며, 비용-편익 관련 데이터를 분석한다.

그런데 어느 시점에 이르면 추진력이 떨어지기 시작한다. 체계적으로 분석하기보다 일부 결정권자가 특정 아이디어에 매달리게 된다. 그 아이디어가 하나로 정해져 있는 것은 아니지만 늘 비슷한 결과를 낳는다. 다른 고려사항들은 더 이상 생각할 필요가 없게 되고 어느새 시야에서 사라지고 마는 것이다.

놀랍게도 이러한 패턴의 핵심에는 공통적으로 다음과 같은 문장과 표현이 있었다. 이른바 인사이더만이 알 수 있는 정보와 지식을 강조하는 태도다.

"그 업체가 이 분야 최고라니까."

"지금 와서 결정을 바꾸기엔 너무 늦지 않았나요?"

"우리는 다르잖아. 그 방법은 우리에게 맞지 않아."

또는 다음과 같이 좀 더 일반적인 통념이 상황을 좌우할 때도 많다. "돈은 쓴 만큼 값을 하지." "강물 한가운데서 말을 갈아탈 수는 없다." "고객이 왕이다."

듣기에는 그럴듯하다. 들을수록 맞는 말 같고, 딱히 반박할 방법이 없다. 회의에서 이런 말이 나오는 순간, 논의가 중단되고 최종 결정이 내려진다. 모두가 고개를 끄덕이고, 악수를 나누고, 이 정도면 만족스럽다면서 회의를 끝낸다.

나의 첫 번째 비싼 문장

• • •

내가 비싼 문장에 처음 눈뜬 것은 금융회사에서 조달부서 부장으로 일하던 때였다. 당시 우리 팀은 회사가 특정 거래처에 매년 10억 원이 넘는 대금을 지불하고 있다는 사실을 발견했다. 나는 그 거래처의 이름이나 맡은 일에 대해서 들은 바가 없었기에 해당 지출과 관련이 있는 인사부 부장에게 문의했다. 그의 답은 이러했다.

"우리 팀이 신원조사를 외주하는 곳이죠. 일을 꽤 잘해요. 그쪽에서 지출을 더 줄일 필요는 없을 것 같은데요."

"왜 그렇죠?"

"8년 전 가격을 그대로 유지해주고 있거든요."

그렇군.

별문제 없을 것 같았다. 하지만 나는 신원조사라는 업무가 뭔지 전혀 몰랐기 때문에 인사부의 부서장을 만나 한 번 더 물었다.

"아, 그 업체? 우리하고 잘 맞는 곳이죠. 특히……."

특히 뭘까?

"8년 전 가격을 그대로 유지해주고 있거든요!"

흠, 같은 대답을 두 번 듣게 되자 호기심이 솟구쳤다. 나는 신원조사가 어떤 일인지, 적당한 가격은 얼마인지를 여전히 잘 몰랐다. 그래서 부서장의 이야기를 들은 뒤 우리 팀은 쇼핑에 나서기로 했다. 즉, 시장을 조사하고, 유사 서비스를 제공하는 다른 업체들을 만나고, 현재 우리가 적당한 지출을 하고 있는지 확인하기로 했다.

나는 현 거래처의 영업부서에 전화를 걸어 우리가 다른 업체를 검토할 계획임을 전했다.

"왜 굳이 다른 곳을 알아보시려고 하는지 모르겠네요."

상대는 곤란하다는 듯이 말했다.

"저희와 좋은 관계를 맺고 계시잖아요. 게다가……."

게다가 뭘까?

"저희는 8년 전 가격을 그대로 유지해드리고 있죠!"

나는 바로 그 순간 큰돈이 새어 나가고 있었음을 직감했다. 하지만 아직 내 감을 완전히 믿을 수는 없었다.

우리는 예정대로 검토를 진행했다. 시장을 조사하고, 다른 후보 업체를 선정하고, 거래를 위한 공식 문의를 수행했다. 그렇게 이 분야에 대해 알면 알수록 "8년 전 가격 그대로"가 정말 좋은 조건인지 의심이 깊어졌다.

그건 거짓말이었다.

우리는 현재 금액의 절반도 안 되는 가격에 더 좋은 품질의 솔루션을 찾아냈다. 그 결과, 연 지출이 10억에서 5억으로 대폭 줄었다.

그러나 이야기를 되짚어보면, 우리 회사가 지난 몇 년간 매해 수십억 원을 초과로 지불했다고 말하지 않을 수 없다. 문제의 거래처는 사기를 쳤다고는 할 수 없어도 분명 고의로 우리에게 품질 면에서나 가격 면에서 시장 기준에 못 미치는 서비스를 판매했다. 어떻게 그런 일이 벌어질 수 있었을까? '가격 인상 없는 거래가 좋은 거래'라는, 많은 사람이 곧이곧대로 믿지만 완전히 틀린 경험칙 때문이었다. "그 업체는 8년 동안 가격을 인상하지 않았다"라는 말은 알고 보니 아주 비싼 대가를 치르게 한 문장이었다.

우리는 속고 있다. 전통적인 교훈, 경험에서 찾은 지혜, 누구나 아는 상식을 책으로 쓰면 도서관 하나를 너끈히 채울 정도다. 그런 말은 자주 인용되고 널리 인정받고 또 가끔은 들어맞지만, 어울리지 않는 상황에 적용하면 막대한 피해를 낳을 수 있다. 단순한 조언이 실은 그리 단순하지 않을 수 있고, 오히려 우리를 기만할 수도 있다. 어떤 상황에서는 맞는 말이 다른 상황에서는 틀릴 수 있다. 따라서 우리가 가장 먼저 해야 할 일은 그 말이 나에게 도움이 되는지 방해를 하는지를 판단하는 것이다. 물론 쉬운 일은 아니다.

돈 버는 말, 돈 버리는 말

• • •

어떤 말이 싼지 비싼지를 어떻게 알 수 있을까? 비싼 문장에는 다음과 같은 힘이 있다.

비싼 문장은 정보를 제한한다. 논의를 끝내버리고, 다급한 상황을 연출하고, 돌파구를 감춘다. 비싼 문장은 선택지를 줄이며, 선택을 방해한다.

이러한 비싼 문장은 상황에 따라 무한히 다른 표현으로 변형되지만, 그 핵심은 다음 세 가지로 압축할 수 있다.

"어쩔 수 없잖아."

"특별하니까."

"아까워서."

비싼 문장은 지금은 어쩔 수 없다고, 이 사람은 특별하다고, 이번 건은 놓치기 아깝다고 주장한다. 이 책에서 우리는 '어쩔 수 없다', '특별하다', '아깝다' 이 세 가지 관념이 실제로는 어떤 뜻을 내포하고 있으며, 그로 인한 대가는 무엇인지 자세히 살필 것이다. 또 세 가지 믿음을 구체적으로 표현하는 문장들을 분석할 것이다.

비싼 문장은 우리의 불완전한 사고를 반영하는 '증상'이지만 그게 전부가 아니다. 이 증상은 질병을 나타내는 신호일 뿐만 아니라 질병을 악화시키는 원인이다. 말의 힘은 그런 것이다. 비싼 문장은 여러 번 반복되어 신뢰를 얻을수록 병을 더더욱 심각하게 만든다.

다행히도 위 세 가지 비싼 문장에는 또 하나의 결정적인 특징이 있다. 증상을 해결하면 근본 질병이 함께 치료된다는 점이다. 우리는 비싼 문장을 바른 문장으로 고쳐나가는 과정 자체에서 질병을 본질적으로 해결할 수 있다.

말은 믿음을 반영한다. 말을 개선하면 믿음도 바뀔 수 있다. 바로 이것이 우리가 가진 기회이며 이 책이 이루려는 목표다. 당신은 이 책이 제시하는 기술을 배우고 나면 여러 다양한 상황에서 그 기술을 응용할 수 있을 것이다. 나 역시 첫 번째 비싼 문장과 씨름한 뒤에 그러한 발전 과정을 경험했다.

당시에 내가 '비싼 문장'이라는 게 있더라고 말했더니 상사가 껄껄 웃으며 말했다.

"우리 회사에서도 몇 가지를 자주 쓰는 것 같던데요."

정말 그랬다. 비싼 문장이라는 개념을 세우고 나자 우리가 진행하는 거의 모든 사업에 비싼 문장들이 끼어든다는 사실이 분명해지기 시작했다. “이 건은 다음 주에 검토합시다.”(어쩔 수 없다) “여기가 딱 우리가 원하던 회사예요. 이만한 데가 없습니다.”(특별하다) “그쪽 영업자 말로는 이 가격은 이번이 마지막이라고 합니다.”(아깝다)

마치 두드러기가 번지듯이 회사 곳곳에서 비싼 문장들이 오가고 있었다.

나는 내 역할을 새로운 관점에서 생각하기 시작했다. 어떤 종류의 프로젝트에 임하든 그때부터 내가 맡아야 할 가장 중요하고 어려운 과제는 비싼 문장을 찾아내서 뿌리 뽑는 것이었다. 그런 거짓말을 뒷받침하는 믿음부터 명확하게 드러내어 해결하지 않고서는 어떠한 합리적인 분석과 결정도 불가능했다.

이 깨달음 이후 나는 세상을 완전히 다르게 바라보기 시작했다. 스스로 평가하기로 당시의 나는 꽤 일 잘하는 젊은 분석가였다. 내가 작성한 스프레드시트는 환상적이었고, 내가 구축한 비용 모델은 완벽했으며, 나의 파워포인트 발표는 흠잡을 데 없는 논리와 환상적인 비주얼로 무장하고 있었다. 하지만 내가 제아무리 노력해도 몇 마디 통설과 경험칙을 이길 수 없을 때가 많았다. 그런 ‘지혜’는 맞지도 않는 상황에 적용되어 일을 엉뚱한 방향으로 몰고 갔다. 마치 크립토나이트 옆의 슈퍼맨처럼, 나의 힘은 비싼 문장에 부딪혀 사라져버렸다.

그래서 나는 비싼 문장과 대결하는 새로운 기술을 익히기로 했다. 나는 일단 대형 금융사에서 어느 정도 성공을 거둔 후, 컨설턴트로 나서서 비교적 작은 회사들에 자문을 하기 시작했다. 비싼 문장을 폭로하고 격파하는 작업의 중요성은 덩치가 작은 회사에서 더더욱 분명하게 나타났다.

당시 나의 클라이언트 중에 40인 규모의 건설사가 있었다. 함께 회사의 지출을 검토하던 중 나는 보험비 지출이 생각보다 큰 것을 발견했다. CEO에게 이 점을 묻자 그는 이렇게 답했다. "그 부분은 문제없어요. 보험중개인이 믿을 만한 친구거든요. 그 사람, 우리하고 벌써 20년이나 같이 일했어요. 우리 회사는 그를 믿습니다."

그러나 그는 곧 스스로 이상한 점을 깨달았다.

"엇, 혹시 방금 내가 한 말이 그 비싼 문장 중 하나 아닙니까?"

나는 그가 그런 문장을 서너 개쯤 말한 것 같다고 답했다. 우리는 진실을 확인하기로 했다. 시장을 자세히 살피고 여러 보험사와 중개인을 만났다. 그 결과, 그 회사가 경쟁력 있는 요율 대비 40퍼센트를 초과 지불하고 있었다는 사실이 드러났다. 우리는 사태를 시정하고 지출을 줄이게 되었다.

지출 절감을 실현하는 모든 프로젝트가 이익이 되겠지만, 이 건설사의 사례에는 그보다 더 큰 의미가 있었다. 회사는 지역시장 침체 때문에 큰 타격을 받은 상태였고 아직도 여파가 계속되고 있었다. 전년도에는 직원을 몇 명 정리해고하여 지출을 줄이기까지 했다. 그러니 이 회사에게는 푼돈이 결코 푼돈이 아니었다. 실제로 우리가 보험비 항목에서 절감한 40퍼센트 지출은 정규직 직원 두 사람의 임금에 해당했다.

회사가 신뢰했던 보험중개인은 악랄하다기보다 태만한 사람이었다. 어쨌든 우리는 비싼 문장을 바르게 고치는 것만으로 두 사람의 일자리를 지켜냈다.

당신은 어떤가? 당신이 중요하게 생각하는 사람이나 조직이 비싼 문장 때문에 피해를 입을 가능성이 있는가?

비싼 문장은 회사나 비영리단체, 학교와 가정, 교회, 모임, 정부, 개인을 소리 없이 좀먹는다. 결정이 내려지는 모든 곳에, 인간이 관여하는 모든 곳에 비싼 문장의 위험이 도사리고 있다.

이 책은 더 합리적인 판단으로 더 좋은 결정을 내리고 싶어 하는 이들에게 도움이 될 것이다. 우리가 내리는 결정은 대체로 돈과 시간을 비롯한 각종 자원을 관리하는 문제와 관계가 있다. 따라서 이 책에서 우리는 결정을 내릴 때 반드시 고려해야 하는 핵심 비용을 살펴볼 것이다.

- 총 비용
- 시간 비용 및 가치
- 기회 비용 및 가치
- 리스크 비용

사실상 우리가 내리는 모든 판단과 결정은 위 비용들과 밀접한 관련이 있음에도 이를 제대로 고려하고 이해하는 경우가 오히려 드물다. 이 책에서 우리는 여러 방법과 전략을 검토하여 결정에 뒤따르는 비용과 편익 양쪽을 명확하게 파악하는 능력을 기를 것이다.

이는 단순히 경제적 손익에 국한된 문제가 아니다. 잠재된 능력을 제한하는 말의 피해는 양으로 환산할 수 없다. 비싼 문장의 손실은 손익계산서를 훌쩍 뛰어넘을 뿐만 아니라, 우리 삶의 면면에 해를 끼친다.

그러나 적절한 통찰력과 대응 방법으로 무장하기만 하면 비싼 문장의 틀린 전제를 격파하고 탄탄한 근거에 입각하여 더 좋은 결정을 내리는 일이 얼마나 쉬워지는지 모른다.

지금, 시작하자.

1부

어쩔 수 없다!

VS

정말 어쩔 수 없을까?

• • •

“어쩔 수 없다”는 말은 우리에게 능력이 없다고, 감히 다른 방법은 꿈도 꾸지 말라고 하는 거짓말이다. 한마디로 우리의 가능성을 부정하는 말이다. 그 한마디 말로 우리는 사업의 기회를 빼앗기고, 관계 개선의 기회를 놓치며, 불행한 상황으로 떠밀린다. 철창에 갇힌 짐승 신세가 되는 것이다.

철창은 진짜 제약이지만, “어쩔 수 없다”는 말이 던지는 제약은 가짜이고 허상이다. 그러나 그런 말을 바르게 고치지 않으면 실로 강력한 제약이 된다. 알고 보면 더 자유롭게 더 많은 선택지를 누릴 수 있는 상황에서도 우리는 제 발로 막다른 길에 들어서게 된다.

오늘날 우리는 과거 어느 세대보다도 많은 선택지를 누리고 있다. 직업 선택에서도 그렇고, 사는 곳, 즐길 거리, 읽을거리, 소통수단, 먹거리 등등 수많은 영역이 무척 다양해졌다. 우리에게 이전만큼 풍족하지 않은 것이 하나 있다면, 그것은 시간이다. 그래서 “어쩔 수 없다”는 치명적인 거짓말은 흔히 ‘시간’을 노린다. 우리가 1부에서 중점적으로 분석할 비싼 문장은 다음 세 종류다. “너무 늦었다.” “너무 바쁘다.” “당장 그것부터 하자.”

“너무 늦었다”는 말은 끈기와 관성을 두려움과 뒤섞으면서 진로를 바꿀 수 없다고 말한다. 과거에 내린 결정이 미래를 이끌어야 한다고 주장하는 것이다.

"너무 바쁘다"는 말은 실제로 시간이 부족한 여건과 시간이 부족한 것 같다는 심정을 함께 이용하여 미래를 개선할 수 있는 일들을 고려조차 하지 못하게 한다.

"당장 그것부터 하자"는 말은 상황의 긴급성을 강조하면서 결정을 재촉하고 시간이 좀 더 걸릴 만한 선택지를 배제하는 효과를 낳는다.

상황을 좋은 쪽으로 돌릴 수 있는 선택지를 일부러 포기하는 사람은 없다. 그러나 우리가 과거부터 해온 일, 전부터 맺어온 인간관계, 그리고 비싼 문장이 손을 맞잡으면 강력한 철창이 생긴다. 우리의 키는 그 높이를 벗어날 수 없고 우리의 움직임은 그 벽을 넘어설 수가 없다. 1부에서 우리는 일과 삶에 존재하는 이 가짜 천장과 가짜 벽을 찾아내서 정체를 밝힐 것이다. 그러고 나면 우리는 또다시 막다른 길에 접어들었을 때, 전에는 눈에 보이지 않던 더 많은 선택지를 발견할 수 있을 것이다.

1장 "너무 늦었다"는 말

"그동안 들인 돈과 시간이 얼만데……."

"결정을 한번 내렸으면 끝까지 따라야지."

"20년 경력을 포기하고 이제 와서 직업을 바꿀 순 없죠."

"밀어붙이는 수밖에 없습니다."

막사의 벽에 촛불 그림자가 일렁이는 가운데, 피곤에 지친 장군들이 걱정과 불만을 토로하고 있었다.

"탈영과 기근, 질병 때문에 병력이 이미 3분의 1이나 줄었습니다. 여기에 보급까지 부족해지면 얼마나 더 줄겠습니까?"

"더 이상 시간을 끌다간 지칠 대로 지친 우리 군은 점점 더 불리해질 겁니다. 이제 곧 혹독한 겨울마저 시작됩니다."

막사 안이 점점 조용해지고, 다들 한 남자가 입을 열기만을 기다리고 있었다. 그는 막사 안에서 키가 가장 작았지만 모두의 존경을 받는 인물이었다. 마침내 그가 분명하게 선언했다.

"우리는 멈추지 않을 것입니다. 승리가 저 앞에 있는데 어떻게 여기서 그만둘 수 있습니까? 돌아가기엔 너무 늦었습니다!"[1]

그 전쟁은 대담한 도전이었다. 1812년, 나폴레옹은 러시아의 폴란드 침입에 맞서 전쟁을 감행했다.

"병사들이여, 앞으로 나아가자. 네만 강을 건너 러시아 땅에 전쟁을 일으키자. 우리 프랑스군은 첫 번째 폴란드 전쟁에서 그러했듯이 두 번째 전쟁에서도 승리할 것이다."

그에게는 확신을 품을 이유가 충분했다. 그동안 나폴레옹은 특유의 대담함과 끈기로 온갖 어려움을 극복하고 조국에 승리를 바쳐왔다. 그러나 1812년의 러시아 진격은 나폴레옹 제국의 몰락을 알리는 신호탄이 되었을 뿐만 아니라 역사상 최악의 군사적 재앙이라는 불명예를 얻게 된다. 그로부터 50년 후에 프랑스의 공학자 샤를 미나르 Charles Minard는 프랑스군이 행군한 거리와 방향, 기온, 병력을 오른쪽 도표와 같이 시각적으로 설명했다.

그림 왼편의 두꺼운 영역에서 프랑스군은 40여만 명에 달했다. 이 띠가 오른쪽으로 갈수록 (즉, 군대가 모스크바에 가까워질수록) 얇아지는 것은 질병, 기근, 전투 피해, 탈영 등으로 병력이 줄어들었음을 뜻한다. 모스크바에 이를 때 즈음에는 병력이 30만 명 넘게 줄어 결국 처음의 4분의 1도 남지 않았다. 프랑스로 돌아오는 과정도 끔찍했다.

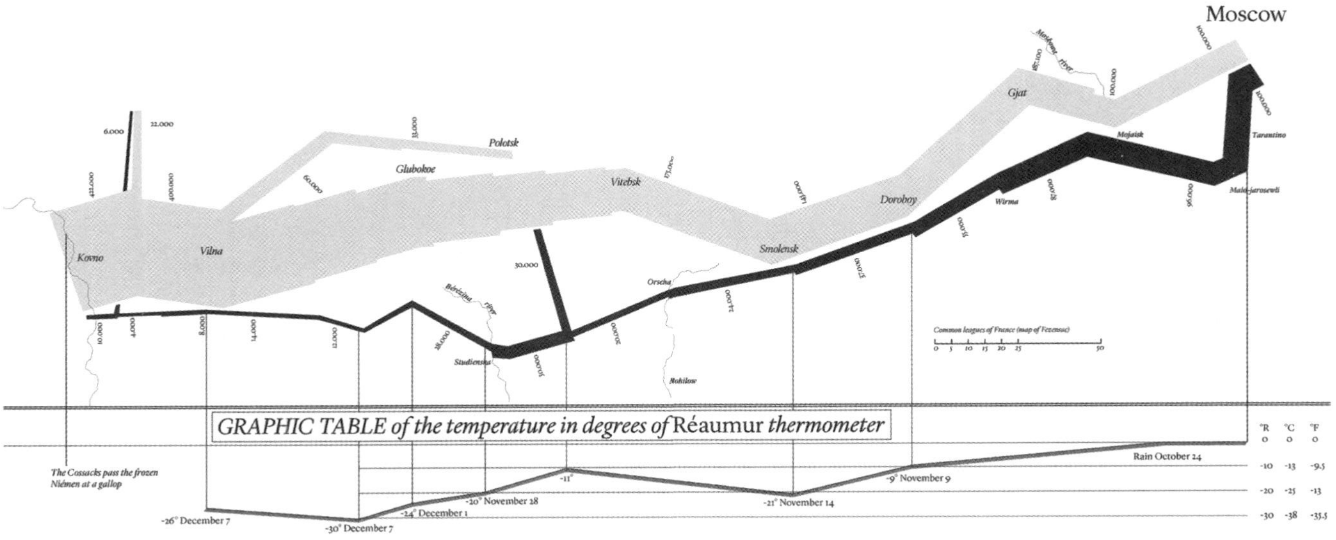

1812~13년 러시아 원정 당시 프랑스 병력의 연속적인 손실을 나타내는 그림

모스크바에서 출발한 병력의 겨우 10분의 1만이 조국 땅을 밟았다.

원정은 6월 24일에 시작되었다. 군대는 9월 중순이 되도록 모스크바에 도착하지 못했다. 모스크바까지 절반쯤 왔을 때(지도의 중간 지점) 벌써 병력의 절반 이상이 떨어져나갔다. 그래도 행군은 계속되었고 결국 10만 명이 더 사망했다.

당신이 나폴레옹이라면?

• • •

다행히 지금은 19세기가 아니고 우리 대부분은 군사작전을 지휘하는 무거운 임무와는 상관이 없다. 그러나 우리도 매일매일 '이대로 계속 나아갈 것인가, 멈출 것인가', '계획을 고수할 것인가, 새로운 계획을 세울 것인가'를 결정해야 한다. 중대한 사안에서 지휘관처럼 전략적으로 생각해야 할 때도 있지만, 우리가 해결해야 하는 문제는 좀 더 평범한 것일 때가 많다. "거래처를 바꾸어야 할까?" "처음부터 다시 고민하는 게 나을까?" "두 사람이나 못 온다니, 이번 모임은 취소해야 할까?"

이러한 판단이 평범하긴 해도 그렇게 쉽지만은 않다. 성공에는 적극적인 노력이 필요하고, 그 과정에는 반대와 걸림돌이 있기 마련이니까. 하기로 한 일을 끝까지 해내는 것이 쉽지만은 않기에, 우리는 끈기와 집념을 중요한 덕목으로 꼽는다. 그와 관련한 격언과 속담도 넘쳐난다. “강을 건너는 도중에 말을 갈아탈 순 없다.” “로마는 하루 아침에 세워지지 않았다.” “포기하지 않는 사람이 살아남는다.” “길잡이를 버리고 길을 건널 순 없다.”

일상에서 흔히 쓰는 표현으로는 “한번 칼을 뽑았으면 무라도 베어야지!” 또는 “일을 벌였으면 끝장을 봐야지!” 등이 있다. 어떻게 표현하든 그 뜻은 분명하다. 한번 시작한 일은 ‘어쩔 수 없다’는 것이다.

현상 유지에 드는 비용

‘어쩔 수 없다’는 경험칙은 실제로 우리에게 힘이 될까, 아니면 독이 될까? 이 질문에 답을 찾아야 하는 이유는, 틀린 판단을 고수했다가 막대한 피해를 입을 수도 있기 때문이다. 나폴레옹처럼 수십만 명의 목숨을 희생하는 것까진 아니더라도, 우리가 내리는 결정은 자신의 건강과 인간관계, 재정 상태, 명성에 적잖은 영향을 끼친다.

방향 전환에 대한 저항은 매우 보편적으로 나타난다. 우리가 도저히 그 영향력을 다 측정할 수가 없을 정도다. 그러나 각자 삶을 돌아보면 누구나 ‘그때 좀 더 일찍 방향을 바꾸었더라면 좋았을 텐데’ 하는 순간이 여러 번 있을 것이다. 또 우리의 주변에는 결국 성공하지 못할 것을 알면서도 자신에게 맞지 않는 직업이나 목표, 인간관계를 너무 오래 붙들었던 사람이 꼭 있다.

직장생활에서도 우리는 틀린 방향을 너무 오래 고집하는 실수의 폐해를 익히 안다. 거의 모든 회사의 영업팀에는 몇 달이나 막대한 비용을 들여 계약을 추진했다가 결국 빈손으로 돌아선 사연이 있다. 어떤 직원에게 문제가 있는데도 경영진이 명백한 증거를 계속 무시하고 사정이 나아지기만을 바라며 무작정 그를 계속 고용하는 경우도 많다. 계속해서 손실만 나는데도 회사가 절대로 사업을 중단하지 않는 사례는 또 얼마나 많은가? 이 정도면 틀린 방향을 고집하는 태도가 끼치는 손실이 무엇인지 분명하다. 시간 낭비, 돈 낭비, 기회 낭비다.

그보다는 눈에 덜 띄는 손실도 존재한다. 팀 효율성이 떨어지고, 명예와 신뢰도가 손상되며, 사기가 저하된다. 또한 부정적인 환경이나 인간관계로 인한 장기적인 스트레스는 온갖 종류의 건강 문제를 일으킬 수 있다. 틀린 길을 너무 오래 고집하다간 병사가 아니라 평범한 사람이라도 병에 걸리고 목숨을 잃을 수 있다. 틀린 길 위에서 보내는 순간순간은 한번 지나가면 영원히 돌아오지 않는 시간이다.

강물 한가운데서 말을 갈아탈 수는 없다?

• • •

“너무 늦었다”라는 말은 여러 다른 말로 표현되기도 한다. 그중 하나가, 자동차 시대가 도래한 지 100년이 넘은 지금까지도 쓰이고 있는 "강물 한가운데서 말을 갈아탈 수는 없다"라는 속담이다. 그렇다면 이 말은 진실일까? 말이 나를 태우고 힘겹게 급류를 건너고 있다면, 더 힘 좋은 말로 갈아타는 것이 말을 위해서나 나를 위해서나 똑똑한 판단이 아닐까?

과거의 결정과 행동에서 비롯된 부정적인 결과를 전부 피하기에는 늦었을 수도 있다. 그러나 그렇다고 해서 미래를 완전히 포기할 필요도 없다. 미래를 전혀 다른 방식으로 다시 계획할 수 있다. 사실 우리는 오늘 바꿀 수 있는 일을 찾아서 내일을 더 밝게 만드는 데 지나치게 소극적이고 비관적인 경향이 있다.

비즈니스 세계를 예로 들면, 과거의 활동에 발목이 잡혀 특정 시장을 벗어나지 못하는 기업들이 있다. 고객의 인식을 바꾸거나 그 분야의 유명 선두주자에게 도전하기에는 너무 늦은 것으로 여겨서다. 그러나 자사의 역사적인 상품이나 대표적인 시장 지위를 과감히 버림으로써 대단한 성공을 거둔 사례를 찾아볼 수 있다.

50년간 컴퓨터 장비와 하드웨어를 판매하던 IBM이 소프트웨어 서비스 시장에 진출하기에는 너무 늦은 때였다. 회사의 이름부터가 '국제사무장비International Business Machines'였으니까. 그러나 IBM은 소프트웨어 회사로 변신하는 데 성공했다. 혁신을 이끈 루 거스너는 그 과정을 "코끼리에게 춤을 가르치는 격"이었다고 말했다.

1973년, 혼다는 할리데이비슨이 미국 시장의 77퍼센트를 점유하고 있는 오토바이 시장에 뛰어들기에는 너무 늦은 때였다. 그러나 불과 7년 만에 할리의 지분은 31퍼센트로 떨어졌고 혼다가 시장을 주도하게 되었다.

1970년대 후반, 혼다에 선두를 빼앗긴 할리데이비슨은 품질 문제로 인한 악명을 지우고 예전의 명성을 되찾기엔 너무 늦은 때였다. 그러나 20년 뒤 좋은 품질과 높은 충성도로 과거의 입지를 되찾았다.

삼성이 휴대폰 시장의 거인 노키아에 도전하기에는 너무 늦은 때였다. 그러나 2007년부터 2012년까지 단 5년 만에 50퍼센트가 넘던 노키아의 시장 점유율은 4퍼센트 이하로 추락했고, 같은 기간 삼성의 시장 점유율은 30퍼센트를 넘어섰다.

이처럼 대기업도 얼마든지 진로를 바꿀 수 있다. 물론 일부 분석가와 저널리스트는 새로운 전략이 너무 위험하고 비현실적이라고, 심지어 착오라고 주장했지만, 이 기업들은 방향 전환에 대한 저항을 극복하고 큰 성공을 이루었다.

넷플릭스의 '때늦은' 방향 전환

비디오 대여점 체인의 최강자였으나 이제는 역사 속으로 사라진 블록버스터 비디오가 우편 대여 사업에 뛰어들었더라면 어땠을까? 너무 늦었을까, 아니면 운명이 바뀌었을까? 공교롭게도 우리는 블록버스터 비디오의 라이벌이었던 넷플릭스를 통해서 '때늦은' 방향 전환의 성공적인 사례를 확인할 수 있다.

우편을 이용한 영화 대여라는 시장을 창출하고 지배하기 시작한 넷플릭스는 몇 년 사이에 지역 쇼핑몰에 하나씩 있던 비디오 대여점 수천 곳을 문 닫게 했다. 인터넷 대역폭이 증가하면서 넷플릭스는 DVD 대여 서비스와 함께 온라인 영화 스트리밍 서비스를 제공하기 시작했다.

2011년 중반 스트리밍 구독자 수가 기존의 우편 구독자 수를 넘어섰고, 그해 리드 헤이스팅스는 넷플릭스를 두 회사로 분리하겠다고 발표했다. 넷플릭스에서는 영화 스트리밍 서비스만 제공하고, DVD 우편 대여 사업은 퀵스터라는 별도의 회사로 이전하겠다는 것이었다. 헤이스팅스는 이렇게 말했다.

> "어떤 일을 잘하던 많은 회사가 새로운 일은 잘하지 못하는 이유는 기존 사업에 피해가 갈까 봐 두려워해서입니다. 그런 회사는 새로운 일에 충분히 집중하지 못하다가 뒤늦게 실수를 깨닫고 필사적으로 애쓰지만 별 방법이 없습니다."

헤이스팅스의 말은 변화할 수 있는 능력, 변화하고자 하는 의지가 얼마나 중요한지를 정확하게 요약하고 있다. 그러나 넷플릭스의 진취적인 행보는 거부감을 불러일으켰다. 고객들은 두 가지 서비스를 별도로 유지해야 하고 두 개의 다른 웹사이트를 이용해야 한다는 생각에 심기가 불편해졌다. 투자자들도 반대했다. 회사의 분리 계획과 가격 인상 계획이 동시에 발표되면서 넷플릭스의 주가는 몇 달 사이에 반 토막이 났다.

이 이야기에서 가장 놀라운 대목은 넷플릭스의 그다음 행보다. 넷플릭스는 계획을 철회했다. 몇 달에 걸쳐 계획을 세워 새로운 브랜드와 사업체를 만든 시점에 말이다. 넷플릭스는 계속해서 하나의 브랜드와 웹사이트로 스트리밍 사업과 우편사업을 함께 유지하기로 결정했다.

물론, 분리 계획을 포기해선 안 된다는 의견도 강하게 남아 있었다. 애초에 이 계획은 면밀한 검토 과정을 거쳐 도출한 전략이었고, 대담한 행보에는 반대의 목소리가 따르는 법이다. 그러나 분리 정책을 포기한 뒤 4년간 넷플릭스는 주가가 10배나 뛰어오를 정도로 성공을 거두었다. 결과적으로 넷플릭스의 '때늦은' 방향 전환은 올바른 선택이었다.

그렇다면 코닥은 너무 늦었을까?

넷플릭스처럼 "너무 늦었다"는 말에 저항하여 성공을 거둔 사례는 우리에게 영감과 용기를 준다. 우리는 그러한 방향 전환 시나리오를 다른 유명 회사에 적용해볼 수 있다. 예컨대 코닥은 디지털카메라 시장에 진입하기에는 너무 늦었던 것일까? 보더스 서점이 온라인 업체로 전환하기에는 때가 너무 늦었던 것일까? 그 답은 이제 영원히 알 수 없지만, 우리는 두 회사가 아직 건재하던 시기에 누군가가 "우리의 전략을 포기하기엔 너무 늦었다"라고 말했으리라고 충분히 짐작할 수 있다.

혹시 지금 당신 회사, 당신 팀의 누군가도 "너무 늦었다"라고 말하지 않는가?

믿음이 먼저인가, 정보가 먼저인가

• • •

"너무 늦었다"라는 말을 분석하기 위해서는, 먼저 그러한 생각이 인간의 본능과 뿌리 깊게 연결되어 있다는 사실을 알아야 한다. 우리는 방향을 바꾸기보다는 고집하는 경향이 있다. 왜일까? 구체적으로 말해서, 왜 때때로 우리는 잠깐 걸음을 멈추고 지도를 들여다보려 하지 않고 틀린 길로 계속 가려고 할까? 왜 우리는 누가 봐도 나와 어울리지 않는 상대와 계속 만나려고 할까? 왜 그 똑똑한 수많은 장군들은 이미 수많은 병사가 목숨을 잃은 상황에서도 후퇴하지 않고 또다시 숱한 병사의 목숨을 희생했을까?

틀리는 것을 싫어하는 인간의 본능 때문이다. 남들보다 겸손하고 배우기 좋아하고 비판을 잘 수용하는 유연한 사람이라 해도 틀리는 것을 좋아하진 않는다. '맞고 틀리고'의 문제는 결코 사소하지 않다. '내가 맞았느냐 틀렸느냐'라는 기준은 우리의 잠재의식에 작용하면서, 우리가 정보를 선택적으로 받아들이고 그 정보를 특정한 방향으로 해석하도록 유도한다.

예를 들어, 새 차를 구입하는 상황을 상상해보자. 당신은 오랫동안 인터넷을 검색하고 시운전도 여러 번 해본 뒤에 8인승 미니밴을 사기로 결정하고 가장 좋은 모델을 선택한다. 그런 다음 딜러와 가격을 협상하고 돈을 지불하고 새 차를 몰고 집으로 돌아온다.

그다음에는 거의 누구에게나 똑같은 일이 벌어진다. 당신의 뇌는 무의식적으로 특정한 데이터를 찾아 특정한 방향으로 해석한다. 자신이 옳은 결정을 내렸음을 증명하는 쪽으로 말이다. 이를테면, 똑똑한 친구가 당신과 똑같은 차를 샀다는 소식을 듣는다. 차의 크기가 차고에 딱 맞는다. 평소 즐겨 입는 옷이 자동차와 잘 어울린다. 마침 경유값이 떨어진다……. 결국, 큰 차를 사길 잘했다는 생각이 든다.

이와 같이 잠재의식에서 자신의 판단을 긍정하는 경향을 '확증 편향'이라고 한다. 확증 편향은 우리가 내리는 거의 모든 결정에 작용한다. 일부러 그러는 것도 아니고, 우연히 그렇게 되는 것도 아니다. 뇌가 그렇게 작동한다. 이 현상은 심리학과 신경과학 분야에서 널리 연구되고 있다. 확증 편향 개념은 첫인상이 왜 그토록 중요하게 작용하고 오래 지속되는가를 설명해준다. 우리는 어떤 사람을 처음 만날 때 상대가 어떤 사람인지 판단하는데, 그 후 우리의 뇌는 그 첫인상과 연관이 있는 데이터를 찾아내서 받아들이는 경향이 있다.

저녁을 먹을 레스토랑을 고르거나 새로 산 차를 즐길 때는 확증 편향 때문에 큰 문제가 생기진 않는다. 자신이 내린 결론이 맞았는지 틀렸는지를 법정에서 가리는 일도 흔치 않다. 더욱이 사람은 무언가를 끝없이 분석하며 고민하기보다는 삶을 즐겁게 살고 싶어 한다. 사실 확증 편향은 바로 그런 이유에서 뇌가 선택한 지름길이다. 너무도 많은 정보가 쏟아져 들어오는 마당에, 이미 내린 결정을 다시 검토하는 일만큼은 적극적으로 피하는 것이다.

그러나 확증 편향이 위험한 순간이 있다. 중요한 결정을 제대로 평가하지 못하도록 방해할 때다. 진지한 사안에서는 나 자신의 판단이 '맞았다'고 하기 위해 현실을 왜곡해서는 안 된다. 세상을 있는 그대로 보아야지, 보고 싶은 대로 봐서는 안 된다.

미국의 베트남전과 이라크전은 확증 편향으로 인해 수많은 인명이 희생된 사건이다. 두 전쟁은 확증 편향이 전략(군사작전을 개시할지 말지, 계속할지 말지 등)을 결정한 사례다. 그뿐만 아니라 지금까지의 모든 전쟁은 전술 차원의 확증 편향으로 인해 인명 피해를 낳았다고 해도 과언이 아니다. 나폴레옹과 프랑스 장군들이 진군을 포기하지 않고 수많은 희생자를 냈던 것처럼, 역사상 수많은 군사 지도자는 자신이 내린 결정을 억지로 정당화하는 데 무의식적으로 골몰한 나머지 더 나은 진로를 찾아내지 못했다.

의료 분야도 마찬가지다. 의사나 환자가 잘못된 치료 방침을 너무 오래 따르는 바람에 인명 피해가 발생하는 경우가 많다. 생명과 무관한 영역에도 같은 실수가 만연해 있다. 경영진이 자신의 믿음을 거스르는 정보를 고려하지 못한 탓에 사업이 실패하고 회사 전체가 무너지는 경우가 비일비재하다.

모든 편향이 그렇듯이 확증 편향은 공개적으로 그 존재를 인정하고 영향을 평가하면 훨씬 덜 위험해진다. 개인의 삶에서나 팀 업무에서나, 데이터가 믿음을 구성했는지 아니면 믿음 때문에 그 데이터가 고려되었는지 질문을 던져보자. 믿음과 정보는 '닭이 먼저냐 달걀이 먼저냐'의 문제와 비슷하다. 또한 어느 쪽이 먼저인지 확실히 말하기 어려운 때도 있다.

집념와 고집 사이

• • •

모든 비싼 문장은 배경과 맥락을 토대로 파악해야 한다. '기존 방침을 끝까지 따르자'라는 정서가 어떤 토대 위에 있는지 알아야 그 조언이 바른 길을 안내하는지, 틀린 길을 방조하는지 구별할 수 있다. 먼저 "방향을 고수하라"는 말이 유익한 상황들을 살펴보겠다.

"버티는 자가 승리한다"(로마 시인 페르시우스), "천재는 1퍼센트의 영감과 99퍼센트의 땀으로 이루어진다”(발명가 토머스 에디슨)와 같이 끈기와 집념은 고대부터 산업시대에 이르기까지 많은 현자가 강조해온 중요한 덕목이다. 요즘처럼 변화 속도가 빠르고 헌신을 가볍게 여기는 문화에서 끈기는 점점 더 찾아보기 어려운 특질이 되고 있다. 어쩌면 우리는 ‘끝까지 버티는 힘’을 가질 때 삶을 더 잘 살 수 있는지도 모른다. 특히 게으름과 의심이 방해할 때는 끈기를 가지라는 조언이 도움이 된다. 나 자신이 내린 판단과 약속을 되새기고, 애초에 그렇게 결정했던 이유들을 종종 되돌아보고, 어려움에 부딪혀도 멈추지 않는 자세가 필요하다.

끈기와 집념을 가지라는 조언이 가장 유용한 상황은 네 가지다.

- 주눅이 들 때: 심사숙고 끝에 어떤 일을 하기로 결정했으나, 본격적인 행동에 들어서기 전부터 또는 아직 결과를 알 수 없는 초반부터 의심스러운 마음이 들 때.
- 마음이 조급해질 때: 한순간 지치거나 실망스러운 기분이 들어 감정적인 판단을 내리기 쉬울 때. 이럴 때는 한숨 푹 잔 다음에 다시 생각하거나 문제를 다른 시각에서 바라볼 필요가 있다.
- 마지막 고비에서: 결승점이 눈앞에 있을 때. 조금만 더 노력하면 결실을 맺을 수 있음을 믿어야 한다.

· 양심이 명령할 때: 자신의 도덕과 윤리에 따라 어떤 행동 방침에 책임감을 느낄 때. 또는 그 밖에 다른 길을 선택할 합리적인 이유가 없을 때.

물론, 한 방향을 끈기 있게 고수하는 힘은 이 밖에도 수많은 상황에서 최선의 판단이 된다. 그러나 위 네 가지에 속하지 않는 상황에서는 기존 방향으로 계속 나아가기에 앞서 좀 더 철저하게 상황을 파악하는 편이 좋다.

한마디로 "끈기를 가져라"라는 말은 좋은 조언이지만, 늘 도움이 되는 것은 아니다. 집념은 꼭 필요한 덕목이지만 반드시 현실을 바탕으로 해야 한다. 집념이 맹목적인 고집으로 변할 때, 우리는 틀린 길에 묶여 심각한 피해를 입을 수 있다.

"너무 늦었다"는 고집스러운 자세는 실로 모든 공간, 모든 종류의 일에서 발견된다. 특히 직장생활에서는 다음과 같은 표현으로 나타난다. "이 시스템을 실행하는 데 들인 비용이 얼마인데 이제 와서 브레이크를 걸 순 없습니다." "이 사업에 3년을 투자했는데, 이대로 손을 털라니!" "그는 이 회사에 뼈를 묻은 사람이에요. 우리에게 꼭 필요한 사람입니다." "우리 팀은 이번 협상을 몇 달이나 준비했습니다. 결과가 어떻게 되든 끝을 봅시다."

이 같은 표현은 바람직한 집념일까, 아니면 지나친 고집일까? 아니면 둘이 섞인 '바람직한 고집'일까? 그 답은 다음 몇 가지 질문을 통해 알 수 있다.

질문 1 : 현실에 눈을 뜨고 있는가?

때로 우리는 주변 소음을 무시하고 맡은 임무를 완수해야 한다. 그러나 집중력과 끈기가 강하다고 해서 현실을 무시하고 무지한 상태에 머물러도 되는 것은 아니다. 19세기 미국의 사회운동가 헨리 워드 비처Henry Ward Beecher는 끈기와 고집의 차이를 이렇게 설명했다.

> *"끈기는 무언가를 해내고자 하는 강한 의지에서 나오고, 고집은 무언가를 하지 않으려는 강한 의지에서 비롯된다."*

어떤 사람이 변화의 가능성 자체를 고려하지 않으려 할 때, 그 사람의 태도는 끈기가 아니라 고집 또는 두려움과 연결되어 있을 가능성이 높다. 내가 가고 있는 방향이 틀렸다고 말하는 데이터에 저항하는 것은 인간의 자연스러운 반응이지만, 현실을 부정하는 사람의 성실함은 완전히 무의미하다. 방해 요소에 흔들리지 않는 태도와 어떻게든 현실을 보지 않으려는 태도는 전혀 다르다.

나는 CEO 포럼을 2년간 이끈 경험이 있다. 그곳의 모토는 '현실은 언제나 내 편이다'였다. 제아무리 뛰어난 리더도 듣고 싶지 않은 이야기에는 귀를 닫는 모습을 흔히 보였기 때문에 우리는 그 말을 거듭 되새겼다. 부정적인 피드백은 듣는 입장에서는 껄끄럽고 또 그것을 받아들이는 데 비용이 따르지만, 이는 성장하고 성공하는 데 반드시 필요한 과정이다. 우리는 반대 정보를 거부하는 대신 귀 기울여 듣고, 지금이 방향을 바꿀 때인지 검토할 때만이 더 좋은 결과를 누릴 수 있다.

질문 2 : 앞을 보고 있는가?

변화에 대한 저항과 반대에는 공통적인 특징이 있다. 언제나 '역사'를 언급한다는 것, 즉 과거의 행동이나 판단을 이유로 들어 방향을 고수하자고 주장한다는 것이다.

어제의 행동이 오늘의 결정을 좌우해선 안 된다. 이유를 과거에서 찾으면 데이터와 이성이 아니라 감정과 기분이 우위를 점하게 된다. 그러므로 비싼 문장을 해체할 수 있는 단순한 질문은 이것이다. '우리가 찾은 핵심 근거는 과거의 일인가 미래의 일인가?'

질문 3 : 어느 쪽이 단기적으로 더 힘들까?

우리는 단기적으로 더 어려워진다는 이유로 변화에 저항할 때가 많다. 장기적으로는 더 쉬워지는데도 말이다. 슈퍼마켓에 들어가서 빈 카트를 꺼냈다고 상상해보자. 30분쯤 시간이 흘렀다. 카트 안에는 각종 캔과 병 제품, 고기, 치즈, 곡물 등이 가득 차 있다. 카트가 움직이고 있을 때는 크게 힘을 들이지 않고도 계속 앞으로 나아갈 수 있지만, 방향을 돌리는 데는 카트가 비어 있을 때보다 훨씬 큰 힘이 필요하다.

이러한 관성의 법칙은 일에도 그대로 적용된다. 단기적으로는 같은 방향으로 계속 나아가는 편이 더 쉽다. 그 길에 오래 있을수록, 더 많은 사람이 관련되어 있을수록 방향을 바꾸는 데 더 많은 힘이 필요하다. 그런데 방향을 바꾸기가 어려울 때일수록 게으름이 끈기로 둔갑하기가 쉽다.

방향 전환의 가능성을 고려할 때 던져야 할 질문은 이것이다. '어느 쪽이 단기적으로 더 힘이 들까?' 물론 이 질문만으로 결론에 도달할 순 없다. 당연히 어느 한편은 당장에 더 많은 노력을 요구할 텐데, 그것만으로는 그 선택이 최선이라는 보증이 없기 때문이다. 그러나 변화하는 쪽에 더 많은 노력이 요구된다면, 변화에 대한 저항이나 단순한 게으름이 기존의 노선을 고수하고자 하는 감정을 뒷받침할 수도 있다.

스스로를 진단해보자

방금 살펴본 세 가지 자기진단 질문을 다시 요약해보겠다.

- 새로운 정보에 열려 있는가, 닫혀 있는가?
- 판단의 근거가 미래에 있는가, 과거에 있는가?
- 변화하는 쪽과 머무르는 쪽 중 어느 쪽이 더 쉬운가?

우리는 이 질문들에 솔직하게 답해야만 한다. 관성과 경험칙은 우리에게 변화하기에는 "너무 늦었다"고 말할 때가 많고, 우리 역시 그 말을 듣고 싶을 때가 많기 때문이다. 마치 더 날씬했던 옛날을 떠올리게 해준다는 이유로 너무 작아진 청바지를 버리지 못하듯이, 우리는 일을 할 때 더 좋았던 과거에 세운 계획을 쉽게 포기하지 못한다. 그 결과, 향수와 감상주의로 인해 틀린 결정을 내리고 거기에 집착하곤 한다.

방향 전환에 드는 비용

변화의 가능성을 확인했다면 이제 우리가 가진 데이터와 선택지를 자유롭게 살필 때다. 이때 '전환비용'과 '매몰비용' 두 가지의 개념을 정확하게 이해해야 한다. 이 개념을 모르는 사람은 거의 없지만, 현실에서 그 뜻을 정확하게 파악하지 못하는 경우가 꽤 많다.

전환비용의 문제

전환비용은 어떤 실행 환경에서 다른 실행 환경으로 옮겨가는 데 필요한 일회성 비용을 말한다. 예를 들어, 케이블TV를 위성TV로 바꿀 때는 위성수신기를 구입하고 설치비를 지불해야 한다. 시간도 전환비용에 들어간다. 회계사를 새로 찾는 경우에는 자신의 재정 상태와 내역을 설명하느라 시간을 써야 한다.

모든 구매 결정에는 전환비용이 뒤따른다. 결국 구매란 상품이나 거래처, 기술, 공정을 새로 바꾸거나 그 모든 것을 새로 바꾼다는 뜻이기 때문이다. 조달부에서 일할 때 나는 직원들이 전환비용을 평가하는 과정을 수백 번이나 지켜보았다. 우리의 자연스러운 본능은 거의 언제나 다음 두 방향 중 하나로 치우치는 듯하다. 첫째, 전환비용을 지나치게 낮게 평가하는 경향이다. 쉽고 싸고 간단하게 변화할 수 있다는 예상이다. 둘째, 전환비용을 지나치게 높게 평가하는 경우이다. 변화가 아주 어렵고 비싸고 귀찮고 위험하리라는 예상이다. 변화에 저항이 있는 경우에는 전환비용이 높게 평가되는 법이다. 누군가의 머릿속에서는 전환비용이 너무도 크게 부풀려진다.

수십억 원의 전설

몇 년 전 나는 한 대기업에서 급여 지불 시스템을 검토했다. 내가 보기엔 담당 업체를 다른 곳으로 바꾸면 수억 원을 절감할 수 있을 듯했다. 물론 나는 저항을 예상했고 실제로 저항에 부딪혔다. 급여 지불에 문제가 없을 때는 시스템을 바꾸는 데 큰 리스크가 따른다. (급여는 한 번의 오류만으로도 여러 사람을 괴롭힐 수 있기 때문이다.) 그러나 그런 기본적인 위험 외에도 "지난번 시스템을 바꾸는 데 수십억 원이 들었다"라며 여러 사람이 구체적인 숫자를 근거로 반대하고 나섰다.

시스템 변경에는 당연히 상당한 비용이 들지만, 내가 보기에 수십억은 자릿수가 지나치게 큰 것 같았다. 다른 여러 부서에서도 수십억이라는 비용을 확인해주었는데, 자세한 내역을 아는 사람은 한 명도 없었다. 결국 나는 시스템을 전환하던 시점에 IT팀을 이끈 직원을 찾아냈다. 놀랍게도 그 사람 역시 업체를 바꾸는 데 수십억이 들었다고 증언했다. 나는 그 작업이 왜 그렇게 비쌌는지 물었다.

"고용 관련 데이터를 전부 옮겨야 했고, 여러 계열사를 합쳐야 했으니까요. 타임카드 시스템도 새로 설치하고, 인사팀 전체 교육도 있었죠."

나는 이해가 가지 않았다.

"급여 지불 업체를 바꾸는 과정이 그렇게 복잡했다고요?"

"아, 그때는 기업자원관리 시스템과 회계 소프트웨어 자체를 바꾼 겁니다. 급여 지불 시스템도 포함해서요."

"급여 시스템을 바꾸면서 ERP와 회계 소프트웨어까지 다 바꾸었다는 말인가요?"

"그렇죠. 보통은 그렇게 하지 않지만, 그때는 그랬어요."

"그럼, 급여 지불 시스템만 바꾸는 데는 얼마나 들까요?"

"그것만 바꾸는 건 쉽죠. 얼마 안 들 겁니다."

더 구체적으로 알아보았더니 급여 지불 시스템을 바꾸는 데는 두 가지 새로운 인터페이스만 있으면 되었다. IT팀이 인터페이스를 교체하고 철저하게 시험하는 데 든 시간을 포함하여 총 전환비용은 4,000만 원을 넘지 않았다.

구체적이어야 현실이 된다

그 기업에서는 '수십억짜리 시스템'이 기정사실로 통하고 있었다. 팀은 사람들의 모임이고, 사람의 집단적 기억력은 그리 좋지 않다. 따라서 당신의 팀이 전환비용을 근거로 들며 "너무 늦었다"고 저항하기 시작한다면, 그 전제가 되는 사실부터 의심하고 구체적인 데이터를 바탕으로 논의해야 한다. "너무 늦었다는 말은 지금까지 투자한 비용을 위주로 생각하는 것입니다. 하지만 변화가 필요한 순간에는 변화하는 게 맞지 않을까요?" "지금 방향을 바꾼다면 실제로 무엇이 달라질까요? 그 점을 자세히 검토해야 합니다." "전환비용이 만만치 않다는 데는 동의합니다. 하지만 변화로 얻을 이익도 충분히 따져볼 필요가 있어요."

모든 비싼 문장이 그렇듯이 "너무 늦었다"는 관념은 모호하고 추상적인 표현으로만 남아 있을 때 가장 강력하다. 실제로 구체적인 수치를 뽑아내고 지출을 항목별로 세분화하다보면 비용이 대폭 줄어들 때가 많다. 또한 "너무 늦었다"고 판단할 때는 어떤 영역에서 어떤 비용이 발생하는지를 다음과 같이 구체적으로 제시하는 편이 결정을 내리는 데 훨씬 더 도움이 된다. "마케팅 브로슈어를 다시 인쇄하지 않으면 지금 와서 제품을 교체하기 어렵다." "지금 와서 계약을 철회하면 계약금을 잃게 된다." "이미 초대장을 발송했기 때문에 날짜를 바꾸면 큰 혼란이 생길 것이다."

"너무 늦었다"라는 추상적인 선언보다 이같이 상세한 설명이 훨씬 낫지 않은가? 적어도 문제 해결을 위한 선택지가 눈에 보이지 않는가? 그 문을 열기가 어려울 수는 있겠지만, 문이 완전히 잠겨 있는 것은 아니다.

이 비싼 문장과 관련된 또 하나의 함정은, 결정과는 상관없이 어차피 발생하는 비용을 근거로 들며 변화에 반대하는 것이다. 잘 알려진 예가 "내가 내일모레면 쉰 살인데 새로운 일을 처음부터 배울 순 없다"며 커리어를 바꾸지 않겠다는 주장이다. 이때 우리가 던져야 하는 적절한 질문은 "당신이 새 일을 배우지 않으면 내일모레 몇 살인가?"이다.

이제 와서 지나간 일을 다 되돌릴 수는 없어도, 과거로 인한 영향을 줄일 수는 있다. 여기까지는 과거의 '전환비용'을 둘러싼 비싼 문장이었다. 이번에는 그보다 더 해로운 두 번째 비용에 대해 알아보자.

매몰비용의 문제

구체적인 검토 과정을 통해 전환비용이 현실적으로 가능한지를 파악하고, 사실에 기초하여 그 비용을 수용할지 말지를 가늠해야 한다. 그러나 애초에 매몰비용의 함정을 피하지 못하면 전환비용을 평가하는 단계에 이를 수조차 없다.

이미 써버려서 되찾을 수 없는 자원을 경제학에서는 '매몰비용'이라고 부른다. 학문용어라서 좀 멀게 느껴질 수 있지만 사실 우리 모두가 잘 아는 개념이다. "한번 엎질러진 물은 다시 담을 수 없다"고 할 때 그 '물'이 바로 매몰비용이다.

경제 분야에서 매몰비용을 다루는 방식은 아주 간단하다. 그냥 무시하는 것이다. 이를테면, 내년도 건물 유지 비용을 검토할 때는 2년 전 조경사업에 들였던 큰돈이 아무 관련이 없다. 5월 식비 예산을 짤 때는 지난 1월에 명절을 치르느라 썼던 돈을 생각할 필요가 없다. 지나간 일이기 때문이다.

이렇게 글로 읽으면 이해하기 쉽지만, 현실에서는 과거의 비용과 미래의 비용이 얽혀드는 경우가 허다하다. 게다가 매몰비용은 돈만

이 아니라 시간과 노력에도 적용된다.

우리는 왜 틀린 길로 계속 갈까?

친구와 함께 시골별장에서 열리는 동창의 결혼식에 간다고 상상해 보자. 그 지역은 당신이 잘 모르는데다 휴대전화마저 먹통이다. 당신은 누군가 알려주었던 경로를 떠올리면서 고속도로를 빠져나온다. 이리저리 길을 찾아서 마침내 별장으로 향하는 길에 접어든다. 하지만 아무리 가도 별장이 보이지 않는다. 어쩌면 한참 전에 지나친 건지도 모른다. 그래도 차를 세우지 않는다. 그때 갑자기 GPS가 터지면서 현재 위치를 알려준다. 목적지를 20분 전에 지나쳤다.

당신은 한숨을 쉬며 차를 세운다. 옆자리의 친구가 말한다. "아, 벌써 20분이나 지나쳤잖아? 이만큼 온 게 아까운걸. 우리, 뒤로 돌아가지 말고 이 길로 해서 다른 길을 찾아보는 게 어때?"

당신은 잠깐 고민하다가 웃음을 터뜨린다. 친구의 말이 농담이라는 걸 깨달았기 때문이다. 이 경우에 잘못된 방향으로 가느라 허비한 시간은 아무 의미가 없다. 의미 있는 건 딱 두 가지, 별장의 위치와 당신의 현재 위치뿐이다.

매몰비용은 힘이 세다

운전 비유는 우리가 결정을 내릴 때 매몰비용을 생각하는 것, 특히 틀린 방향을 선택한 과거의 실수에 영향 받는 것이 얼마나 터무니없는지를 잘 보여준다. 옆자리의 친구가 농담이 아니라 진심으로 "가던 길로 계속 가자!"라고 한다면 황당하기 짝이 없을 것이다. (그러나 우리에겐 한 명쯤 그런 친구가 있을 수 있다.)

그러나 실제로는 매몰비용이 우리의 결정에 주도적인 역할을 할 때가 많다. 자신이 줄곧 틀린 길로 왔다는 사실을 인정하지 못할 때가 있듯이, 우리는 돌이킬 수 없는 결정과 행동을 붙들고 변화 앞에서 주저한다.

그렇다. 인간은 매몰비용에 무척 약하다. 경제학과 심리학 분야의 수많은 연구가 이 사실을 증명하고 있다. 그중 하나를 소개하자. 1985년 오하이오 대학의 할 아키스Hal Arkes와 캐서린 블루머Catherine Blumer는 피실험자 61명에게 다음과 같은 질문을 던졌다.

"당신은 몇 주 후에 미시간에 스키를 타러 가려고 10만 원짜리 스키장 티켓을 샀다. 며칠 후, 위스콘신에도 스키를 타러 가려고 5만 원짜리 티켓을 산다. 당신은 위스콘신과 미시간 중에 위스콘신이 더 재미있으리라고 예상한다. 그런데 방금 산 티켓을 지갑에 넣으려다가 미시간 티켓과 위스콘신 티켓이 같은 날짜인 것을 발견한다! 되팔기에는 둘 다 너무 늦었고 환불도 안 된다. 하나는 쓰고 하나는 버려야만 하는 상황이다. 그렇다면 둘

중 어느 쪽 티켓을 쓰겠는가?"

실험 결과는 우리에게 중요한 정보를 준다. 위스콘신이 미시간보다 더 즐겁다는 전제가 있었음에도 응답자의 과반수, 즉 61명 중 33명이 더 비싼 미시간 티켓을 선택했다.[2]

우리는 다음과 같이 매몰비용을 중심에 두는 사고법을 매일매일 마주한다. "그때 마침 엔진을 고치느라 150만 원을 썼거든. 그래서 계속 그 차를 몰기로 했지." "우리는 두 달이나 그 파티를 준비했어요. 그걸 어떻게 취소할 수 있었겠어요?" "청첩장은 다 보냈지, 가족들은 비행기표를 다 샀지……. 그 상황에서 결혼식 날짜를 미룰 수가 없더라고."

틀린 길로 온 시간이 아무 의미가 없듯 매몰비용도 아무 의미가 없다. 과거의 투자는 미래와 연결되어서는 안 된다. 가정생활에서도 직장생활에서도 마찬가지다. 그런데도 비싼 문장은 어느 팀에나 나타난다. "우리는 이 홍보업체와 2년이나 같이 일했지 않습니까." "이번 광고 캠페인에 들어간 돈이 이미 2억이 넘습니다." "영업부 그 사람이 아직은 실적이 없지만, 2년이나 함께한 사람을 자를 순 없죠!"

이런 말은 듣기만 해도 괴롭지만, 최악의 상황은 따로 있다. 아끼는 친구의 잘못된 연애가 그중 하나다. "나도 알아, 내 남자친구가 문제가 많다는 걸. 하지만 4년이나 사귀었는데 어떻게 헤어져……." 내가 연애 전문가는 아니지만 이런 사례를 드는 이유는, 어울리지 않는 사람을 너무 오래 만난 친구가 누구에게나 한 명쯤 있기 때문이다. 우리 자신이 그런 경험을 할 때도 있다. 잘못된 연애의 비용은 결코 가볍지 않다.

여기서 강조하려는 것은 무조건 그 홍보업체를 잘라야 한다거나, 무조건 새 차를 사야 한다거나, 무조건 그 사람과 헤어지라는 게 아니다. 모든 결정은 상황에 맞게, 신중하게 이루어져야 한다. 중요한 것은 평가의 근거를 미래에서 찾아야지, 과거에서 찾으면 안 된다는 것이다. 과거에 쓴 돈이 얼마인지, 그간 함께 지내온 시간이 얼마인지, 그 사람을 교육하는 데 든 노력이 얼마인지 등은 모두 매몰된 비용이다. 최선의 결정을 내리고 싶다면 과거의 투자를 깨끗하게 무시해야 한다.

눈을 뜨고 적극적으로 거부하라

매몰비용이 특히 위험한 이유는 그 영향력을 제대로 느끼지 못하기 때문이다. 우리가 매몰비용을 설명할 때 쓰는 언어는 충분히 강력하지가 않다. 이를테면, 경제학자들은 우리에게 매몰비용을 무시하라고 말하는데, 이는 의사결정 과정을 검토, 분석하거나 비용모델을 수립하는 단계에서는 적절한 충고다. 그러나 현실에서 우리는 매몰비용을 이상한 방식으로 무시한다. 매몰비용이 우리의 사고에 미치는 영향력을 제대로 파악하지 못한 채 결정 과정에서 무의식적으로 영향을 받는 것이다.

매몰비용의 영향력은 단순히 눈을 감고 무시해서는 없앨 수 없다. 눈을 뜨고 적극적으로 거부해야 한다. 예컨대 결정을 내릴 때는 다음과 같은 기준을 명확히 적용해야 한다.

- *현재가 중요하다: 지금 가지고 있는 것과 지금 아는 것을 위주로 판단할 것.*
- *미래가 중요하다: 가고자 하는 방향을 생각할 것.*
- *과거는 중요하지 않다: 어제의 결정과 투자가 오늘의 결정을 좌우하게 하지 말 것.*

지금 올바른 결정을 내리기 위해서는, 어제의 선택을 안타까워하지 말고 가장 중요한 정보를 객관적으로 평가해야 한다.

시시한 초안을 붙들고 있지 마라

작가는 매몰비용의 위험을 잘 안다. 서너 시간 동안 기사를 쓰거나 석 달 동안 책을 쓰고 나면 편집자가 지적하는 굵직한 오류들을 흔쾌히 인정하기가 쉽지 않다. 땀과 시간과 열정을 쏟아 글을 쓰는 작가들은 사소한 교정 몇 가지는 괜찮아도 글을 전부 다시 쓰라는 말만큼은 듣고 싶어 하지 않는다.

작품은 작가의 자식이다. 때로는 제 자신의 피와 살처럼 느껴지기까지 한다. 바로 그러한 감정이 있기에 "작가는 사랑하는 자식을 죽일 줄 알아야 한다"는 조언이 존재한다. 훌륭한 작품을 내놓고 싶은 예술가라면 일정한 기준에 못 미치는 작품은 쓰레기통에 던져 넣을 줄 알아야 한다.

우리 모두는 자신의 삶과 미래를 창조하는 예술가다. 과거가 미래를 결정하게 하는 것은 시시한 초안을 붙들고 있는 것이나 마찬가지다. 그 아이디어를 짜내는 데 얼마나 긴 시간을 들였는가. 그러나 우리는 훨씬 더 좋은 것을 만들어낼 수 있고, 그렇다는 사실을 잘 안다.

실수나 오판에 붙들리는 것도 마찬가지다. 『성경』의 『시편』에는 사람이 과거로부터 용서받고 궁극의 자유를 찾았다는 구절이 있다. "(야훼께서는) 동에서 서가 먼 것처럼 우리의 죄를 멀리 치우셨다."[3]

이 얼마나 시적이고 심오한 표현인가. 지도에서 '동'은 한 방향의 맨 끝이고 '서'는 정확히 그 반대 방향의 맨 끝이다. 계획을 세울 때는 "동에서 서가 먼 것처럼" 매몰비용을 멀리 치워야 한다. 당신이 내버린 비용이 사업상의 실수든, 서투른 초안이든, 사생활의 잘못된 선택이든 간에, 미래에 관한 결정을 내릴 때는 과거의 잘못된 결정이 끼어들 수 없게 단호히 막아서야 한다.

“너무 늦었다”는 말을 듣는다면

• • •

비싼 문장의 손실을 막기에 가장 좋은 시점은 그 말이 나온 직후다. 이제부터 대화 중에 “결정을 되돌리기엔 너무 늦었다”라든가 “이 일에 쏟은 시간과 노력이 얼마인데 이제 와서 바꿀 순 없다” 같은 말이 들리면 다음과 같이 대응해보자.

“물론 당신은 일이 좀 어려워지거나 생각보다 늘어진다고 해서 포기할 사람이 아니죠. 그런 점이 당신의 큰 장점이에요. 하지만 한 번쯤 생각해봤으면 해요. 우리가 전에는 몰랐던 사실을 알게 된 지금 시점에서 이 프로젝트에 그 업체를 계속 고용해야 할까요?”

“결정을 바꾸기엔 너무 늦었다는 생각에는 동의하기 어렵습니다. 처음부터 완벽하게 할 수 있었으면 당연히 그렇게 했겠죠. 하지만 지금이라도 결코 늦지 않았습니다. 지금이 아니라 앞으로를 생각해서 올바른 결정을 내릴 때예요.”

“확실히 우리가 이 방향을 꽤 오래 밀어붙였어요. 지금 방향을 바꾸게 되면 포기하거나 실패를 인정하는 것처럼 보일 수도 있죠. 하지만 실수는 깨닫고 고치면 되는 거 아닌가요? 우리가 이제껏 뭘 노력했고 뭘 투자했는지는 그만 이야기하고, 지금 우리가 가진 것과 아는 것에 초점을 맞춰봅시다.”

"결정을 바꾼다는 게 쉬운 일은 아닙니다. 하지만 우리가 지금까지 들인 노력과 비용을 지나치게 크게 부풀려서 생각하는 건 아닐까요? 10분만 집중해서 방향을 바꾸는 데 구체적으로 무엇이 필요한지 논의해봅시다. 그러면 기존 방향을 고수하는 게 나을지, 아니면 새로운 아이디어를 따르는 게 나을지가 가려질 겁니다."

함께 이야기해볼 거리

• • •

더 좋은 결정을 내리기 위해서는 늘 확증 편향을 경계해야 한다. 이를 위해 다음 세 가지 원칙을 마음에 새기도록 한다. 팀 전체 차원에서 각 항목을 읽은 다음 함께 답을 찾아보자.

결정과 결과를 구분한다

아무리 좋은 결정이라도 나쁜 결과를 낳을 수 있다. 누구나 이 사실을 머리로는 이해하지만 현실에서는 결정과 결과를 분명하게 구분하기가 어려울 때도 종종 있다. 계획을 변경한다고 해서 기존의 접근법이나 결정이 틀렸다는 뜻은 아니다. 시간이 흐르면서 상황이 바뀔 수 있고 더 좋은 정보가 발견될 수 있기 때문이다.

농구에서는 골이 들어가지 않았다고 해서 나쁜 샷이라고 하지 않는다. 모든 스포츠가 그렇지만 특히 농구에서 골은 확률 문제이기 때문이다. 우리는 성공 확률이 가장 높은 시나리오를 선택할 수 있을 뿐이다. 또 그렇게 선택한 길이 예상 밖의 결과로 이어질 때도 많다. 그 역시 게임의 일부다.

나쁜 결정이 좋은 결과를 만들어낼 수 있는 것도 사실이다. 바로 여기서 잘못된 확신이 들어설 위험이 생긴다. 사실은 운이 좋았을 뿐인데, 자기가 똑똑해서 성공했다고 착각하게 되는 것이다. 우리가 결정과 결과를 구분할 수 있다면, 좋은 결과가 꼭 좋은 과정을 담보하진 않는다는 사실도 이해할 수 있다. 더 좋은 정보에 기초하여 새로운 결정을 내리는 것이 기존 결정이 틀렸다는 뜻이 아님도 이해할 수 있다. 우리 팀은 결정과 결과의 차이를 알고 있는가? 최근에 좋은 결정이 나쁜 결과로 이어지거나, 나쁜 결정이 좋은 결과로 이어진 경우가 있었는가?

나쁜 결정도 과정의 일부이다

틀리는 것 자체는 큰 문제가 아니다. 사람은 누구나 실수를 하고 때로 나쁜 결정을 내린다. 더욱이 우리는 실패할 자유가 있고 실수를 고칠 여유가 있을 때에만 실험하고 고치고 배우고 나아질 수 있다. 그러한 과정을 예상하고 실수를 인정하면 바꾸기엔 "너무 늦었다"는 틀린 전제에 덜 흔들린다.

잠시, 자신의 팀과 가족의 문화를 돌아보자. 당신 주변 사람들은 마음껏 실패하는가? 진로를 조정해야 할 때, 감사와 격려를 받는가, 아니면 미묘하게든 노골적으로든 비난과 짜증을 마주하는가? 당신 자신에 대해서도 생각해보자. 본인이 실수를 했을 때와 하지 않았을 때 각각 어떤 태도를 보이는가? 자신이 틀렸음을 인정해야 하는 순간, 스스로에게 화를 내는가 아니면 덤덤하게 넘기는가? 우리 팀은 맞는 것과 효율적인 것, 어느 쪽을 더 중요하게 생각하는가? 지금까지 우리 팀은 실수를 통해 발전할 수 있다는 신념을 구체적으로 어떻게 보여주었는가?

건강한 반성이 필요하다

나의 아버지가 즐겨 하던 말이 있다. "망설이는 사람은 기회를 놓친다." 분명 일리 있는 조언이지만, 나는 그 옆에 경고를 하나 더 붙이고 싶다. "망설이지 않는 사람은 더 많은 기회를 놓칠 수 있다"라고.

행동과 반성 사이의 균형은 미묘하다. 분석 과잉으로 인한 마비상태에 빠져서도 안 되고, 무모하고 무계획한 행동에 치우쳐서도 안 된다. 만약 당신의 팀이 과감한 행동 방침을 쉽게 포기하고 또 다른 과감한 방침으로 돌아서는 일을 반복하고 있다면, 신중한 반성 쪽에 더 큰 무게를 실을 필요가 있다. 요약하자면 이렇다. 당신은 행동과 반성 사이에서 적절한 균형을 유지하고 있는가? 반성 없이 지나치게 빠르게만 행동하는 실수를 저지른 적이 있는가? 반성이 지나쳐서 적절한 속도로 행동을 취하지 못한 적이 있는가?

우리는 이 세 원칙을 넷플릭스의 사례에 적용해볼 수 있다. 넷플릭스는 분명 변화에 열려 있는 동시에 반성을 중요하게 여기는 문화를 가지고 있었다. 그러지 않았다면 회사를 분리하는 과감한 정책을 도입하지 않았을 것이다. 또 시장과 언론의 반응 앞에서는 자신들의 정책이 틀렸음을 흔쾌히 인정하면서 결정과 결과를 구분하는 자세를 모범적으로 보여주었다.

아는 것과 가진 것

• • •

앞서 언급했듯이, 매몰비용은 무시하는 것만으로는 사라지지 않는다. 매몰비용은 팀의 사고방식에 계속해서 영향을 미칠 수 있다. 그러므로 이 점을 인정하고 적극적으로 매몰비용을 거부하는 조치를 취해야 한다. 이를 위해 언어를 훈련하는 단순하고도 강력한 방법을 소개한다.

지난 역사 vs 현재 자산

매몰비용이 강력한 힘을 발휘하는 이유는 과거의 결정과 행동에는 분명히 어떤 가치가 있으리라는 믿음 때문이다. 실제로 가치는 있다. 그러나 우리는 더 정확한 언어를 구사해야 한다. 과거의 가치는 그때의 행동에 있는 것이 아니라, 그로 인해 지금 우리가 가지게 된 것과 지금 우리가 알게 된 것에 있다. 다음 사례를 살펴보자.

당신은 차의 변속기를 교체하는 데 250만 원을 썼다. (이론상으로는) 앞으로 몇 년은 변속기에 돈을 쓰지 않아도 된다. 그러므로 새 변속기에는 가치가 있다. (하지만 당신이 지불한 250만 원보다는 적은 가치일 것이다.)

지난 2년간 당신과 함께한 팀원이 있다. 당신은 그동안 그 사람을 깊이 신뢰하게 되었다. 그는 회사와 업계에 대한 구체적인 지식이 있기 때문에 앞으로도 일을 능률적으로 잘할 것이다. 이때 당신의 신뢰와 팀원의 지식에는 가치가 있다. 이런 것이 자산이다.

당신은 고객 서비스를 개선하기 위해 새로운 시스템을 개발하는 데 7,500만 원을 지출했다. 그러나 7,500만 원이라는 숫자에는 의미가 없다. 당신이 가지고 있는 자산, 즉 새로 도입한 시스템에 의미가 있을 뿐이다.

자산은 과거에 들인 시간과 돈 덕분에 존재하지만, 자산의 미래 가치는 과거에 투자한 금액과는 무관하다.

비용을 아끼는 말기술

팀의 결정 과정에서 과거의 영향을 차단하려면 정확한 언어를 사용하여 논의의 초점을 미래에 맞추어야 한다. 이를테면, "우리는 이제까지 ○○시간 또는 ○○원을 들였다"라는 문장이 나타나면 다음 두 가지의 자산 중심적인 표현으로 바꾸는 것이 좋다. 첫째, '지금, 우리가 아는 것은 ○○이다. 둘째, 지금 우리가 가진 것은 ○○이다.' 이 연습에는 실전훈련이 필요하다. 특히 어떤 자산의 가치가 그것을 얻는 데 들어간 돈과 시간으로 환산되지 않는 상황에서는 더욱 그렇다. 매몰비용을 적극적으로 거부하는 데는 지식과 의지 모두가 필요하다.

비용 모델을 예측하라

• • •

비용 모델은 미래를 합리적으로 예상할 수 있는 좋은 방법으로, 현재 팀이 가진 여러 선택지에 대해 시나리오를 짜서 비용-편익을 비교하는 것이다. 비용 모델을 세우면 시나리오를 객관적으로 비교할 수 있다. 가장 간단하게는 여러 범주의 비용을 쭉 적으면 된다.

이를테면, 임대료가 좀 더 저렴한 인근 건물로 사무실을 이전하는 안을 고려하고 있다고 해보자. 한 팀원이 "사무실을 옮기기엔 너무 늦었죠. 이 많은 장비를 어떻게 다 옮기게요?"라고 반대한다. 이 사람의 말은 비싼 문장일까 아닐까? 이럴 때는 비용 모델을 사용해서 사무실을 그대로 둘 때와 이전할 때의 비용을 장기적으로 평가하면 결정에 도움이 된다. 사무실을 이전하는 경우라면 3년 정도가 적당하겠다.

	옮기지 않는다	옮긴다
1년차		
이전비용	0	200만 원
장비 설치 비용	0	200만 원
임대료	1,400만 원	1,100만 원
2년차		
임대료	1,400만 원	1,100만 원
3년차		
임대료	1,400만 원	1,100만 원
총 비용	**4,200만 원**	**3,700만 원**

대규모 사업의 비용 모델은 극히 복잡할 수 있고, 앞으로의 판매량 등 알 수 없는 항목은 추정에 기댈 수밖에 없다. 하지만 어떤 변화를 평가할 때는 간단한 수준의 비용 모델만으로도 진실을 드러내고 대화의 근거를 상상에서 현실로 옮길 수 있다.

"너무 늦었다"는 말과 대결하기

• • •

지금까지 우리는 "너무 늦었다"는 말을 인정하지 않고 대단한 성공을 거둔 기업의 일화와 그러한 태도가 팀의 결정을 망친 사례를 두루 살펴보았다.

미래는 아직 결정되지 않았다. 당신의 가정과 회사에 "너무 늦었다"는 생각이 팽배한 영역이 있지는 않은가? 다음과 같은 질문으로 생각을 전환하는 기회를 가져보자.

- 회사가 제품 라인을 좀 더 경쟁력 있게 바꾸기에는 너무 늦었는가?
- 가족이 미루었던 집 정리를 하거나 대화 방식을 개선하기에는 너무 늦었는가?
- 교회가 지금까지와 다른 사람들에게 봉사하기에는 너무 늦었는가?
- 형제자매나 부모, 자식과의 관계를 좋은 방향으로 돌리기엔 너무 늦었는가?
- 새로운 언어를 배우거나 새로운 악기를 배우기에는 너무 늦었는가?
- 식단을 바꾸고, 운동을 시작하고, 건강한 습관을 들이기에는

너무 늦었는가?

스스로에게 이런 질문을 던지다 보면 후회나 슬픔 같은 감정에 빠질 수 있다. 훨씬 전에 변화를 결심했더라면 좋았으리라는 생각이 들 수도 있다. 그러나 그러한 감정에서 벗어나 앞을 바라보는 것이 중요하다. 지금이라도 늦지 않았으므로.

"나무를 심기에 가장 좋은 때는 20년 전이다. 그다음으로 좋은 때는 바로 오늘이다."

2장 "너무 바쁘다"는 말

"좋은 아이디어 같네요. 하지만 지금은 더 시급한 문제가 있어요."

"지금은 운동을 시작할 여유가 없어. 나중에 다시 생각하자."

"요즘 하도 정신이 없어서 그 일은 깜빡했네."

"그 문제는 한숨 돌리고 나서 생각합시다."

이 책을 읽고 있는 당신에게 감사의 말을 전하고 싶다. 내일 당장 이 책의 내용을 가지고 시험을 치지 않는 이상, 이 책을 읽는 일이 당신에게 가장 긴급한 사안은 아닐 것이기에 고마운 마음이 더욱 크다. 다른 중요한 일을 하느라 시간을 내지 못할 수도 있었는데, 당신은 이 책을 읽기를 선택했다.

안타깝게도 이 책을 구입하고도 지금 이 페이지를 읽지 못하는 독자가 훨씬 더 많을 것이다. 책은 대체로 그런 운명을 맞으니까. 왜 사람들은 적잖은 돈을 주고 산 좋은 책을 읽지 않고 모셔 놓기만 할까?

읽고는 싶지만 '그럴 시간이 없어서'일 것이다. 모두가 너무 바쁘기 때문이다.

실은 나 자신도 늘 너무 바쁜 사람이기에 그 심정을 잘 이해한다. 중요한 일로 바쁠 때도 있고, 누가 봐도 사소한 일로 바쁠 때도 있다. 바쁨 자체가 문제는 아니다. 그러나 우리는 사업에서나 개인적인 삶에서나 바쁨 때문에 심각한 피해를 입을 수 있다.

- 너무 바빠서 휴대폰 요금제를 바꾸지 못한다. 그 때문에 매달 3만 원을 초과로 낸다.
- 너무 바빠서 자동차를 수리하지 못한다. 결국 수리비가 처음보다 훨씬 불어난다.
- 새로운 고객을 찾느라 너무 바빠서 옛 고객을 소홀히 대한다. 고객을 잃는다.
- 전술을 짜느라 너무 바빠서 전략을 검토하지 못한다. 결국 전략 자체에서 큰 결함이 드러난다.
- 체육관에서 운동하느라 너무 바빠서 잠을 제대로 자지 못하고 기력이 떨어진다.
- 바쁜 업무를 분담할 새 직원을 구하느라 너무 바쁘다.
- 부하직원을 훈련시키느라 너무 바빠서 내 업무가 전혀 줄지 않는다.

당신에게도 이와 비슷한 경험이 있을 것이다. 바쁨이 반드시 막대한 손실을 부르는 것은 아니다. 그러나 조직을 이끄는 리더가 너무 바쁘다면서 좋은 결정을 내리지 못하고 적절한 행동을 취하지 못할 때는 “너무 바쁘다”라는 말이 비싼 문장이 된다. 그로 인한 대가는 기회 상실과 돈 낭비다. 아이러니하게도 너무 바쁜 탓에 시간을 버리게 되고, 그러면 전보다 더더욱 바빠지는 악순환에 빠진다.

너무 바쁘면 돈을 잃는다

나는 컨설턴트로서 기업의 지출 내역을 검토하고 거래처와 협상하여 지출을 줄이는 일을 오래 해왔다. 주로 업계의 행사에서 연설하거나 네트워크 모임에서 내 소개를 하고 나면 기업의 리더급 인물이 나에게 다가온다. 그러고는 이렇게 말문을 연다.

“우리도 당신 도움이 필요할 듯하군요. 확실히 우리 회사엔 불필요한 지출이 많거든요.”

그러면 나는 몇 가지 질문을 던지고 컨설팅 방식을 설명한 다음 명함을 건넨다. 그리고 그것으로 끝일 때가 아주 많다. 드물게 의뢰가 성사되는 경우에도 흔히 몇 달이 지나서야 연락이 온다. 몇 달이 지나 연락한 CEO는 이렇게 말하곤 한다. “당신의 도움이 필요하다는 말 기억하죠? 그동안 너무 바빠서 이제야 연락합니다.”

나는 이제는 이런 일에 마음이 상하지 않는다. 회사의 중역은 원래 정신없이 바빠야 하는 사람이므로. 하지만 그들의 회사는 진정 더 중요한 일을 하느라 바빴던 것일까?

사업 성공은 궁극적으로 두 가지 숫자에 의해 결정된다. 하나는 들어오는 돈, 즉 수입이고 하나는 나가는 돈, 즉 지출이다. 간단한 문제다. 그러나 지출 관리가 얼마나 중요한지 모르는 사람이 없을 텐데도 많은 회사가 지출을 제대로 통제하지 못하여 손실, 정리해고, 파산의 수순을 밟는다.

중요하지만 긴급하지는 않다

내가 지출 컨설팅을 하면서 겪는 가장 어려운 문제는 이 일 자체가 긴급하지 않다는 데 있다. 회사들은 지출을 3~4퍼센트 줄이는 일을 대체로 급하게 여기지 않는다. 마치 우리가 채소를 더 많이 먹어 체질을 개선하는 일을 다급하게 느끼지 않듯이 말이다. 하지만 건강에 문제가 생기고 나면 3년 전으로 돌아가 식단을 바꾸고 싶어도 그럴 수 없다.

마찬가지로, 지출 절감이 다급해지면, 작은 변화로 큰 변화를 모색할 수 있는 때는 이미 지났다. 이제는 지출을 10~20퍼센트나 절감해도 부족할 수 있다. 너무 바빠서 지출 검토 작업을 미룬 결과 이제는 사업의 존속 자체가 불투명해진다.

시간이 너무 없을 때 우리는 긴급한 문제부터 해결하려고 한다. 긴급한 문제는 중요한 문제일 수도 있고 아닐 수도 있다. 스티븐 코비는 『중요한 일을 먼저 하라First Things First』 1장에서 중요도와 긴급도를 두 축으로 하는 매트릭스를 제시한다.

가장 능률적인 리더는 '긴급하지 않은+중요한' 문제를 잊지 않고 처리한다. 단기적 관점에서 보면 이러한 방침은 '긴급하지만+중요하지 않은' 사안을 뒤로 미루게 한다. 그러나 장기적으로는 긴급한 사안 자체가 줄어든다. 일이 긴급해지기 전에 미리 처리하기 때문이다. 이와 반대로 긴급한 사안만을 우선적으로 다루면, 중요한 사안이 방치되다가 결국 긴급해지는 경우가 늘어난다. 이러한 악순환을 '긴급성의 독재'라고 한다.[4]

이 좋은 걸 왜 몇 달이나 미뤘을까?

다행히도 나는 상황이 긴급해지기 전에 회사에 도움을 주는 경우가 많다. 직원 교육을 의뢰받는 경우에는 CFO, 구매부 직원들과 함께 먼저 특정 프로젝트의 지출을 검토하면서 절감 가능한 항목을 추려낸다. 그리고 그중 몇몇 항목을 선택하여 다음 단계를 진행하는데, 그 구체적인 과정은 간단하다. 즉, 구매 항목에 대해 회사가 계약요율대로 대금을 지불하고 있는지 확인하고, 거래처의 상품 배달을 1주 단위에서 한 달 단위로 변경할 수 있는지 문의한다. 현 거래처에서 구입하는 상품의 가격을 다른 거래처에 문의한다. 회사의 여러 부서에서 나오는 동일 품목 주문을 통합하여 대량 구입으로 가격을 낮춘다 등등.

이러한 작업은 이메일 몇 통 혹은 전화 몇 통이면 끝난다. 그러나 다음 달에 다시 회의를 열어 보면 그 몇 시간 투자로 수백만 원을 절약했다는 사실을 심심찮게 확인할 수 있다. 이렇게 돈이 새던 곳을 막는 일은 절대적으로 이롭지만, 팀의 리더로서는 마냥 기뻐할 수가 없다. 돌아보면 이 간단한 검토 작업으로 훨씬 더 일찍 돈을 절약할 수 있었기 때문이다. 그들은 스스로에게 이렇게 묻는다. “왜 우리가 이 좋은 걸 몇 달이나 미뤘을까?”

그들이 몇 달 전에 지출을 절감하지 않은 것은 그때는 필요성을 실감하지 못했기 때문이다. 지출 검토가 큰돈을 줄여주리라는 보장도 없고 말이다. 나는 대개 클라이언트에게 다섯 가지 프로젝트를 선택하라고 제안하고, 그중 최소 세 가지 사업에서 유의미한 결과를 얻게 될 것이라고 예언한다. 아직까지 이 예언이 틀린 경우는 단 한 번도 없었다.

아주 단순한 진리다. 너무 바쁘다는 이유로 어떤 일을 시도조차 하지 않으면 어떤 결과도 얻지 못한다. 전설적인 아이스하키 선수 웨인 그레츠키Wayne Gretzky는 이에 관한 인상적인 명언을 남겼다. “슛을 시도하지 않으면 실패 확률은 100퍼센트다.”

시간을 써야 시간을 번다

• • •

시간은 돈만큼 가치 있는 자원이다. 돈은 벌 수 있지만 시간은 벌 수 없다. 시간의 유한한 속성을 생각하면 시간은 돈보다 더 가치 있는 자원일 수 있다. 그럼 우리가 시간을 투자함으로써 오히려 시간을 절약할 수 있다면 어떨까? 너무 바쁜 나머지 시간을 벌 기회를 놓치고 더더욱 바빠진다면, 지옥 같은 바쁨의 악순환이 시작된다.

사업가들은 "돈을 써야 돈을 번다"라는 말을 자주 한다. 배당금을 받으려면 먼저 자본을 투자해야 한다는 뜻이다. 마찬가지로, 우리는 시간을 써야 시간을 벌 수 있다. 효율성을 높이고 시간을 절약하려면 먼저 시간을 투자해야 하는 경우가 아주 많다. 너무 바빠서 시간을 투자할 수 없는 사람은 결코 시간을 벌 수 없다.

삶에서나 일에서 당신은 중요한 문제를 다급해지기 전에 해결하는 편인가? 긴급성의 독재에 지배당하기 전에 시간을 쓰고 있는가?

하이패스 고치기

내가 하이패스를 처음 경험한 것은 1990년대 중반으로, 쓰는 순간 그 혜택을 실감할 수 있었다. 톨게이트를 지나는 시간이 짧아졌고, 뒤늦게 잔돈을 찾느라 허둥댈 필요도 없었다. 하이패스는 기술 발전의 좋은 사례다. 고객 입장에서도 더 편리하고, 통행료를 걷는 주인

입장에서도 이익이며, 기술과 가장 동떨어져 있던 영역이 현대화되었다.

올해 초 어느 날, 내 차 앞유리에 달려 있던 하이패스가 갑자기 떨어져 내렸다. 단말기를 고정하던 벨크로 테이프의 점착력이 다한 듯했다. 그래서 단말기를 앞유리에 다시 붙여야 했다. 자동차와 관련한 문제 중에서는 그나마 내 손으로 해결할 수 있는 드문 경우였다. 그러나 나는 몇 주가 지나도록 단말기를 차 안에 방치했다.

나는 이 간단한 일을 왜 그렇게 미루었을까? 첫째, 집에 벨크로 테이프가 없었고 가게에 가서 사다가 단말기를 붙이는 게 귀찮게 여겨졌다. 둘째, 장거리 운전을 그렇게 자주 하는 것도 아니고 필요하면 손으로 단말기를 들고 있으면 될 듯했다. 당장 테이프를 사다가 문제를 해결하기엔 내가 "너무 바빴다." 그렇게 석 달 동안 톨게이트를 지날 때마다 발생한 비용은 내가 인정하고 싶은 정도를 넘어섰다.

- 스트레스 비용 : "단말기가 어디 갔지? 기계에 인식되려면 이쯤에다 들고 있으면 되나?"
- 후회 비용 : "이런, 내가 이걸 아직도 안 고쳤다니. 다음 주에는 꼭 고치겠어."
- 재탐색 비용 : "벨크로 테이프를 어디서 팔더라? 언제 지나가는 길에 들러서 사야 할 텐데."

나는 마침내 (이 글을 쓰기 불과 몇 주 전에) 상점에서 벨크로 테이프를 발견했다. 그리고 나는 그날 2분 만에 하이패스를 제자리에 붙였다. 진작 고칠 걸 그랬다고 생각하면서.

내가 이 경험담을 쓰는 이유는, 이처럼 사소한 일에서도 우리가 짐작하는 것보다 더 큰 비용이 발생한다는 점을 말하기 위해서다. 또한, 사소한 문제를 해결하는 데서 오는 이익은 우리가 예상하는 정도보다 훨씬 크다. 미루기만 했던 사소한 집안일을 해결하면 삶이 상당히 편해진다. 한나절이면 충분하다. 당신 자신과 주변 사람들을 위해서 필요한 일을 하자. "너무 바빠서" 미룬 일들이 오히려 생산성을 크게 떨어뜨린다.

너무 바쁘면 사랑하지 못한다

• • •

1970년대에 어린 시절을 보낸 나는 해리 채핀Harry Chapin이 부른 <요람 속의 고양이Cat's in the Cradle>를 잊지 못한다. 이 노래를 아는 사람이라면 제목만 들어도 그리움과 서글픔이 밀려들 것이다. 그 시절의 멜랑콜리한 분위기를 대표하는 노래일 뿐 아니라, 사랑과 후회에 관한 가슴 절절한 이야기다.

아버지는 출장과 야근 때문에 늘 바쁘고, 아들은 유년기의 마디마디를 지나 성장한다. 아버지는 너무 바쁘기만 했다. 그는 은퇴한 뒤에야 아들과 더 많은 시간을 보내고 싶어 하지만, 슬프게도 아들은 예전의 아버지와 똑같은 어른이 되었고 이제 자신의 삶을 살기에 너무 바빠 함께 시간을 보낼 수가 없다.

채핀은 이 노래가 자신이 부모로서 겪은 경험과 관련이 있다고 밝혔다. "솔직히 난 이 노래가 죽을 만큼 무서워요."[5] 우리는 누구나 애정이 부족한 관계 때문에 괴로워한 경험이 있다. 죽기 직전에 '가족과 더 많은 시간을 보내지 못한 게 아쉽다'고 후회하는 장면은 흔하지만 고통스럽다. 사랑하는 사람과의 관계에 더 높은 우선순위를 두지 못했다는 후회는 결코 가볍지 않다.

당신에게 이 이야기가 유독 가슴 아프게 들린다면, 지금 당장 행동을 취해보자. 책은 잠시 내려놓고 전화를 걸거나 편지를 쓰도록 한다. 아니면 최소한 "너무 바빠서 친구나 가족을 만나지 못한다"는 말은 그만하자.

직장에서도 마찬가지다. 결국 인간관계만큼 중요한 것이 없다. 사업은 돈과 전략, 상품과 공정으로 이루어진다. 하지만 그러한 목표에 가려 고객과의 관계, 직원과의 관계를 등한시하게 되면 그 사업은 결코 오래 번창할 수 없다.

인간관계가 흔들리면 다른 모든 것이 흔들린다. 가까운 친구와 가족, 직장 동료에게 시간과 관심을 쏟지 않으면 그 밖의 모든 것에 문제가 생긴다.

고객 관계

1980년대의 마케터와 경제분석가들은 고객의 '평생가치'에 본격적으로 주목하기 시작했다. 그 결과, 어느 경우에나 새로운 고객을 획득하는 비용보다 기존 고객을 유지하는 비용이 싸다는 사실이 주목받았다.

하지만 수십 년이 지난 지금, 수많은 영업 조직이 여전히 기존 고객을 유지하는 것보다 새로운 고객을 유치하는 데 훨씬 더 집중하는 것이 현실이다. 이렇게 큰 계약을 따내느라, 말하자면 '큰손님'을 새로 모시느라 너무 바쁜 나머지 기존 관계를 유지하지 못하면 옛 고객을 잃을 위험이 점점 높아진다.

직원 관계

열정적인 직원은 생산성도 높다. 직원이 업무에 최대한 집중하게 하려면, 그 일에서 보람을 느끼게 하고 회사에서 인정받고 있다는 믿음을 주어야 한다. 직원의 가치를 인정하는 가장 분명하고 효과적인 방법 하나는 꾸준히, 성실하게 대화를 나누는 것이다.

내가 몸담았던 한 회사에서는 CEO가 직업훈련 보강, 회사 야유회, 인센티브 계획 등 직원을 위한 다양한 혜택을 도입하겠다고 발표했다. 그러나 3년이 지나도록 그중 어느 것도 실현되지 않았다. 일부 직원은 경영진이 너무 바빠서 직원을 중요하게 생각하지 않았다고 결론짓고 실제로 몇몇은 회사를 떠났다.

회피의 끝

인간관계에서는 모든 일이 한꺼번에 틀어지지 않는다. 사생활에서든 직장생활에서든 일단 작은 균열들이 나타난다. 이때, 바쁘다는 이유를 들어 사소한 갈등을 부정하면 위험한 회피 단계가 시작된다. 그러다 마침내 큰 사건이 터지면 때는 너무 늦었다.

이 책이 고객 관계나 가족 관계 자체에 관한 책은 아니지만, 바쁨의 비용을 논할 때는 인간관계 문제를 빼놓을 수 없다. 중요한 인간관계가 흔들릴 정도로 바빠졌다면, 스케줄과 우선순위를 적극적으로 다시 검토할 필요가 있다.

당신의 상황은 다음 중 어느 쪽에 가까운가? ① 나는 나에게 가장 중요한 관계를 탄탄히 다지느라 바쁘다. ② 나는 나에게 가장 중요한 관계에 문제가 생길 만큼 바쁘다.

한 시골 목사가 했다는 말이 있다. “악마는 우리를 나쁜 사람으로 만들지 못하면 바쁜 사람으로 만든다!” 이 날카로운 경고는 “지금은 너무 바빠서 그 일을 할 수 없다”라는 비싼 문장이 왜 우리를 유혹하는지, 그리고 왜 위험한지를 알려준다. 바쁨은 얼핏 보기엔 좋은 일과 관련된 듯하지만, 실은 우리가 더 좋은 일을 하지 못하게 가로막을 뿐이다.

재탐색의 비용

• • •

나는 어머니에게 이런 말을 자주 들었다. "결정하지 않는 것도 하나의 결정이야." 이는 삶의 여러 활동에 들어맞는 통찰이다. 어떤 모임에 합류하거나 수업을 듣거나 새 취미를 시작하는 일에서 결정을 미룰 때, 우리는 기회를 누리지 못하고 그때그때 벌어지는 일에 떠밀리기를 선택하는 셈이다. 존 레논이 말했듯이 "우리는 계획을 세우느라 바쁘지만, 삶은 우연히 일어나는 일들이다."

그런가 하면, 계획을 세우고 결정하는 과정이 몇 날 몇 주나 지지부진하게 이어지는 경우도 있다. 이때 바쁨의 비용은 기회를 잃는 것 정도가 아니다. 던지지 않은 공 또는 내리지 않은 결정이 미해결 상태로 남겨지면 그 사안을 다시 다룰 때마다 우리의 시간과 정신적 에너지가 소모된다.

결정은 아코디언과 같다

내 아내는 우리의 결혼식에 쓸 케이크를 15분 만에 선택했다. 그날 우리는 이 약속에서 저 약속으로 움직이다가 우연히 괜찮은 가게를 발견하고는 안으로 들어가 그 자리에서 케이크를 골랐다. "필링을 딸기로 바꿀까?"라든가 "4층짜리는 너무 크지 않아?" 같은 고민도 전혀 하지 않았다. 결혼식 날짜를 급하게 잡은 터라 빠른 속도로 계획을 짜야 했고, 그 밖에도 처리해야 할 일이 산더미였기 때문이다. (참고로, 그 케이크는 모두가 좋아했다. 사실 나는 케이크가 몇 층짜리였는지도 잘 기억나지 않는다.)

결혼식을 1년 전부터 준비하는 사람을 비난하려는 것은 아니다. 어쨌거나 결혼식은 개개인의 특별한 사건이니까. 계획과 결정에 들이는 시간은 아코디언과 같이 늘어날 수 있고, 우리는 능력이 닿는 만큼 스케줄을 잡게 된다. 이 사실을 가장 잘 실감할 수 있는 예가 바로 결혼식이다.

결혼식 계획을 짜는 데는 시간이 얼마나 들까? 답은 '지금부터 결혼식 전날까지'다. 청첩장을 고르는 데 10분이 걸릴 수도 있고, 여섯 달이 걸릴 수도 있다. 당신에게 주어진 시간은 얼마인가? ("결혼식을 치르는 데 돈이 얼마나 들까?"라는 질문도 답은 똑같다.)

이 논리는 결혼식 외에도 널리 적용될 수 있다. 마케팅 업체를 선정하는 데 시간이 얼마나 걸릴까? 회사의 강령을 결정하는 데는 얼마나 걸릴까? 이사회의 점심 메뉴를 결정하는 데는? 오늘 외출복을 고르는 데는? 이메일 한 통을 쓰는 데는?

이 모든 일의 중요성이 똑같다는 말이 아니다. 당연히 각각 다르다. 그러나 어떤 경우에든, 그 일에 드는 시간과 에너지는 1이 될 수도 있고 100이 될 수도 있다. "지금 결정하기에는 너무 바쁘다"라는 말은 딱히 문제를 악화시킨다거나 판단의 깊이를 더해주지는 않지만, 결정 과정에 더 많은 시간과 비용을 쓰게 하는 것만큼은 분명하다. 같은 문제를 다시 또 다시 탐색하는 데는 상당한 비용이 발생한다.

햄릿은 한 명으로 충분하다

『햄릿』은 짧게 끝날 수도 있었을 이야기다. 주인공이 1막에서 유령 말을 믿고 그냥 아버지의 복수를 했다면. 하지만 우리의 셰익스피어에게는 다른 계획이 있었다. 만약 햄릿이 결단력 있는 남자였다면 세계명작 한 편이 줄었을 것이다.

그러나 우리는 팀의 결정 과정에 『햄릿』 같은 드라마가 펼쳐지길 바라지 않는다. 바빠서, 또는 다른 이유가 있어서 결정이 미루어지면, 열어둔 그 문으로 아무 때나, 아무나 들어와서 같은 논의를 다시 반복해야 한다. 우유부단함, 과도한 논쟁, 애매함, 머뭇거림은 생산성을 저해하는 독이다. 이 독약을 마시지 않으려면 결정을 내려야 하는 시점에 둘 중 하나로 결정을 내려야만 한다. ① 결정을 내린다. '한다' 또는 '하지 않는다'를 명확하게 결정한다. ② 나중에 결정하기로 결정한다. 결정을 재탐색할 날짜와 시간을 구체적으로 정한다.

때로는 미루는 것도 좋은 선택이다. 시간을 두고 정보를 보강한 다음 더 좋은 결정을 내릴 수 있기 때문이다. 그러나 "지금 결정하지 말고 앞으로 석 달 동안 매일 20분씩 고민합시다"라고 한다면? 우리가 고의로 일을 질질 끌려는 게 아니라 해도, 지금 결정을 내리든가 아니면 구체적인 날짜에 다시 논의하기로 결정하지 않으면 결국 일이 그렇게 늘어진다.

시간을 버는 기술들

• • •

가정과 직장에서 시간을 절약할 수 있는 여러 입증된 방법이 있다. 당신이 '너무 바쁜' 나머지 적절한 조치를 취할 수 없는 상황에서 벗어나고 싶다면, 여기에 제시하는 각 기술을 활용하여 시간을 확보하고 더 좋은 결정을 내리도록 하자.

책임 분담하기

내가 CEO 12명으로 이루어진 모임을 이끌었을 때, 그중 네 명은 언제나 나머지보다 뛰어났다. 그들이 이끄는 회사는 계속 성장하고 번창했고, 그들은 전략적 사고로 미래를 계획할 줄 알았다. 나머지 여덟 명은 직원에게 문제가 생겼다거나 비상사태가 생겼다는 이유로 자주 모임에 빠졌고 언제나 회사의 당면 문제를 해결하느라 고생했다. 얼마간 시간이 흐르면서 나는 뛰어난 쪽 네 명의 중요한 공통점을 발견했다. 그들은 '위임'을 잘했다. 즉, 그들은 다양한 업무에 있어 믿을 만한 사람들을 두었고 그들에게 일을 맡기고도 불안해하지 않았다.

이 그룹에서의 경험이 과학적인 증명은 아니지만, 수많은 전문가와 연구자들이 위임 기술이야말로 사업 성장에 반드시 필요한 요소임을 입증했다. 대부분의 회사가 규모를 확장하지 못하고 주저앉는 결정적인 이유가 바로 제때에 위임을 하지 못한다는 데 있다.[6]

책임 분담이 가능해지기까지는 시간이 든다. 그러나 책임 분담이 가능해지면 시간을 번다. 기업에서든, 학교에서든, 사교 모임에서든, 리더가 다른 사람에게 업무를 위임할수록 리더의 시간이 늘어난다. 육아에서도 마찬가지다. 아이가 신발끈을 묶고 젓가락을 쓰고 목욕을 할 수 있도록 가르치는 데는 시간이 많이 들지만, 아이가 직접 옷을 입고 음식을 먹고 몸을 씻을 줄 알게 되면 육아노동의 무게가 훨씬 가벼워진다.

위임은 저절로 이루어지지 않는다. 계획과 노력이 필요하다. 당신이 너무 바쁜 나머지 보고서를 위임하지 못하거나 새로운 직원을 훈련하지 못하거나 새로운 거래처를 관리하지 못한다면? 계속해서 너무 바쁠 수밖에 없다. 나아가 일의 퀄리티가 떨어질 수 있고 리스크가 커질 수 있다.

표준 공정과 문서화

모든 회사와 팀, 가정에는 반복되는 여러 활동이 존재한다. 특히 기업에는 비단 조립라인이 아니라도 정해진 일을 반복해서 하는 영역이 반드시 있다. 청구서를 지불하고, 고객 문의에 대응하고, 기획서를 작성하고, 소프트웨어를 테스트하는 업무는 물론, 1년에 겨우 몇 번일지라도 똑같이 반복되는 일이 있다. 가정에서는 주기적으로 세금을 내고 연하장을 쓰고 가족여행을 간다.

이와 같은 활동에 표준 공정이나 문서 자료가 없다면 일하는 사람이 매번 적절한 방법을 기억해내야 하거나 새로 궁리해야만 한다. 그러자면 시간이 더 걸리고, 퀄리티가 들쭉날쭉해지며, 리스크가 추가된다. 반대로 우리가 따를 수 있는 기준이 있을 때는 일이 더 빨라지고 쉬워지고 퀄리티가 좋아진다. 이를테면, 음식을 만들 때 레시피를 따르면 계획과 실험이라는 소모적인 단계를 건너뛸 수 있다. 안전하지 않거나 맛이 없는 음식을 만들어낼 리스크도 줄어든다.

기업의 성숙도를 결정하는 중요한 국면이 바로 개인적 지식에서 문서화된 공정으로 옮겨가는 것이다. 표준 공정을 세우기엔 너무 바쁜 회사들은 계속해서 개개인의 기억과 숙련도에 의존할 수밖에 없다. 이러한 바쁨은 비용을 늘릴 뿐만 아니라 성장을 제한하고 결국 회사를 유아기에 정체시킨다.

정리와 수납

시간을 절약하는 가장 기본적인 기술 하나는 물건을 필요한 곳 또는 쓰이는 곳에 두는 것이다. 이 절대적인 원칙을 따로 증명할 필요는 없겠지만, 이렇게 물어볼 필요는 있다. "이 물건은 과연 이 자리에 놓는 것이 가장 좋은가?" 최근 강한 성장세를 보이는 사무실 및 가정 정리 산업은 우리에게 더 잘할 수 있는 방법이 있다고 말한다.[7]

공간을 정리할 때는 물건이 아니라 활동을 기준으로 삼는 것이 좋다. 예컨대 가정의 서류를 정리한다면, 은행의 거래 신청서는 다른 은행 서류와 묶지 말고 통장, 봉투와 함께 둔다. 이러한 '활동 중심' 수납법은 물건을 찾는 데 드는 시간을 줄여줌으로써 시간을 벌고 스트레스를 없애주며 가끔은 연체료도 막아준다. 여기서 한 번 더 시간을 절약하고 싶다면 청구서를 자동화하고 테크놀로지를 적용하는 방법이 있다.

자동화와 테크놀로지

과거에 나는 전화요금 청구서와 씨름하며 살았다. 당시 나는 대기업의 전화요금을 대신 처리하는 업체에서 실무를 이끌고 있었다. 전화요금 청구서는 대개 종이로 되어 있었지만, 우리는 이를 전자 청구서로 바꾸는 옵션을 마련해두었다. 그런데 이 업무가 보통 귀찮은 게 아니었다. 공급자가 우리의 요청을 접수하고, 테스트 청구서를 보내고, 최종적으로 청구서를 종이에서 전자문서로 변경하는 데 몇 달이 걸렸다. 나는 귀찮음에 못 이겨 청구서 변경 업무를 미루기만 했다. 종이 청구서를 처리하는 업무만으로도 "너무 바쁘다"라는 이유를 대면서 청구서를 전자 방식으로 바꾸는 과정에 시간을 투자하지 않았던 것이다.

그렇게 종이 청구서만으로 회사를 운영하던 어느 날, 마침내 CEO가 말했다. "대체 이 종이들을 언제까지 붙들고 있을 셈입니까?" 원인은 나의 바쁨에 있었다. 내가 시간의 우선순위를 잘못 설정한 결과 회사 전체의 효율성이 떨어지고 있었던 것이다.

넉 달 뒤, 우리는 금액이 큰 청구서를 전부 전자 방식으로 변경했다. 그러자 청구서를 처리하는 데 드는 시간이 이틀에서 두 시간으로 줄었고 전체 업무 시간으로 따지면 한 달에 수백 시간이 절약되었다. "청구 방식을 바꾸기엔 내가 너무 바쁘다"라는 말이 너무도 비싼 문장이었던 것이다.

시간 절약 기술 적용하기

위임, 표준 공정, 정리, 자동화 이 네 가지 시간 절약 기술은 결코 특별하지 않다. 오히려 너무 당연해 보이기에 그 힘이 간과되곤 한다. 팀 전체의 업무 시간을 줄이고 생산 역량을 더하는 이 기술들은 다음과 같은 과정으로 다양한 영역에 적용할 수 있다.

우선, 반복 단위를 찾아라. 당신의 직장이 (자동차 조립라인이나 텔레비전 공장처럼) 각 업무가 순차적으로 연결되는 곳이라면 (이를 플로우샵 flow shop이라고 한다) 각 단계에서 같은 일이 수만 번씩 반복되기 때문에 아무리 작은 개선도 장기적으로는 큰 이익이 된다. 그래서 이 분야에서 산업과학이 꽃을 피운 것이다. 또 성격이 제각각인 업무가 별개로 이루어지는 잡샵job shop에서도 얼마든지 공정을 개선함으로써 이익을 누릴 수 있다. 당신의 팀에는 한 달에 몇 번만 반복되는 일들이 있는가? 그 일들은 적절한 문서화와 테크놀로지와 함께 진행되고 있는가? 반복이 있는 곳에는 반드시 개선의 여지가 있다.

10퍼센트의 10퍼센트를 찾아라. 정규직 한 사람이 시간의 10퍼센트를 특정한 활동에 쓴다면, 일주일에 4시간 그 일을 하는 것과 같다. 1년이면 200시간이다. 이 업무를 딱 10퍼센트만 개선한다고 하면 1년에 20시간이 절약된다. 같은 일을 네 사람이 한다고 치면 80시간이 절약된다. 이렇게 2주의 시간이 생기면 팀에 얼마나 도움이 될까? 단 몇 시간을 투자해서 업무의 10퍼센트를 개선하면 그 이익이 어느 정도일까?

일단, 한 사람 일과의 최소 10퍼센트를 차지하는 활동부터 검토하고 개선하자. 사실 한 달에 몇 번, 그것도 몇 초씩 이루어지는 사소한 활동(이를테면, 고속도로 통행료를 내는 일)이라도 과정을 개선하고 테크놀로지를 적용하면 상당한 이익을 얻을 수 있다.

바쁘다는 핑계와 맞서기

• • •

현대 문화는 바쁨을 높이 평가한다. 그래서 바쁘다는 이유가 완벽한 핑계로 쓰인다. 우리는 제안이나 요청을 거절할 때 "스케줄이 꽉 차서 어쩔 수 없다"는 답변을 즐겨 쓴다. 다음과 같은 진실은 차마 말할 수 없기 때문이다. "당신이 마음에 들지 않기 때문에 당신 말을 따를 생각이 없다." "당신이 제안하는 방식을 따랐다간 그동안 내가 얼마나 비효율적으로 일했는지 들통이 날 것이다." "난 너무 게으르기 때문에 그 방법이 정말로 좋은지 어쩐지 궁금하지 않다." "난 모든 일을 내가 해야 직성이 풀리는 사람이라 책임을 타인에게 위임하고 싶지 않다." "괜찮은 아이디어 같지만 그러려면 내가 바뀌어야 한다. 나는 변화가 무섭다." "나는 지나친 완벽주의자이기 때문에 완벽한 실력을 갖추기 전까지는 시도하고 싶지 않다."

실제로 이같이 대응했다가는 문제가 생길 수 있겠지만, "그거 좋은 생각이네요. 하지만 지금 내가 너무 바빠서"라는 비싼 문장에서 벗어날 수는 있다. 바쁘다는 가짜 구실은 스스로에게도, 팀원에게도 용납해서는 안 된다.

부드러운 거절

바쁘다는 주장은 거절을 쉽게 하는 방법이기도 하다. 그리고 거절이 정답일 때도 있다. 즉, 다음과 같은 이유에서 제안을 거절하기로 했다면 "너무 바쁘다"는 말을 써도 괜찮다. 첫째, 그 일이 별로 도움이 되지 않는다고 판단할 때. 둘째, 너무 많은 돈이 들 때. 셋째, 그 시점에서 우선순위가 낮을 때.

팀 차원의 결정을 영업부에 전달할 때는 "우리 팀이 너무 바쁘다"라는 말(또는 "지금은 우리 코가 석 자라서" 등등의 표현)을 써도 괜찮다. 나는 모든 말에 100퍼센트 진실을 담아야 한다고 주장하는 게 아니다. 그러나 팀 내부에서는 당신이 거절하는 진짜 이유를 알고 있어야 한다. 편의상의 구실에 속아서 우리가 정말로 바쁘다는 착각에 빠져서는 안 된다. 바쁘다는 구실이 습관이 되어서도 안 된다.

바쁨의 중독성

누구에게나 너무도 바쁘고 다급한 시기가 찾아온다. 기부금이 30퍼센트나 줄어든 비영리단체라면 당분간 기금 모금에 전력을 다해야 한다. 사무실을 이전하고 이삿짐을 푸는 와중에도 고객의 만족도를 유지해야 한다. 학업과 풀타임 업무를 병행하는 사람도 있고, 가족에게 건강 문제가 생길 때도 있다.

바쁜 위기가 오는 것을 막을 순 없지만, 그런 상태가 영원히 지속될 리는 없다. 즉, 일정이 한번 바빠진 뒤로 그 상태가 너무 오래 지속된다면 문제는 상황이 아니라 그 사람에게 있다.

업무를 핑계로 개인적인 문제를 회피하는 사람을 일중독자라고 한다. '일중독자'라는 개념, 즉 바쁨 중독은 수십 년 전에도 있었지만 최근 들어 점점 더 관심을 받고 학문적으로도 연구되고 있다. 학자들이 이 주제에 대해 알아낸 바는 다소 놀랍다. 바쁨에 중독된 사람의 뇌는 약물에 중독된 사람과 거의 똑같이 반응한다는 것이다.[8]

바빠야만 하는 문화

사람들은 집단으로 바쁨에 중독되기도 한다. 이를테면, 어떤 팀은 과도한 업무 일정이 겹치고 겹쳐서 아무리 시간이 지나도 정상적인 스케줄로 돌아가지 못한다.

당신의 팀은 바쁨에 중독된 상태인가? 다음과 같은 증거가 발견된다면 그 답은 '그렇다'이다. "그 아이디어는 회사에 도움이 될 것 같아요. 하지만 우리 팀은 처리해야 할 일이 이미 너무 많네요." "결국엔 그 방향이 맞겠지만, 지금 우리는 이 방향에 모든 것을 걸었습니다." "지금은 도저히 다른 생각을 할 수 없을 만큼 바쁩니다." "요즘 우리 팀은 숨도 안 쉬고 달리고 있어요."

과도한 바쁨은 긍정적으로 보이기도 하지만, 실제로는 창의력과 생산성을 떨어뜨린다.[9]

끝나지 않는 서바이벌 모드

자원이 부족한 팀은 당분간 어떻게든 버티는 '서바이벌 모드'에 들어간다. 서바이벌 모드는 말 그대로 단기적으로 주의를 집중하여 살아남자는 자세이고, 장기적인 계획은 불가능한 상태다. 이것은 합리적인 전술이다. 집에 오늘 당장 먹을 것이 없을 때는 당연히 다음 가을에 어떤 작물을 거둘지 계획할 수 없지 않은가? 그러나 서바이벌 모드에 대해 기억해야 할 두 가지 경고가 있다.

첫째, 생각의 힘을 무시해서는 안 된다. 팀의 모든 구성원이 이 조직이 살아남을 수 있을지 어떨지 의심하기 시작할 때는 부정적인 사고가 자기실현적 예언이 될 수 있다. 리더는 정직해야 하는 동시에, 모든 사실을 누구와 공유할지, 어떻게 공유할지를 신중하게 판단해야 한다.

둘째, 서바이벌 정신은 조직에 해를 끼치는 결정으로 이어질 수 있다. 비행 중에 긴급한 기계적 문제가 생겼을 때 조종사가 가장 우선시해야 하는 사항이 있다. 비행기를 계속 날게 하는 것이다. 리더는 조직의 단기적인 필요와 장기적인 건강 사이에서 균형을 유지하는 어려운 임무를 맡는다. 단기적으로 다급하다는 이유를 들어 장기적인 발전까지 희생해서는 안 된다.

바쁨은 나의 선택이다

당신도 바쁘고, 나도 바쁘고, 우리 모두가 바쁘다. 우리가 때때로 잊어버리는 사실이 있다. 모든 사람에게는 똑같은 양의 시간이 주어진다는 것, 그리고 사람들은 자신이 중요한 목표를 추구하는 데 시간을 쓴다고 믿는다는 것이다. 우리는 다른 누가 아니라 나 자신이 내린 결정을 따르느라 바쁘다. 그런데 혹시 당신은 쓸데없는 일에 집착하고 있지는 않은가?

당신이 하는 모든 일이 실제로 중요할 수도 있다. 그러나 너무 바쁘다는 이유로 올바른 결정을 내릴 시간이 없다면, 바쁘다고 무시했던 문제가 점점 커져서 큰 피해를 끼칠 수 있다. 제때 올바르게 판단했다면 큰 이익을 가져왔을 수도 있었을 텐데 말이다.

"너무 바쁘다"는 말을 듣는다면

• • •

결정을 방해할 정도로 바쁜 상태가 사실이든 아니면 생각에 불과하든, 그로 인해서 나쁜 결정을 내리는 사태는 막아야 한다. 그런 일이 일어나지 않게 하는 방법을 알아보자. 우리는 비싼 문장을 생산적인 방향으로 돌릴 수 있다. 이제부터 "지금은 너무 바쁘니 그 일은 나중에 생각하자" 같은 핑계가 들리면 다음과 같이 대응하도록 한다.

"우리가 요즘 너무 바쁜 건 맞아요. 하지만 우리가 매 시간 가장 중요한 일에만 집중하고 있는 건 아니죠. 전 이 아이디어를 당장 검토해야 한다고 생각합니다. 앞으로 점점 더 중요해질 수 있는 문제니까요."

"우리가 이렇게 바쁜 상태를 언제까지 참아야 할까요? 어쩌면 바로 이 아이디어가 시간을 벌어줄 수 있을지도 모르는데, 그렇다면 지금 검토하는 게 맞지 않나요?"

"아무리 바빠도 이 중요한 일을 미룰 순 없습니다. 한 시간만 짬을 내서 이 건을 검토해보고 셋 중 하나로 결론을 내립시다. 이대로 계속하든지, 방향을 바꾸든지, 아니면 다음에 다시 의논하기로 하고 날짜와 시간을 정하든지."

"지금 하고 있는 일들이 중요한 건 알지만, 6개월 뒤를 생각해 보죠. 아마 다들 더 일찍 이 문제를 검토할걸 그랬다고 후회할 겁니다."

바쁨의 언어에 맞서는 법

• • •

팀에서 "너무 바쁘다"는 말이 자주 들리고 비싼 변명으로 쓰이고 있다면 당장 조치를 취해야 한다. 모든 팀원을 한자리에 모아 다음의 방법을 함께 논의해보자.

바쁘다는 착각 걷어내기

눈앞에 누군가가 물에 빠졌을 때 당신은 너무 바빠서 그 사람을 구할 수 없을까? 그럴 일은 없을 것이다. 그렇다면 회사가 실패를 눈앞에 두고 있을 때 당신은 너무 바빠서 회사를 구할 조치를 취하지 못할까? 역시 그럴 일은 없을 것이다. 두 질문은 비유에 가깝지만, 우리는 '너무 바쁘다는 이유로 옳은 일 또는 필요한 일을 할 수 없는 때는 없다'는 사실을 적극적으로 확인하고 선언하고 강조해야 한다. 다음은 당신의 팀이 바쁘다는 핑계 뒤로 숨지 않게 할 수 있는 실용적인 방법들이다.

- '바쁨 벌금통'을 만든다. 너무 바쁘다고 주장하는 사람에게 1,000원의 벌금을 물린다.
- 독서모임을 만들어 바쁨에 관한 좋은 책들을 읽는다. 그런 다음 그 내용을 팀에 어떻게 적용하면 좋을지에 대해 이야기를 나눈다.
- 주변 사람들에게 당신이 너무 바빠 보일 때를 지적해달라고 부탁한다. 당신의 바쁨이 그들에게 어떤 영향을 미치는지도 들어본다.

우선순위 확인하기

당신의 팀은 다급한 일을 치워 나가는 데 몰두하고 있는가, 아니면 전략적으로 목표를 설정하고 추구하고 있는가? 팀의 활동을 능동적으로 선택하려면 바쁨에 끌려 다니는 형국에서 벗어나 우선순위를 기준으로 사고할 줄 알아야 한다.

필요한 상황에서 올바른 이유로 '아니오'라고 말할 줄 아는 것은 멋진 능력이다. 그러나 전술상의 이유를 들어 흔치 않은 전략적 기회를 포기하는 것은 망하는 지름길이다. 어떤 일에 우선순위를 낮게 두는 것은 괜찮다. 그러나 바쁘다는 핑계를 대고 기회를 흘려보내는 것은 전혀 괜찮지 않다.

팀에 주어진 선택지들을 파악했다면, 우선순위를 기준으로 그중 무엇을 미루거나 포기할지 검토한다. 어떤 선택지가 좋은 편인지 아니면 가장 좋은지, 어떤 선택지가 유익한 편인지 아니면 꼭 필요한지 팀 차원에서 결정하도록 하자. 아무리 좋은 일도 그 시점에 꼭 필요한 일이 아니라면, 즉 우선순위가 낮다면, 포기하는 것이 가장 좋은 결정이다.

진실을 다시 말하기

바쁘다는 착각을 거부하고 우선순위를 재정립했다면 이제 "너무 바쁘다"는 비싼 문장을 다음과 같이 훨씬 더 유익한 표현으로 바꿀 수 있다. "이 고객 관리 프로그램은 우리의 목표에 부합하고 앞으로 큰 이익을 가져다줄 것이기에 당장 시작하는 것이 맞습니다." "경쟁사에서는 고객 피드백 체계를 도입해서 좋은 결과를 얻고 있지만, 현재 혁신에 집중하고 있는 우리의 전략에는 맞지 않습니다." "우리 회사에는 지출 절감 컨설팅이 필요하지만, 지금은 CFO와 재정부가 새로 도입한 회계 시스템에 적응하는 중이죠. 그러니 이 문제는 다음 달 초에 다시 검토해서 가부를 결정하는 게 좋을 듯합니다."

마지막 문장에는 구체적인 재검토 시점이 명시되어 있다. 이와 같이 당장에 우선순위가 높지 않은 일에 대해서는 다시 검토할 시점을 구체적으로 결정한다.

10분 비용-편익 분석

• • •

수많은 비싼 문장이 그렇지만 "너무 바쁘다"는 말은 대개 정보가 부족한 상태에서, 모르는 부분이 많을 때 강력한 힘을 발휘한다. 우리는 시간을 조금만 투자하면 모호한 짐작에서 벗어나서 새 아이디어를 검토하는 데 따르는 비용과 이익을 체계적으로 추정할 수 있다.

우리는 비용-편익 분석을 통해 어떤 구체적인 조치에 대한 찬반을 정확하게 파악하고 그 가치를 수치화할 수 있다. 그 방법은 다음과 같이 간단하다.

❶ 브레인스토밍으로 모든 종류의 비용을 따진다.

❷ 각 비용의 양과 범위를 대략적으로 평가한다.

❸ 모든 종류의 편익을 목록화한다.

❹ 각 편익의 가치를 대략적으로 평가한다.

❺ 비용 추정치와 편익 추정치를 비교한다.

이 연습은 화이트보드를 두 단으로 나누어서 할 수도 있는데, 그럴 때는 최종 결과를 사진으로 찍어 팀에서 공유하도록 한다. 내용을 노트북에 기록했다면 이메일로 공유한다. 이 분석 연습은 완벽하거나 포괄적이지 않아도 된다. 한 번 간단하게 검토하는 것이 바쁘다는 이유로 한 번도 검토하지 않는 것보다 백 배 낫다.

문제나 목표의 긴급도를 정리한다

• • •

이언 앨트먼Ian Altman과 함께 쓴 『고객은 우리 편이다Same Side Selling』에서 나는 영업부 직원이 너무 바쁘다면서 시간을 내주지 않는 고객들을 상대할 때의 어려움을 다룬 바 있다. 실제로 분야를 막론하고 고객의 관심을 충분히 오래 끌지 못해 상품을 판매하지 못하는 영업자가 많다.

"너무 바쁘다"라는 말이 구매자의 진심일 때도 있지만, 알고 보면 판매자가 자신의 상품으로 구매자의 시급한 문제를 해결할 수 있음을 효과적으로 설득하지 못한 경우가 더 많다. 우리는 책에 이렇게 썼다.

> *"구매자의 문제를 해결할 수 있다는 정도로는 충분치 않다. 그 문제의 시급도가 1~10등급 중 8, 9, 10이어야 한다. 그 정도로 시급한 문제를 해결할 수 없다면 구매자가 당신의 상품을 긍정적으로 생각하더라도 실제로 상품을 살 만큼 우선순위를 높게 매기지 않는다."*[10]

이처럼 문제의 시급도를 1~10등급으로 평가하는 방법은 구매자의 우선순위를 파악할 때도 도움이 되지만 팀 내부에서 우선순위를 정하는 데도 매우 유용하다. 목표와 과제를 긴급한 순서로 정리하는 것은 어렵지 않다. 하지만 문제 해결의 우선순위를 정하는 것은 조금 까다롭다.

검토 중인 어떤 조치가 팀의 중요한 문제를 제대로 해결할 수 없는 것이라면, 답이 쉽게 나온다. 이러한 결정은 바쁘다는 이유로 지나치는 것과는 다르다. 가장 긴급한 문제부터 해결한다는 기준에서 적극적으로 결론을 내린 것이다.

3장 "당장 그것부터 하자"는 말

"지금은 비상상황이야."

"당장 방법을 찾아야 합니다."

"보고만 있지 말고, 뭐든 해!"

"기다릴 시간이 없습니다."

1980년대의 성공적인 광고 캠페인 중 하나에는 뜻밖의 상품이 등장한다. 광고의 주인공은 맥주도 아니고 과자도, 장난감도 아니고 그 어떤 소비재도 아니었다. 화물 운송 회사였다. 회사의 기능과 목적, 성격을 멋지게 요약한 문구는 이러했다.

"페더럴 익스프레스, 하룻밤 사이에 반드시, 확실하게 도착합니다."

그들은 주말 스포츠 중계의 텔레비전 광고를 도배하면서 전 국민에게 이름을 각인시켰다. 하지만 그 회사가 정말로 성공하려면 기업과 고객이 다음 질문에 '그렇다'라고 대답해야만 했다.

하룻밤 사이에 물건을 받아야 할 일이 얼마나 자주 있는가?

그것도 반드시.

확실하게.

프레드 스미스Fred Smith는 더 빠른 배송에 대한 수요가 분명히 있으며 많은 사람들이 할증료를 내서라도 물건을 빨리 받고 싶어 한다고 믿었다. 그러나 예일 대학교 시절에 그가 이 아이디어를 논문으로 제출했을 때, 담당 교수는 잠재력을 알아보지 못하고 평범한 점수를 주었다고 한다.11

그다음 이야기는 모두가 아는 대로다. 페더럴 익스프레스Federal Express(1994년에 페덱스FedEx로 이름을 줄였다)는 극적으로 성장하여 많은 기업에 전화와 우편만큼 중요한 서비스를 제공하게 되었다. 그 결과 사람들은 비단 산업 분야만이 아니라 삶의 여러 영역에서 오늘 부친 물건이 내일 도착하는 것을 당연하게 여기기 시작했다.

그리고 이제는 "하루도 길다."

우리는 더 빠른 것을 원한다

• • •

내 친구가 최근 가족과 함께 휴가를 보낸 일을 이야기해주었다. 이제 네 살이 된 딸이 호텔방의 TV로 <탐험가 도라Dora the Explorer>를 볼 수 있느냐고 물었다고 한다. 친구는 아이에게 채널을 살펴보자고 하고 호텔 TV로는 그 방송을 볼 수 없는 것을 확인했다. 아이는 그 사실을 받아들이지 못했다. 집에서는 보고 싶을 때마다 '도라'를 볼 수 있었다.

아이는 '도라'를 보고 싶었다. 지금 당장.

케케묵은 이야기로 들릴 수 있겠지만, 나는 비디오 녹화기가 등장하기 전 시대에 텔레비전을 보며 자란 사람이다. 그때는 방송이 나오는 특정한 시간이 아니면 방송을 볼 수 없었다. 텔레비전 영상을 비디오테이프에 녹화하는 기능, 즉 보고 싶은 영상을 아무 때나 볼 수 있게 해주는 기술은 가히 혁명적이었다. 하지만 지금 그 혁명은 아득하게 느껴진다. 이제는 좋아하는 방송을 보고 싶을 때 볼 수 없다는 것을 이해할 수 없는 시대다.

로켓배송의 세계

속도가 달라진 영역은 비단 배송과 방송만이 아니다. 사실상 우리 삶의 모든 면면이 점점 더 빠른 리듬에 맞춰 움직이고 있다. 가정집 주방에는 미리 조리되어 나온 요리와 미리 제조되어 나온 음료가 가득하다. 과거에는 집을 단장하는 데 몇 달이 걸렸다. 그러던 어느 순간, 주문하면 이틀 만에 블라인드를 제작해주는 투데이블라인즈2-Day Blinds가 등장했고, 그 속도가 표준으로 자리 잡을 즈음에는 하루 만에 제작해주는 넥스트데이블라인즈Next Day Blinds가 나타났다. (그렇다면 다음 차례는 '오늘 찾아가는 블라인드'일 것이다. 혹시 그다음은 '어제 찾아가는 블라인드'일까?)

우리가 이 시대의 속도를 찬찬히 들여다보아야 하는 이유는 그것이 우리의 사고에 깊은 영향을 미치고 있기 때문이다. 우리는 "당장 필요해!"라는 생각에 익숙해진 상태다. 그러나 실은 지금 당장 필요하지 않을 수도 있다.

어제의 사치품이 오늘의 필수품이 되는 경향에도 주목할 만하다. 우리는 오늘 주문하면 내일 도착하는 속도를 당연하게 여기지만, 이는 최근의 현상일 뿐이다. 인간이라는 종은 수천 년간 무척 굼뜨게 살아왔다. 그러다 어느 순간 '다음 날 배송'이 등장하고 점점 보편화되더니 이제는 당연시되고 있다.

우리에겐 원래 그렇게 빠른 속도가 필요하지 않았다. 그런데 왜일까? 왜 이렇게 급해졌을까? 우리는 정말로 지금 당장 해치워야 하는 일들에 둘러싸여 있을까?

속도는 함정이다

우리는 방금 던진 철학적인 질문을 한 번쯤 생각해볼 필요가 있다. 시급도를 판가름하는 실용적인 질문들은 이 장 후반부에서 다룰 것이다.

현실의 삶에서 우리는 시급한 정도를 우리 뜻대로 결정할 수만은 없다. 나 자신이 인내심을 가지려고 해도 주변 사람과 상황이 우리에게 시급함을 강요한다. 다음과 같이 말이다. '클라이언트가 당신 회사의 소프트웨어는 너무 느리다며 계약을 해지하겠다고 한다.' '새로운 프로젝트가 다음 주에 시작될 예정이지만, 그 일을 담당할 인력이 없다.' '친한 친구가 결혼생활에 문제가 생겼다고 한다.' '아이가 밴드부 활동이 재미가 없어서 그만두고 싶다고 선언한다.'

이 사례들은 표면적으로는 시급하게 다가오지만 실은 그 이상의 문제를 말하고 있다. 무언가가 바뀌지 않으면 더 심각해질 진짜 문제가 들어 있는 것이다. 이때, '당장 그것부터 하자'는 마음가짐이 꼭 최선의 접근법일까? 이를테면, 우리가 위의 상황에서 다음과 같이 즉시 반응했다고 가정해보자.

- 클라이언트의 위협에 대해: 고객의 마음을 돌리기 위해 높은 할인율을 제시한다. 또는 소프트웨어의 속도를 개선할 수 있는 솔루션에 급하게 큰돈을 투자한다.
- 인력 부족 상황에 대해: 급하게 그 일을 맡을 사람을 고용하거나, 클라이언트에게 새 프로젝트를 진행할 수 없다고 알린다.
- 결혼생활의 고충에 대해: 친구에게 인간관계에 대한 구체적인 조언을 한다.
- 자녀의 불만에 대해: 밴드부를 그만두어도 괜찮다고 말한다.

이런 식의 즉각적인 대응이 도움이 될 때도 있다. 그러나 이것으로 진짜 문제를 해결하지 못했을 때는 머지않아 같은 문제가 다시 불거질 가능성이 크다.

독촉의 비용

• • •

우리는 코너에 몰리면 어떻게든 방법을 찾아낸다. 그러나 그 방법이 최선의 해결책은 아닐 수도 있다. 이를테면, 우리는 어떻게든 방법을 찾으려다가 고속도로에서 길을 잘못 들게 되고, 불필요한 수술을 받게 되고, 거래처를 잘못 선택하게 되고, 맞지 않는 사람과 결혼하게 된다. 다급할 때 내리는 결정은 결국 후회를 낳는다.

다급함은 결정을 어떻게 방해하는가

다급함 때문에 결정의 질이 떨어지는 과정을 구체적으로 살펴보자.

다급함은 선택지를 감춘다. 모든 상황에서 우리가 선택할 수 있는 길은 다음 세 가지다. ① 당장 무언가를 한다. ② 지금은 기다렸다가 나중에 무언가를 한다. ③ 아무것도 하지 않는다. 이 관점에서 봤을 때, 즉각 행동하라고 독촉하는 다급한 상황은 우리의 선택지 중 ②와 ③를 통째로 빼앗아간다. 그뿐만 아니라 즉각적인 행동 중에서 그 즉시 결과를 내지 못하는 것은 배제되거나 제대로 고려되지 않는다. 한

번 속도에 지배당하기 시작하면 다른 기준과 고려 사항은 제 목소리를 내지 못하게 된다.

뿐만 아니라 다급함은 협상 능력을 빼앗는다. 교섭 분야의 고전적인 기술 중 하나는 상대가 빠듯한 일정에 잡혀 있을 때 이쪽에서 일부러 시간을 끄는 것이다. 이를테면, 우리 팀이 당장 다음 주에 일을 실행해야만 할 때, 협상을 한 주 더 진행하거나 다른 대안을 모색한다는 선택지가 우리에게는 없다. 그러면 우리가 지불하는 가격이 달라질 뿐 아니라, 결과물의 퀄리티도 달라진다. 바로 이런 이유에서 우리는 모든 종류의 협상과 구매에 임할 때 다급함을 특별히 조심해야 하고, 상대가 우리에게 다급함을 강요하려고 하진 않는지 경계해야 한다.

오늘날 마케터들은 시급하다는 감각을 광범위하게 이용(또는 악용!)한다. 오늘 밤 자정까지만 진행한다는 온라인 세일, 오늘 하루만 싸게 판다는 마트 행사, 물량이 정해져 있으니 앞으로 10분 안에 전화로 주문하는 사람에게만 이 가격에 판다는 홈쇼핑 판촉까지, 상품을 파는 사람들은 다급함을 이용하여 어서 물건을 사라고 재촉한다.

또한 다급함은 표준 과정을 무시한다. 다급함이 독재할 때는 선택지를 철저하게 검토할 수 없다. 이를테면, 업체를 선정할 때는 최소 세 군데의 입찰을 받아야 하고 직원을 고용할 때는 여러 사람의 평가를 합산해야 한다는 규정이 있음에도, 상황이 다급해지면 그러한 안전장치를 무시하기 십상이다. 이와 같이 필요한 관계자를 배제하고 필요한 평가 과정을 건너뛴다면 결정의 퀄리티가 떨어질 수밖에 없다.

다급함은 다시 반복된다. 2장에서도 말했지만, 긴급한 항목은 중요한 항목을 의제에서 밀어낸다. 중요한 항목이 긴급한 항목으로 돌아올 때까지 말이다. 이 악순환이야말로 다급하다는 독촉이 낳는 최악의 결과이며, 이를 막으려면 무의미한 다급함을 파악하고 그에 대처해야 한다.

물론 다급한 상황에서 좋은 결정을 내리는 것도 가능하긴 하다. 누군가가 당신을 향해 소리를 지르고 있는 와중에 이메일을 쓰는 것이 가능하듯이, 망치에 발등이 찍힌 직후에 어려운 수식을 풀 수 있듯이 말이다. 가능하지만, 어렵다. 다급함은 우리에게 "당장 뭐든 해!"라고 소리치면서 가장 좋은 선택지를 밀어내고 '아무' 선택지에나 높은 우선순위를 부여해버린다.

반대로, 다급하지 않은 상황은 여러모로 이롭다. 우리는 시간 여유가 있을 때 더 좋은 결정을 내릴 수 있고 더 많은 선택지를 누린다. 앞에서 제시한 각 상황에서 다급함을 덜어내는 방법을 생각해보자.

- *클라이언트의 위협에 대해: 클라이언트를 직접 만나는 자리를 마련하여 고충을 충분히 이해하고 있음을 전한다. 그러는 한*

편, 당신 회사의 소프트웨어 속도를 경쟁 상품과 비교하는 연구를 진행하고, 속도를 효과적으로 올릴 수 있는 방법을 탐색하기 시작한다.

- 인력 부족 상황에 대해: 다른 불이익 없이 프로젝트를 연기할 수 있는지 알아본다. 그러는 한편, 그 임무를 맡을 만한 적합한 인물을 신중하게 찾기 시작한다.
- 결혼생활의 고충에 대해: 친구의 이야기를 더 들어주고 가능하면 그의 배우자도 만나본다. 또는 두 사람에게 결혼상담사를 소개해준다.
- 자녀의 불만에 대해: 아이가 가장 좋아하는 일을 하길 바라므로 그 점을 아이에게 강조하고, 화가 난 상태에서는 어떠한 결정도 내리지 말자고 약속한다. 또한 이번 주말에 그 문제를 함께 의논하고 계획을 세우기로 한다.

우선순위 트라이앵글

총구 앞에서도 좋은 결정을 내릴 수 있는 사람이라 해도, 최대한 빨리 해법을 찾아내는 데는 직접적인 비용이 든다. 알다시피 특급우편은 일반우편보다 비싸다. 요금이 열 배에서 스무 배까지 차이 난다. 속도가 필요할 때는 할증금을 쓰는 것이 합리적이지만, 필요 없는 비용을 쓸 때도 많다.

속도가 비용을 결정하는 영역은 배송만이 아니며, 경제 영역에 국한되지도 않는다. 컨설팅 분야의 고전적인 패러다임에서는 퀄리티, 규모, 속도 등 세 요소를 중심에 둔다.

클라이언트는 퀄리티, 규모, 속도 이 셋 중 가장 중요한 두 요소를 골라야만 한다. 이는 (가격이 정해져 있다고 할 때) 오직 두 요소만이 우선순위를 점할 수 있고 세 번째는 희생되어야 한다는 뜻이다. 어떤 일을 뛰어난 퀄리티로, 큰 규모로 해내려면 더 많은 시간이 든다. 속도가 우선이라면 퀄리티나 규모 중 하나를 포기해야 한다.

'가격이 정해져 있다고 할 때'라는 예산 제한을 없애고 세 요소 모두를 추구하겠다면 돈을 더 지불하고 원하는 것을 얻을 수 있다. 그러나 어느 경우에든 속도는 곧 할증금으로 연결된다.

'반응'과 '대응'은 다르다

• • •

"당장 그것부터 하자"라는 말은 결정의 퀄리티를 떨어뜨릴 뿐만 아니라 비용을 높인다. 다행히 우리에겐 그 긴급함이 사실인지 확인하고, 사실이라 해도 긴급도를 낮출 수 있는 방법이 있다. 우리는 당사자의 우려와 급한 사정을 존중하는 동시에(굳이 무심한 태도로 "일단 진정하시죠"라고 말할 필요는 없겠다) 신중한 조치를 취해 결정의 퀄리티를 높일 수 있다.

공감은 빠르게, 행동은 신중하게

상황의 심각성을 빠르게 인지하는 것과 급하게 나서는 것은 전혀 다르다. 동료나 친구, 가족이 시급한 일이라며 어떤 사정을 털어놓을 때, 문제를 얕보는 건 금물이다. 우선 상황을 이해하고 공감을 표하는 쪽이 도움이 된다. 그 문제가 개인적인 고민이든 사업상의 위기든, 당신이 그 심각성을 이해한다는 사실을 즉시, 분명하게 상대에게 전하는 게 좋다.

공감을 표현하는 데 미적거려선 안 되는 이유는 당신이 냉혈한으로 보이지 않기 위해서가 아니다. (물론 그것도 충분한 이유가 될 수는 있겠다.) 당신이 그 사안을 중요하게 생각하고 있다고 알리는 것만으로도 상대가 문제를 훨씬 더 차분하게 생각하게 되기 때문이다. 그렇게 열기를 가라앉힐 수 있다면 아무래도 더 좋은 결정을 내릴 수 있을 것이다. 그 반대도 마찬가지다. 당신이 상대의 걱정을 의심하거나 무시하면 사태가 더 심각해질 수 있다.

고객 서비스 분야에서는 이처럼 다급함을 누그러뜨리는 '인정의 힘'이 직관적으로 나타난다. 당신은 최근에 상점이나 레스토랑, 카페을 이용하다가 무언가에 대해 문제를 제기한 적이 있는가? 그때 최초 대응자는 어떻게 대응했고, 그때 당신은 어떤 기분을 느꼈는가? 만약 상대가 당신의 고충을 재빨리 인정했다면 상황이 기분 좋게 마무리되었을 것이다. 반대로, 상대가 당신의 의견을 의심하거나 무시했다면 아마 그 업체는 손님을 잃게 되었을 것이다.

스타벅스는 고객 문제를 해결하기 위한 라테LATTE 프로그램을 교육한다. LATTE의 앞 세 글자는 듣고listen 인정하고acknowledge 조치를 취하는take action 것을 뜻한다. 보다시피, 문제 제기에 대응하는 첫 단계는 문제를 해결하는 것이 아니라 충분히 소통하는 것이다. (나머지 두 글자는 고객에게 고마움을 전하고thank the customer 다른 불편한 점이 있다면 얼마든지 이야기해 달라고 권하라encourage는 뜻이다.) 12

"당장 그것부터 하자"라는 요구에는 경솔하게 반응해서도 안 되고, 요구를 무시해서도 안 된다. 무엇보다 먼저 그 다급함 뒤에 숨은 진짜 걱정거리를 파악해야 한다. 그것부터 알아야 다급함을 누그러뜨리고 신중한 대응을 시작할 수 있다.

가장 먼저 던져야 할 질문들

시급한 문제를 해결하려고 어떤 결정을 내리기 전에 또는 어떤 방법을 쓰기 전에 반드시 먼저 물어야 할 질문들이 있다.

첫째, 진짜 문제는 무엇인가? 다급함은 당장 무언가가 필요하다는 뜻이지만, 그 '무언가'가 정말로 그 상황에 가장 필요한 일인지 따져보아야 한다. 말 그대로나 '발등에 불이 떨어져서' 당장 방법을 찾아야 할 때, 문제의 근원이 다른 데 있을 수 있다는 뜻이다. 예컨대 아이가 밴드부 활동이 싫다고 말하는 것이 실은 자신을 괴롭히는 급우 때문일 수 있다. 클라이언트가 계약을 해지하겠다고 하는 진짜 이유가 본인 사정상 요금 부담이 커져서일 수도 있다. 회사에 인력이 부족한 이유는 애초에 임금이 너무 낮기 때문일 수 있다. 겉으로 불거진 문제가 반드시 가장 중요한 문제는 아니다.

둘째, 누구의 문제인가? 표면에 가려진 진짜 문제를 알아냈다면, 이제 그 문제가 누구에게 속하는지 따져볼 단계다. 불만을 품은 클라이언트나 배우자 문제는 그렇게 접근해야 옳다. 어떤 문제가 제기될 때마다 당신 자신이 문제를 해결해야 한다고 생각할 필요가 없다. 당신이 타인에게 공감을 잘하는 해결사 타입이라면 더더욱 타인의 문제를 스스로 떠안지 않도록 조심해야 한다.

셋째, 행동이 문제를 해결해줄 것인가? 나는 "멈춰 있는 차의 진로를 바꿀 순 없다"라는 조언을 좋아한다. 비슷한 말이지만 "거기 서 있지만 말고 뭐라도 해"라는 표현은 조금 덜 유익하다. 어쨌든 이런 표현은 눈에 보이는 행동을 선호하는 인간의 자연스러운 성향을 보여준다. 움직이고 있으면 뭔가 생산적인 일을 하고 있는 기분이 드는 것이다. 그러나 그 상황에 어울리지 않는 방법을 썼다가는 "뭐라도 해"라는 말이 비싼 문장이 될 수 있다.

진짜 문제를 찾아내고, 그것이 누구의 문제인지 확인하고, 행동이 도움이 될지 판단하는 데는 시간이 걸린다. 이때 우리가 잊지 말아야 할 사실은 지금 시간을 확보해서 이 문제를 철저하게 생각하지 않으면 앞으로는 시간이 점점 더 부족해진다는 것이다.

2장의 "지금은 바쁘다"와 마찬가지로 "당장 그것부터 하자"라는 말의 핵심에는 시간이 부족하다는 생각이 들어 있다. 2장의 "지금은 바쁘다"는 우리로 하여금 행동을 미루게 하는 반면, "당장 그것부터 하자"는 너무 빨리 행동에 돌입하게 한다. 잠시만 시계를 멈추자. 우리는 그 급박함이 실제 상황인지 아니면 좀 더 시간을 벌 수 있는지 가늠할 수 있다.

긴급도를 가늠하는 네 가지 질문

• • •

대부분의 비싼 문장과 마찬가지로 "당장 그것부터 하자"라는 말은 모호하고 추상적일 때 가장 강력하다. 다음 네 질문에 대해 구체적인 답을 찾다 보면 우리가 정말로 당장 무언가를 해야 하는지, 아니면 기다리는 편이 유익할지를 판단할 수 있다.

누가 정한 데드라인인가?

우리의 달력과 마음에는 언제 어디선가 정해진 일정이 쓰여 있다. 애초에 일정이 어쩌다 그렇게 정해졌는지 그 시작점을 기억한다면, 우리에게 주어진 데드라인이 얼마나 타당한지 판단할 수 있다.

한참 젊었을 적에 나는 몇 살까지는 꼭 결혼을 하겠다고 결심하고 있었다. 하지만 그 나이를 넘기고도 결혼하지 않았다. 다행히 나는 삶의 가장 중요한 영역에서 거짓된 급박함에 항복해서 어울리지 않는 사람과 결혼하는 실수를 저지르지 않았다.

다급함에 의문을 제기하는 첫 단계는 그 기한이 애초에 어떻게 정해졌는지 묻는 것이다. 상대의 요구를 맞추기 위한 것이었나? 관련된 이벤트나 후속 일정이 기다리고 있는가? 누군가 이메일로 대충 정했던 것인가? 아니면 나 자신의 기준에서 그 정도 일정이 필요하다고 판단했던가?

기한이 외부가 아니라 내부에서 정해진 것이라면, '기준점 편향'을 의심할 필요가 있다. 사람은 다음과 같이 맨 처음 인상 또는 가장 마지막 경험을 (정당한 이유 없이도) 기준으로 삼는 경향이 있다.

- 나의 어머니가 스물여덟에 첫 아기를 낳았다면 나도 그래야 하지 않을까?
- 삼촌은 대학을 마치자마자 경영대학원에 진학했다. 그러니 그 때가 가장 맞는 시기가 아닐까?
- 지난번 제품 런칭에 8주가 걸렸다. 그렇다면 이번 제품도 같은 시간 안에 런칭해야 하지 않을까?
- 부서장이 이번 달에 새 프로그램이 시작된다고 언급했다. 그렇다면 우리가 그 일정을 맞추어야 하지 않을까?

때로 우리는 데드라인의 출발점을 확인하는 것만으로도 여유를 찾을 수 있다. 주어진 기한이 절대적인 명령은 아니며 얼마든지 바뀔 수 있다는 사실이 드러나기 때문이다. 그 데드라인이 정당한 경우에도, 시작점을 알면 다음 분석 단계로 나아갈 수 있다.

기다려서 얻을 수 있는 이익이 있는가?

행동을 미룰 정당한 이유가 없다면 당장 움직이는 것이 낫다. 그러나 구체적인 계획을 세우고 기다림으로써 결정을 개선할 수도 있다. 기다림이 정당한 경우 몇 가지를 알아보자.

첫째, 정보를 수집할 때다. 현재 데이터를 수집하고 자문을 구하는 중이라면 행동을 미루는 편이 더 좋은 결정을 내리는 데 도움이 된다. 이때는 다음과 같이 연기 기한과 정보를 구체적으로 예상하고 있어야 한다. "내일 고객을 만나서 계약을 해지하겠다는 이유가 정말로 속도 때문인지 확인합시다." "다음 주에 테스트 결과가 나오면 문제가 밝혀질 것이다."

둘째, 다른 사람의 행동을 기다릴 때다. 문제의 책임 소재가 100퍼센트 확실하지 않을 때는 다른 사람의 대응을 기다려보는 것도 좋은 방법이다. "우리가 공식적으로 항의하기 전에 그쪽에서 정책 변경을 발표할지도 모르니 좀 더 지켜봅시다." "고객이 본인 문제라고 판단할 수도 있어요. 그러니 조치를 취하기 전에 고객에게 시간을 줍시다."

셋째, 선택지가 곧 넓어질 때다. 조금만 더 기다리면 문제를 해결할 더 좋은 해법이 확보될 수 있다. 더 좋은 기술이 곧 완성되거나 더 뛰어난 전문가가 곧 도착할 예정이라면, 가장 빠르고 좋은 해결책은 잠깐 기다리는 것이다. "패치를 만들어서 배포하기보다는 곧 나올 다음 버전에서 문제를 해결하는 게 낫지 않을까요?" "다음 주에 올 새 매니저가 이 일의 적임자일 수도 있다."

때로는 기다리는 동안 다급했던 문제가 그냥 사라지기도 한다. 그러나 진짜 문제는 저절로 해결되지 않으며, 무작정 상황이 나아지길 바라며 행동을 미루는 것은 결코 좋은 방침이 아니다. 위 세 전망 중 하나로 상황을 바꿀 가능성이 있을 때에만 기한을 미루는 데 정당성이 생긴다.

시간이 얼마나 필요할까?

"당장 그것부터 하자"라는 분위기가 팽배한 팀에서는 기한을 조금만 미루자고 제안하는 것만으로도 반역자가 된다. 그러나 한 시간을 미루는 것과 1주를 미루는 것, 1년을 미루는 것은 그 의미가 각각 다르지 않은가? 1초도 미룰 수 없다고 결론짓기 전에, 현실적으로 확보할 수 있는 시간이 얼마인지 생각해보자.

위 마지막 질문에서 확인한 요소들을 일정에 대입해보면 필요한 시간을 정확하게 파악할 수 있다. 즉, 새로운 정보가 언제 들어올 예정인가? 다른 사람이 언제 행동에 나설 것 같은가? 그들이 조치를 취하기를 얼마나 기다리는 게 좋을까? 새로운 선택지가 언제 확보될 예정인가? 앞으로 어떤 일이 일어나면 조치를 취할 필요가 없어지는가? 그런 일은 언제쯤 일어날 것으로 예상되는가?

미룸의 비용은 얼마인가?

세계를 무대로 하는 첩보영화에서 다급한 상황은 곧 파멸을 뜻한다. 드라마 <24>의 팬들이라면 주인공 잭 바우어가 "젠장, 클로이, 난 그게 지금 필요해!"라고 외치는 소리를 떠올릴 수 있을 것이다. 주인공이 그 일을 해결하지 못하면 폭탄이 터지고 무고한 사람들이 죽을 참이다.

상황실의 최초 대응자, 병원의 의료진, 경찰, 군인은 업무 자체가 생사를 다투는 긴급상황일 때가 많다. 그러나 우리 대부분의 업무는 그만큼 부담스럽지 않다. 일을 미룬다고 해서 엄청난 일이 벌어지진 않는다. 프로젝트를 2주 미룬다든가, 신규 채용을 5월이 아니라 6월에 시작한다든가, 오찬 모임을 취소한다든가 하는 정도다. 그런 종류의 기한 변경 때문에 비용과 결과가 크게 달라지진 않는다.

미룸의 진짜 비용은 다르게 계산해야 한다. 즉, 너무 빨리 행동했을 때의 비용이 미룸의 비용을 결정한다.

두려움의 정체를 밝혀라

• • •

우리는 즉시 병원에 가지 않으면 상태가 악화될까 두려울 때 응급실에 간다. 그렇다. 다급함은 두려움과 긴밀하게 연결되어 있다. 물론 건강이나 안전이 위험할 때는 재빠르게 조치를 취하는 것만이 올바른 판단이다. 하지만 그 외의 경우에 우리는 두려움에 사로잡힌 나머지 틀린 판단을 내릴 수도 있다.

위험이 실제로 존재하든 머릿속에만 존재하든 간에, 두려움은 우리가 원치 않는 것들을 돋보기처럼 크게 과장함으로써 결정 과정에 혼란을 일으킨다. 다른 여러 감정과 편향들이 그렇듯 두려움이라는 감정은 우리가 없애겠다고 해서 없어지는 것이 아니다. 그보다는 내가 지금 두려움에 조종당하고 있지 않은지 의심하고, 그 두려움의 정체가 무엇이며 원인은 무엇인지 파악하는 쪽이 더 현실적이다. 그러고 나면 우리는 이성을 동원하여 부정적인 결과를 예상, 분석할 수 있고 더 좋은 결정을 내릴 수 있다.

사회 초년 시절에 나는 한 멘토에게 직장을 옮기는 일에 대해 상담했다. 그가 물었다. "당신은 어딘가로 향하고 있나요, 아니면 어딘가에서 도망치고 있나요?" 나의 내적 동기에 직접 칼을 대는 듯한 질문이었다. 나는 비로소 이렇게 자문했다. '나는 신중하게 생각하고 탐색한 뒤 제대로 된 이유에서 이직을 원하는 것인가, 아니면 당장 뭐라도 바꾸지 않으면 안 된다는 두려움 때문에 행동에 나서려는 것인가?' 스스로 어떤 행동의 실질적인 이유를 명확히 설명하지 못할 때, 우리를 움직이는 것은 두려움일 확률이 크다.

두려움 중에서도 다급함을 유발하는 가장 흔한 유형을 알아두면 도움이 될 것이다.

우선, 잃을까 하는 두려움이 있다. 우리는 고객을 잃을까 봐, 경제적 손실을 입을까 봐, 아끼는 물건이나 인간관계를 잃을까 봐 두려운 나머지 빠르게 행동을 취하려고 한다. 심지어 아직 내 것이 아닌 대상에 대해서도 강력한 상실의 두려움을 느낀다. 입사 지원자가 다른 회사를 선택할까 봐, 세일이 내일 끝난다고 해서, 큰 계약 건을 딸 기회를 놓칠까 봐 조급해하는 것이다.

또한 놓칠까 하는 두려움이 있다. 어떤 리더들은 순전히 경쟁력을 잃지 않으려고, 혹은 원하는 이미지를 유지하려는 목적에서 특정한 테크놀로지를 도입하고, 업계의 유명 이벤트에 참석하며, 특정 유형의 고객을 유치하는 등 급한 방법들을 쓰는 경향이 있다. 당장에 손해를 볼 가능성이 없는데도 늘 다급하게 행동하는 사람이 있다면, 뭔가 가치 있는 것을 놓칠 것 같다는 실체 없는 두려움을 의심해보자.

실망시킬까 하는 두려움도 있다. 다른 사람의 만족이 곧 내 기쁨인 사람들은 누군가를 실망시키고 싶지 않다는 이유에서 다급하게 행동하기도 한다. 그 '누군가'는 그의 삶에서 중요한 인물(배우자, 상사,

부모 등)일 수도 있지만 일면식도 없는 사람(공개 강연의 청중이나 온라인 논객 등)일 수도 있다. 이 두려움은 수행 불안으로 나타나기도 하고, 완벽하게 준비하지 못했다는 두려움, 명성을 잃을지 모른다는 두려움으로 표출되기도 한다.

이 모든 두려움은 얼마든지 타당할 수 있다. 근거 있는 두려움은 진짜 위험과 리스크에 집중하게 해주고 더 열심히 일할 동기를 부여한다. 어쨌든 간에 일단 두려움이 감지되면 그 정체를 최대한 구체적으로 밝히는 것이 좋다. 파악되지 않은 두려움은 점점 몸집을 불리면서 거짓된 다급함을 연출하며 우리의 결정을 방해하는 경우가 많기 때문이다.

기다림이 주는 선물

• • •

결국 속도는 관점의 문제다. 거북이 두 마리에게 습격당한 달팽이 이야기를 들어보았는가? 경찰이 와서 진술을 요청하자 피해자인 달팽이가 난처하게 대답했다. “글쎄요, 그게 너무도 순식간에 일어난 일이라서…….”

거듭 반복되는 다급함은 근시안적 사고방식을 뜻할 수 있다. 당신의 팀은 이번 달 목표를 중심으로 돌아가는가, 아니면 5개년 계획을 추진하고 있는가? 조직의 리더에게는 장기적인 사고와 단기적인 행동 양쪽이 요구된다. 당신의 팀이 조직의 큰 그림을 이해하고 장기적인 방향에 확신을 가지고 있다면, 잘못된 다급함 때문에 잘못된 결정을 내리는 일이 줄어든다. 반대로, 모두가 이 회사의 앞날이 당장 이 달의 판매량에 달려 있다고 생각한다면, 다급하다는 감각이 훨씬 더 막강한 힘을 가질 것이다.

'시장 진입 속도'라든가 '퍼스트 무버(빠른 선도) 전략' 같은 용어는 빠른 행보의 중요성을 암시한다. 그러나 어떤 분야에 가장 먼저 진입한 사람이 유리한 위치를 점할 때도 종종 있지만, 개척자로서 어려운 길을 갈 때가 더 많다. '피를 볼 정도로 날카로운 모서리bleeding edge'라는 생생한 표현은 한 분야를 선도하지만 사업적 성공은 누리지 못하는 첨단 회사와 상품을 가리킨다. (그래서 경제적 손실 때문에 '피를 본다'는 뜻으로 다가오기도 한다.) 역사적으로 개척자는 고생만 하고 후발 주자가 열매를 거두는 사례가 넘쳐난다. 잔탁Zantac은 최초의 위궤양 치료제가 아니지만, 시장에 유통되고 있던 다른 제품들보다 부작용이 적어서 세계에서 가장 많이 처방되는 약이 되었다. 애플은 MP3 플레이어를 발명하진 않았지만, 아이팟이라는 새로운 상품으로 시장을 장악했다. 구글은 이미 붐비고 있는 검색 엔진 분야에 들어와 결국 모두를 제압했다.

흔히 새로운 테크놀로지나 콘셉트가 시장에 진입할 때는, 수익이 날 정도로 제품이 널리 채택되고 판매량이 늘 때까지 꽤 오래 기다려야 한다. 반면 후발 주자에겐 명백한 이점이 있다. 상품의 용도에 대해 소비자를 교육할 필요가 없고, 다른 회사의 실수에서 교훈을 얻을 수 있으며, 기존 생산 방식에 얽매일 필요 없이 가장 새로운 테크놀로지를 곧바로 활용할 수 있는 것이다. 파티의 첫 손님이 되고 싶다는 욕망 때문에 급하게 행동하는 사람이 있다면, 사실은 늦게 온 손님이 더 재미있게 놀 때가 많다는 사실을 기억하자.

"당장 그것부터 하자"는 말을 듣는다면

• • •

이제부터 팀의 대화 중에 "당장 그것부터 하자" 또는 "지금 당장 방법을 써야 한다" 같은 말이 들릴 때는 다음과 같이 대응해보자.

"그게 좋은 방법일 수도 있겠지만, 이렇게까지 서두를 필요가 있을까요? 지금까지 큰 문제가 없었다면 아직은 괜찮다는 뜻이니까요. 난 그 방법 자체에 반대하는 게 아니라, 필요한 과정과 규정을 거치지 않고 일을 진행하는 것에 반대하는 겁니다."

"저도 같은 생각이에요. 우리에겐 당장 이 제품이 필요하죠. 하지만 딱 2주만 더 기다려보면 어떨까요? 그동안 다른 솔루션을 검토하고 이 가격이 적절한지 확인한다고 해서 손해 볼 것 없잖아요? 시간을 좀 더 쓰는 것과 다른 좋은 기회를 놓치는 것

중에 어느 쪽이 더 손해일까 생각해봅시다."

"아무런 이유 없이 결정을 미룰 순 없죠. 하지만 조금만 진행 속도를 늦추고 더 많은 정보를 얻는 편이 낫지 않을까요? 게다가 일이 순조롭게 진행되면 이 문제는 저절로 해소될 가능성도 보이는데요."

"이 일은 잠깐만 진행을 멈추면 어떨까요? 우리는 급할 때 결정을 내렸다가 후회했던 경험이 있으니까요."

그룹 대화를 위한 주제

속도를 높이려다가 오히려 속도가 느려지는 일이 얼마나 많은가? 이 원칙에 대해서는 속담도 많고 일상적인 관용구도 많다. 당신의 팀에서 다음과 같은 말이 마지막으로 들렸던 때는 언제인가? "급할수록 돌아가라는데……." "지름길인 줄 알았는데 더 돌아가는 길이었다." "바른 길이 가장 빠른 길이다."

맞지 않는 자물쇠를 여는 열쇠는 없고 오래가는 임시방편은 없다. 어려운 문제는 어렵게만 해결할 수 있는 법이다. 당신의 팀은 이런 조언들에 맞게 행동하는가? 위의 경고들이 맞는 상황은 언제이고, 틀린 상황은 언제인가?

팀과 함께 다음과 같은 질문을 던져 어떤 상황이 타당하게 다급한지 그렇지 않은지 확인해보자.

- 우리 팀에서 당장 방법을 찾아야 하는 문제는 무엇인가? 좀 더 신중하게 행동하면 좋을 문제는 무엇인가?
- 지난 한 해 동안 팀에서 내린 결정(직원 고용, 거래처 선정, 프로젝트 시작, 고객 대응 등) 몇 가지를 다시 떠올려보자. 그때 결정 과정은 어떠했는가? 너무 급하게, 또는 너무 경솔하게 행동했다고 생각되는 부분이 있는가?
- 속도를 높이려다가 오히려 속도가 느려진 적이 있는가?
- 우리 팀이 두려워하는 것은 무엇인가? 경쟁자? 자금 부족? 그런 두려움이 우리에게 어떤 영향을 미치고 있는가? 부정적인 영향을 미치고 있다면 구체적으로 어떤 부분에서 그러한가?

기한을 미루었을 때 발생하는 일을 목록화하라

"당장 방법을 써야 한다" 또는 "기다리고 있을 수 없다"라는 모호한 비싼 문장 대신 다급한 이유를 명확히 밝히고 기다림 때문에 실제로 발생하는 비용을 평가해보자.

우선 기한을 미루었을 때 발생할 만한 모든 문제를 나열해보면 상황이 다급한 이유가 명확하게 드러난다. 이때는 확실히 예상되는 결과와 확실히 말할 수 없는 결과, 긍정적인 결과와 부정적인 결과를 모두 기록한다. 이를테면, 다음과 같은 문장으로 기다림의 비용을 표현해보자. "이번 주 내로 마케팅 담당 업체를 선정하지 않으면 우리는……" ① 더 좋은 업체를 찾아서 돈을 절약할 수도 있다. ② 이번 달에 가을 캠페인을 시작할 수 없다. ③ 우리가 원하는 곳에 광고를 걸 수 없을지도 모른다.

놀랍게도 종이 위에 문제를 써보는 것만으로도 문제 해결의 난이도가 훨씬 낮아지는 효과가 있다. 이렇게 단 몇 분만 투자하면 기한 연장의 비용과 편익이 더 명확해질 것이다.

기대가치로 기다림의 비용을 평가하라

기대가치 계산은 기다림의 비용을 평가하는 좋은 방법이다. 이 계산에는 다음 세 요소가 들어간다. 첫째, 기한 연장으로 인해 발생할 수 있는 부정적인 결과. 둘째, 부정적인 결과가 발생할 확률. 셋째, 부정적인 결과의 비용.

우리가 시간이 늘어나는 것을 싫어하는 이유는 그사이에 나쁜 일이 일어날지도 모른다는 생각 때문이다. 이 전술은 "어떤 나쁜 일이 일어날 것 같은가? 그 일이 어느 정도 확률로 일어날 것 같은가? 그 일은 얼마나 나쁜 일인가?"라는 질문에 체계적으로 대답하는 방법이다.

구체적인 설명을 위해서, 소프트웨어의 속도가 느리다는 이유로 계약을 해지하겠다고 한 클라이언트를 이 자리에 다시 모셔보자. 속도를 개선할 필요가 있다는 데는 팀 전체가 동의했다고 가정하자. 하지만 (아마도 네트워크 용량을 늘려줄 업체와 솔루션을 아는) 일부는 "당장 방법을 써야 한다"고 주장하고, 일부는 다른 방법들도 둘러보고 결정하자는 입장이다.

기다림의 비용을 확정하는 첫 번째 단계는 일어날 수도 있는 부정적인 결과를 목록화하는 것이다. 브레인스토밍 결과 다음과 같은 목록이 수립되었다. ① 계약을 해지하겠다고 위협하는 고객 A를 잃을 수 있다. ② 같은 이유로 또 다른 고객을 잃을 수 있다. ③ 소프트웨어의 느린 속도로 인해 새로운 고객이 계약을 하지 않을 수 있다.

이다음 단계는 각 사건이 실제로 일어날 확률을 정하는 것이다. 이 예시에서는 불만을 제기한 고객이 실제로 속도 때문에 계약을 해지하려 한다고 가정하자. 즉각 조치를 취하지 않았을 때 고객 A가 계약을 해지할 확률은 50퍼센트다. 아직 계약 해지 의사를 밝히지 않은 고객의 경우에는 그 확률이 더 낮으므로 20퍼센트라고 하자. 마지막으로, 잠재 고객이 속도가 더 빠른 경쟁사의 상품을 선택할 가능성이 있지만 속도는 구매 결정의 일부분일 뿐이므로 확률을 10퍼센트로 잡는다.

이제 우리에게는 세 가지의 가능한 사건과 확률이 주어졌다. 고객 A가 계약을 해지한다(확률 50%). ② 또 다른 고객이 계약을 해지한다(확률 20%). ③ 잠재고객이 계약을 맺지 않는다(확률 10%).

세 번째 단계는 각 사건에 경제적 가치를 배정하는 것이다. 우리의 예시는 모든 결과가 고객을 얻거나 잃는 것이므로 계산이 매우 간단하다. 여기서는 고객 한 명이 연 1,000만 원의 이익을 뜻한다고 가정하자. (경고: 현실에서 당신은 고객가치를 훨씬 더 복잡하고 섬세한 방법으로 산정할 것이고 마땅히 그래야 한다. 그러나 이 연습은 정확하거나 완벽하지 않아도 된다. 여기서 중요한 것은 숫자 계산을 통해서 허상이 아닌 진실에 가까워지는 것이므로.) 이제 우리는 부정적인 결과 각각의 기대가치를 알아낼 수 있다.

① 고객 A가 50퍼센트의 확률로 계약을 해지×1,000만 원=500만 원

② 또 다른 고객이 20퍼센트의 확률로 계약을 해지×1,000만 원 = 200만 원

③ 잠재고객이 10퍼센트의 확률로 계약을 맺지 않음×1,000만 원 = 100만 원

이 세 사건은 서로 무관하다. (세 사건이 한꺼번에 발생할 수도 있지만, 한 사건이 다른 사건을 유도하거나 억제하지는 않는다는 뜻이다.) 따라서 세 수치를 간단히 합하면 기다림으로 인한 기대가치가 나온다.

위 경우에는 800만 원이다.

이와 같이 기다림의 비용을 계산해서 우리가 설명할 수 있고 옹호할 수 있는 수치가 나오면, 앞으로의 방침을 정할 때 훨씬 좋은 결정을 내릴 수 있다. "지금 당장" 취하자고 하는 조치의 비용이 1억 원이고 기다리기를 주장한 측에서 시장조사를 통해 최소 20퍼센트를 절약할 수 있다고 하면, 우리는 기다림으로 아끼는 비용 2,000만 원과 기다림의 비용 800만 원을 비교하여 쉽게 답을 찾을 수 있다.

이렇게 한 단계 한 단계 구체적으로 들어갈수록 두려움과 시급함이 아니라 이성과 현실에 기초하여 더 좋은 결정을 내릴 수 있다.

2부

특별하다!

VS

정말 특별할까?

• • •

금융계에는 위험하기로 악명 높은 문장이 하나 있다. 뭘 사거나 팔라는 말이 아니다. 주식 관련 팁도 아니고, 일확천금의 아이디어도 아니다. 시장이나 상품과 전혀 관계가 없는 문장이다. 딱 두 단어다. "이번엔 다르다."

얼핏 듣기엔 전혀 위험하지 않은 것 같지만, 이 분야 전문가와 역사가들은 이 말 뒤에 버티고 있는 믿음이야말로 그간 수많은 경제 격변과 시장 변동을 일으켰던 주범이라고 입을 모은다. 카르멘 라인하트Carmen Reinhart와 케네스 로고프Kenneth Rogoff는 『이번엔 다르다This Time is Different』라는 제목의 책에서 "800년간의 경제 실수"라는 항목으로 은행 위기, 정부 과실, 거대한 인플레이션 반복을 분석한다. 이 책에 따르면 (최근 사례를 포함하여) 중대한 위기가 도래하기 전에 수많은 사람들이 "이번엔 다르다"라는 위험하고도 비싼 문장에 빠져들었다고 한다.

다른 것이 왜 위험할까? 일단, 과거와 다른 상황에는 과거의 교훈이 적용되지 않는다. 그러면 투자자들은 세월이 입증한 원칙들을 무시하기 시작한다. 대중은 이성적으로 행동하기보다는 미래가 그간의 경험이나 입증된 시장 규칙과는 다르게 펼쳐질 것처럼 행동한다. 경제 분야의 결정권자 가운데 충분히 많은 수가 이 무모한 진로를 선택하면, 세계경제가 파탄난다.

다르다는 믿음의 위험은 거시경제학에 국한되지 않는다. 2부에서 우리는 어떤 사람 또는 어떤 물건이 특별하다는 생각이 불러오는 피해와 비용에 대해 알아볼 것이다.

'특별함'은 드물고 가치 있다는 뜻이다. 그러나 '이번엔 다르다'라는 믿음이 그렇듯 '특별하다'는 타이틀은 평범한 사람이 평범한 상황에서 지켜야 할 원칙을 무의미하게 만들어버린다. 우리는 남다른 사람, 남보다 위에 있는 사람에게 일반적인 기준을 적용하지 않는다. 타인에게든 나 자신에게든 그런 예외를 적용할 때, 위험과 비용이 발생한다.

당신은 특별한 사람인가? 혹은 특별한 사람과 협업하고 있는가? 당신이 처한 상황은 다른 누구도 겪지 못한 특별한 상황인가?

모든 영역에서 발견되는 이 '특별하다'는 그럴듯한 거짓말은 우리의 일상생활에 잘못된 기대를 불어넣고 수많은 예외를 요구한다. 이제부터 우리는 특별함과 연관된 가장 유해한 세 가지 문장을 살펴볼 것이다. "우리는 다르다." "믿어보자." "우리는 원래 이렇게 한다."

"우리는 다르다"라는 표현은 현실의 특수함을 특별함으로 왜곡함으로써 원칙을 피해 가려는 예외를 만들고 '우리는 더 노력하지 않아도 된다'는 변명을 낳는다.

"믿어보자"는 표현은 좋은 의도에서 나오더라도 결국엔 경솔함으로 이어지고 때로는 파괴적인 결말을 초래한다.

"우리는 원래 이렇게 한다"라는 표현의 속뜻은 '기존 방식이 가장 좋다'는 것이다. 이 주장은 자신의 행동에 대한 비판적 평가를 피하려는 구실이 된다. 우리는 이 신화가 명시적으로 선언될 때는 물론 그러지 않을 때에도 팀에 심각한 피해를 끼칠 수 있음을 함께 확인할 것이다.

'특별하다'는 그럴듯한 거짓말은 특별한 존재이고 싶다는 우리의 정당한 희망과 욕망을 비튼다는 점에서 특히 교활하다. 우리는 특별한 것은 좋은 것이라고 배웠다. 실제로 남과 다른 나만의 차별점이 성공의 발판이 되기도 한다. 그러나 '특별하다'는 라벨을 틀린 곳에 붙일 때, 우리는 스스로 고립되고 감금된다.

'특별하다'는 거짓말이 우리 삶의 비싼 문장이 되지 않게 하는 방법을 알아보자.

4장 "우리는 다르다"는 말

"그 방법은 우리에겐 맞지 않아요."

"좋은 제안이지만, 우리는 받아들일 수 없습니다. 왜냐하면……."

"나에겐 나만의 방식이 있어."

"우리 팀에 그런 일은 일어날 수 없어요."

당신의 어머니는 늘 당신이 특별하다고 말씀하셨을 것이다. 그 말은 사실일 것이다. 실제로 사람은 저마다 다르니까. 세상에 당신과 똑같은 사람은 없다.

우리 모두가 특별하다는 전제를 확인했다면, 이제 또 다른 진실을 말해보자.

우리는 다른 모든 사람과 똑같이 규칙을 지켜야 하며, 다른 사람에게 적용되는 원칙은 나에게도 똑같이 적용된다. 그 점에서 우리는 그리 특별하지 않다.

특별한 것과 평범한 것 사이에는 균형이 존재한다. 어떤 사람이 이 균형을 잃고 자신이 그 누구와도 다르고 특별하다고 생각할 때, 문제가 발생한다. 가벼운 자기도취와 현실부정부터 도를 넘어서는 권리의식, 나르시시즘까지 여러 가지로 말이다.

특별함의 이중성은 각종 팀에도 그대로 나타난다. 모든 팀은 개인의 집합이고, 개인은 누구나 유일한 존재다. 그 팀만의 특별한 강점과 자산은 바로 그 팀 구성원과 그들이 힘을 합치는 방식에서 나온다. 같은 이유로, 한 가지 목표를 추구하더라도 팀에 따라 특별한 상황과 위기를 경험할 수 있다.

그러나 팀의 독자성을 지나치게 강조해서는 문제가 생긴다. 흔히 "우리는 다르다"라고 믿는 팀은 외부가 아니라 내부를 살펴야 할 때 그러지 못하고, 그로 인해 기본적인 규칙을 무시하는 경향이 있다. 또한, 그런 믿음이 저조한 활동에 대한 면죄부가 되기도 한다. 투자 분야에서 "이번엔 다르다"라는 말이 너무도 위험하듯이, "우리 팀은 다르다"라는 말은 조직에 큰 비용과 위험이 될 수 있다.

우리 대부분은 다음과 같이 어떤 사람이나 팀이 특별함을 내세울 때의 어려움을 경험한 바 있다. 회사의 한 부서가 "우리에겐 맞지 않는다"는 이유로 새로운 사내용 소프트웨어를 사용하지 않겠다고 한다. 어떤 직원 또는 팀이 자기만의 방식이 있다며 상부의 방침을 따르지 않는다. 큰 지출 건을 담당한 한 부서장이 특정 업체에 특별한 자격이 있다며 세 군데 입찰을 통해 거래처를 선정해야 하는 규정을 따르지 않는다. 어떤 부서의 책임자가 외부 컨설팅 내용을 무시한다. "그들은 우리 분야를 모른다"는 이유에서다.

이처럼 누군가가 스스로를 특별 취급하면 경제적 비용이 발생하고 효율성이 떨어질 수 있다. 그뿐만 아니라 다른 사람들이 스트레스를 받기도 한다. "대체 왜 그래? 당신이 그렇게 특별하다고 생각해?"라는 말을 애써 참아야 하기 때문이다.

다름과 특별함 사이

• • •

어머니들은 알고 계셨다. 모든 사람이 특별한 것은 맞지만, 그 사실 자체가 중요하진 않다는 것을. 사람이 제 자신의 특별함을 알고 인정해야만 세상에서 자기가 할 수 있는 가장 좋은 역할을 찾을 수 있음을 어머니들은 알고 계셨다.

차별화는 비즈니스 세계의 가장 중요한 화두 가운데 하나이다.[13] 남과 다르지 않으면 새로움을 제시할 수 없고, 눈에 띌 수 없으며, 경쟁에서 앞설 수 없다. 그러나 비즈니스 세계에는 표준을 따르는 것이 더 좋은 영역들도 분명히 존재한다.

달라도 너무 달랐던 프랜차이즈

혹시 퀴즈노스의 샌드위치를 먹어본 적 있는가? 참 맛있는 체인인데, 지금은 예전만큼 상점이 많지 않다.

퀴즈노스는 1981년 콜로라도 주에서 시작되었다. 셰프 출신인 창립자는 구운 샌드위치 레시피로 사업을 시작했다. 퀴즈노스는 1990년대 들어 공격적인 프랜차이즈 확장 계획을 실시하여 2007년도까지 5,000개가 넘는 가맹점을 개점했다. 이 대단한 성장세 덕분에 퀴즈노스는 세계에서 가장 잘나가는 요식업 체인으로 자리 잡았다. 그러나 불과 몇 년 후, 3,000개가 넘는 가맹점이 문을 닫았고 2014년 퀴즈노스는 파산보호를 신청했다. 이 기업의 역사는 '다름'이 성공과 실패 모두를 끌어낼 수 있음을 분명하게 보여준다.

퀴즈노스의 성공비결은 색다른 맛의 샌드위치에 있었다. 그 어떤 브랜드에서도 맛보지 못한, 오븐에 구운 샌드위치의 풍미가 소비자를 사로잡았다. 퀴즈노스의 독특한 이름과 산뜻한 스타일링은 패스트푸드의 새로운 대안을 찾던 고객들을 매혹했다. 성공의 핵심에는 '다름'이 있었다.

그러나 다름은 퀴즈노스의 운영방식에까지 파고들었다. 회사 운영진은 자신들이 유사 기업과 다르다고 믿었다. 패스트푸드 체인 업계에는 50년 역사가 증명해온 성공적인 경영 원칙들이 있건만, 퀴즈노스 경영진은 프랜차이즈 사업의 가장 좋은 관습들을 거부했다. 그들은 가맹점에게 시장가격보다 비싼 값에 재료와 물품을 구입하기를 요구했다. 한 마케팅 캠페인에서는 가맹점의 승인을 받지 않고 무료 샌드위치 쿠폰 100만 장을 발행했다가 여러 지점에서 쿠폰을 거부하는 사태가 벌어졌다. 본사가 가맹점에 재정 정보를 공개하지 않는다는 주장도 나왔다. 결국 퀴즈노스 가맹점은 서브웨이 가맹점보다 네 배나 빠른 속도로 문을 닫았다.[14]

가맹점 입장에서 또 하나의 문제는 가격이었다. 퀴즈노스는 '프리미엄 샌드위치'로 포지션을 잡고 라이벌 체인보다 가격을 높게 책정했다. 회사 중역들은 자신들의 샌드위치는 특별하니까 손님들도 더 많은 돈을 내리라고 믿었다. 이 가격 전략이 특히 2008~09년의 불황기에는 큰 타격이 되었다. 다른 기업들은 상황에 적절하게 대응했다. 서브웨이는 한 가맹점의 제안에 따라 5달러짜리 30센티미터 샌드위치를 판매하기 시작했고, 가격에 민감한 고객을 대거 끌어들이는 수확을 거두었다.

그러는 한편, 경쟁자들은 적응하고 있었다. 퀴즈노스의 특별한 점이 구운 샌드위치였을 때는 마케팅 캠페인에서 그 점을 강조하는 것이 100퍼센트 타당했다. 그러나 그들은 다른 샌드위치 체인도 빵 굽는 기계를 도입할 수 있다는 사실을 예상하지 못한 듯했다. 서브웨이, 팟벨리즈Potbellys, 파이어하우스 서브즈Firehouse Subs 등 유사 기업들이 구운 샌드위치를 팔기 시작했을 때, 퀴즈노스만의 핵심 차별점은 사라지기 시작했다.

퀴즈노스의 성쇠는 다름이 어떤 면에서는 도움이 되고 어떤 면에서는 해가 된다는 사실을 잘 보여준다. 퀴즈노스가 차별화 전략으로 경쟁에서 앞서고자 하는 동시에 다른 성공한 프랜차이즈 요식업체의 방법을 좀 더 면밀하게 살피고 채택했더라면 더 큰 성공을 누렸을 것이다.

다름은 불길과도 같다. 불을 잘 통제하고 있을 때는 요리와 난방에 필요한 에너지를 얻을 수 있지만, 통제를 벗어난 불길은 집 전체를 태워버릴 수 있다. 불을 다룰 때는 그것을 안전하게 통제할 수 있는, 즉 다름이 이익이 되는 범위를 확실하게 파악하는 것이중요하다.

고립의 비용

• • •

우리는 한 사람 한 사람이 다르고 모든 회사가 다른 회사와 다르다는 사실을 얼마든지 인정할 수 있다. 다르다는 사실 자체가 문제를 일으키진 않는다. 그 다름이 우리의 생각과 행동을 어떤 식으로 결정하느냐에 따라 문제가 발생한다. 자신이 처한 상황은 다른 많은 사람의 상황과 비슷하지도 않고 별 연관도 없다고 여기는 사람은 당연히 다른 사람이 자신을 이해할 수 없다고 결론짓는다. 그런 사람은 스스로 격리되고 고립된다.

고립은 위험하다. 병적으로 고립된 정신은 나르시시즘이나 '구세주 콤플렉스'로 나타나기도 한다. 역사를 돌아보면 자기 민족이 다른 민족보다 우월하다고 믿고 학살을 자행한 경우가 얼마나 많은가? 물론 이는 극단적인 사례이지만, 인간이 스스로를 세상으로부터 격리할 때 일어날 수 있는 병적인 효과가 어떤 것인지는 분명히 알 수 있다.

고립이라는 독은 적은 양만 마셔도 우리를 성공으로 이끄는 실질적인 장점들을 파괴할 수 있다. 평범해서 좋은 점 하나는 나보다 먼저 경험한 이들로부터 교훈을 얻을 수 있다는 것이다. 당신이 이루고자 하는 일이 수학을 더 잘하는 것, 또는 맛있는 수플레를 만드는 것, 기타 솔로를 연주하는 것이라면 그 분야 전문가의 경험을 빌려 와 발전할 수 있다.

이와 달리, 내가 누구도 가본 적 없는 새로운 길을 가고 있다고 믿을 때는 나 말고 그 누구에게도 의지할 수 없다. 그래서야 타인으로부터 배우고 성장할 기회가 보이지 않는다. 혹시 당신은 최근에 누군가가 특별함을 주장하는 말을 들었는가? 그 사람은 다음과 같이 무언가를 정당화하려고 다름을 내세우진 않았는가? (나는 다르기 때문에) 가장 좋은 관습이나 새로운 테크놀로지를 채택하지 않겠다. (우리 팀은 다르기 때문에) 도움이 될 만한 외부 조언을 듣지 않겠다. (우리 부서는 상황이 다르므로) 그 문제를 해결하거나 개선하지 못한 데는 이유가 있다. (우리 회사는 다르기 때문에) 서비스의 퀄리티가 낮은 데는 그럴만한 사정이 있다. (우리는 다르기 때문에) 경쟁자의 위협을 인정하기 어렵다.

"그들이 우리 업계를 어떻게 알아?"라든가 "그 방법은 우리에겐 통하지 않는다"라든가 "우리에게 그런 일은 일어날 수 없다" 같은 말을 하는 팀은 배움을 반기지 않거나 변화를 두려워하는 팀일 가능성이 크다. 그런 조직은 곧 뒤처질 수밖에 없다.

복잡함의 비용

다름에는 고립과 도태의 위험만 있는 게 아니다. 다름은 현실에서 실질적인 비용을 초래한다. 우리는 가정에서나 직장에서나 기본적인 실무 원칙에 따라 생활하고 일한다. 이를테면, 여러 아이의 점심 도시락을 한꺼번에 준비해본 적 있는 사람은 복잡함이 추가 비용을 낳는다는 사실을 금방 이해할 것이다. 서너 개의 도시락을 다 똑같이 만들기는 간단하다. 그러나 한 녀석은 땅콩버터와 꿀을 요구하고, 한 녀석은 딸기잼만을 원할 때, 또 한 녀석은 껍질을 벗긴 오이만 먹고 또 한 녀석은 당근을 절대 먹지 않을 때는 도시락 싸기가 결코 간단하지가 않다.

특별 주문은 부모에게 수많은 추가 비용을 발생시킨다. 각각 다른 주문 사항을 기억해야 하고, 집에 더 많은 종류의 식재료를 두고 있어야 한다. 냉장고에서 추가 재료를 꺼내느라 음식 만드는 시간이 길어지며, 음식을 조합하느라 시간도 길어진다. 또한 도시락을 주문한 각 아이의 가방에 정확하게 넣는 데 에너지를 써야 한다.

설비비용과 증분비용

여러 종류의 도시락 싸기에 작용하는 경제 원칙은 설비비용과 증분비용이다. 땅콩버터 샌드위치를 만드는 정도로 간단한 일에도 어느 정도의 설비가 필요하다. 일단 주방의 한 부분을 깨끗하게 치워야 하고, 칼과 스푼을 꺼내야 하고, 식품 저장고에서 재료를 가져와야 한다. 그에 앞서 슈퍼마켓에서 재료를 사다 놓아야 하고, 주문받은 샌드위치를 만드는 방법을 익혀야 한다. 이 전부가 설비비용이다.

이제 우리는 샌드위치 하나를 만들 수 있다. 똑같은 샌드위치를 하나 더 만들고 싶다면 설비비용은 추가되지 않는다. 증분비용, 즉 시간과 재료의 비용이 추가될 뿐이다. 사실 우리는 땅콩버터 샌드위치를 한 개 만드는 시간이나 대여섯 개를 만드는 시간이 그렇게 다르지 않음을 직관으로 안다. 샌드위치의 종류가 똑같을 때는 실제로 그렇다.

그러나 그다음 도시락이 칠면조햄 샌드위치라면 땅콩버터 샌드위치 생산라인을 완전히 멈추어야 한다. 주방을 치우고, 새 도구를 꺼내고, 냉장고에서 다른 종류의 재료를 가져오고, 다른 공정을 거쳐 샌드위치를 만들어야 한다. 이 모두가 새로운 설비비용이다.

세상의 거의 모든 활동에는 실행비용과 설비비용이 발생하는데, 두 비용은 노동의 복잡도, 노동비용, 재료비용, 활동 횟수 등에 따라 달라진다. 셔츠 한 장을 주문 생산하는 데 드는 비용이 1이라고 할 때, 셔츠 10장을 주문하면 1장당 비용이 0.5가 되는 것은 생산에 들어가는 옷감의 양 때문이 아니라 설비비용 때문이다.

일반적으로 우리는 언제나 설비비용을 최소화하고자 한다. 설비비용은 본질적으로 생산성과 무관하기 때문이다. 즉, 샌드위치를 만들 준비를 하는 것은 샌드위치를 만드는 것이 아니다. 잔디를 깎을 준비를 하거나, 영업 상담을 준비하거나, 자동차를 조립할 조립라인을 설치하는 것 등등도 마찬가지다. 설비 자체는 생산이 아니다.

언젠가는 우리 아이들이 커서 매일 똑같은 도시락을 먹어야 했던 어린 시절이 실은 얼마나 멋진 경제 정책에 입각한 것이었는지 깨달으면 좋겠다. 또 '복잡도가 높아질수록 비용이 높아진다'는 원칙이 도시락만이 아니라 삶의 모든 영역에 적용된다는 사실도 알면 좋겠다. 물론 가족이 먹는 음식은 최대한 적은 비용으로 생산해야 하는 영역이 아니다. 가정경제는 영양과 다양성과 맛 사이에서 균형을 찾는다.

당신 팀에서 진행하는 여러 일에서도 비용을 절감하는 것보다 고객의 다양한 요구를 반영하고 퀄리티를 높이는 것이 중요할 수 있다. 그러나 모든 영역이 그럴 순 없다. 어디엔가는 반드시 표준화된 정책과 관습과 도구를 적용하여 비용과 리스크 모두를 낮출 수 있는 영역이 있을 것이다.

단순하면 싸진다

복잡함의 비용을 거꾸로 뒤집어보면 또 하나의 중요한 진실이 보인다. 즉, 단순함은 비용을 절감해준다. 지난 반세기 비즈니스 역사에서 가장 성공적인 사례 하나는 사우스웨스트 항공사의 전략이다. 사우스웨스트는 유쾌한 서비스 문화로 고객의 관심을 끌고, 전통적으로 비행기 여행을 선택하지 않던 소비자를 유인하고, 비거점 공항을 공략해왔다. 그러나 항공산업 전반이 침체기에 빠져 있던 수십 년간 사우스웨스트만이 계속 이익을 낼 수 있었던 핵심 비결은 실행을 단순화한 데 있었다.

사우스웨스트는 처음부터 단 한 기종의 비행기, 즉 보잉 737만을 사용했다. 경쟁사들은 각 항로의 길이와 수요에 맞춰 여러 기종을 사용하는 반면, 사우스웨스트의 비행기는 딱 하나다. 기종을 하나로 제한하는 방침이 사소하게 보일지 몰라도 그 이익은 여럿이다.

무엇보다 사우스웨스트 항공사의 조종사는 단 한 기종을 운행하는 훈련을 받는다. 따라서 훈련 시간과 비용이 절감된다. 또한 승무원은 비행기의 구조에 금방 익숙해진다. 비행이 끝날 때마다 기내를 원 상태로 돌려놓아야 하는 청소 직원은 어떤 물건이 정확히 어디에 있어야 하는지 알고, 늘 거의 비슷한 환경에서 일할 수 있다. 화물 담당자도 마찬가지다. 이러한 편리함은 노동시간을 대폭 줄이는 효과도 낳는다.[15]

예외는 비용이다

"우리는 다르다"라는 말은 예외 주장이다. "당신네 절차와 시스템이 다른 데서는 통할지 몰라도 우리에겐 맞지 않는다"라는 뜻이다. 때로는 예외를 허용해야 하는 정당한 이유가 있을 수도 있다. 그러나 모든 예외는 추가 설비비용을 낳고 다른 비용들을 더 높인다.

몇 년 전 나는 금융사 캐피탈 원Capital One에서 입금 우편 전체를 담당하는 부서를 방문했다. 당시 이곳은 미국에서 우편을 가장 많이 쓰는 회사였다. (한 임원에 따르면 그해 캐피탈 원의 우편물은 전국 물량의 13퍼센트를 차지했다고 한다.)

우편 부서의 책임자는 자신의 업무를 "끝없는 부분집합 만들기"라고 표현했다. 그의 팀은 모든 서신을 분류하고, 각 종류를 적절한 방법으로 처리했다. 만약 어떤 편지가 정해진 기준에 맞지 않으면 일단 '예외'로 처리했다가, 이 예외들을 다시 검토하고 적당한 종류를 새로 만들어 기존 공정에 추가했다. 그들은 이 "끝없는 부분집합 만들기"로 예외에 해당하는 편지를 줄여나갔다. 그 결과, 한 번에 쏟아져 들어오는 5만 통이 넘는 편지 중 예외로 남는 것은 겨우 몇 통이었다.

왜 그들은 예외를 없애는 과정에 그렇게 많은 시간을 썼을까? 어마어마한 양의 우편물을 다룰 때는 예외 하나하나가 큰 비용이 된다. 즉, 보통과 '다른' 편지가 나타나면 그때마다 빛의 속도로 진행되던 업무의 리듬이 깨지고 처리 방법을 궁리해야 했기 때문에 애초에 그 가능성을 차단하려 한 것이다.

차이는 리스크다

내가 또 다른 금융사에서 목격한 장면은 캐피탈 원의 우편 담당 부서와 완전히 달랐다. 이곳은 수십 명의 대출 심사관이 전화를 받는 콜센터를 따로 두고 신청자의 신용대출 가능 여부를 결정했다.

이 회사가 나에게 의뢰한 일은 신용평가서, 법원 기록 등 대출 평가에 쓰는 정보 자료의 비용을 줄이는 것이었다. 우리는 어떤 상품이 필요하고 어떤 상품은 불필요한지를 조사하는 과정에서 대출 심사에 여러 종의 상품이 쓰이고 있는 것을 발견했다. 다양한 상품이 필요한 이유는 심사관들이 저마다 다른 방식으로 신용을 평가하기 때문이었다. 누구는 거의 전적으로 신용등급과 급여 수준만을 기준으로 삼았고, 누구는 고용 전적을 조사하고 교통법규 관련 정보를 참고했다. 또 누구는 주택 임대료와 신용카드 사용내역을 근거로 삼았다.

대출 심사관이 '저마다 다른' 방식으로 일한다는 것이 무슨 의미인지 아는가? 이를테면, 내가 이 회사 콜센터에 전화를 걸어 조지라는 심사관과 연결된다고 하자. 그는 자기 방식으로 검토하여 나를 리스크를 감당할 수 없는 신청자로 판단한다. 나는 다음 날 다시 전화를 건다. 이번에는 루이스와 연결되는데, 이 사람은 다른 정보를 근거로 나에게 대출을 허가한다.

이 은행은 정보비용에 필요 이상의 돈을 쓰고 있었다. 그러나 그것은 거대한 지출의 시작일 뿐이었다.

이처럼 결정 과정이 제각각인 상태에서는 신청 건 하나를 처리하는 데 많은 시간이 들고 변수도 많아진다. 심사관들은 엄격한 기준과 절차를 따르는 대신 그때그때 본인이 결정을 내려야 하고, 그로 인해 리스크가 대단히 높아진다. 단순히 악성대출로 인한 리스크가 높아지는 게 아니다. 통일된 프로세스가 없는 대출 심사는 법적 리스크까지 초래한다. 이 경우에 심사관이 "저는 일하는 방식이 약간 다릅니다"라고 말했다면 그것만으로도 회사가 고소당할 수 있었고 심지어 영업 정지를 당할 수도 있었다.

다름이 이익이 되는 경우

이 시점에서 어떤 독자는 이렇게 묻고 싶을지도 모르겠다. "그러니까 당신은 모든 것이 한 큐에 해결되는 세상을 바라는 건가요? 변수가 끼어들 수 없는 로봇들의 천국처럼?"[16] 아니, 아니, 결코 아니다!

이 장에서 내가 강조하고자 하는 것은 모든 종류의 차이와 다름을 없애자는 게 아니라, 예외에 곁따르는 비용과 리스크를 충분히 고려해야 한다는 것이다.

세상에는 다르면 좋은 영역, 나아가 꼭 달라야만 하는 영역이 있다. 팀과 조직은 가장 기본적이고 중요한 측면에 다름이라는 색채를 입힘으로써 큰 이익을 얻을 수 있다. 우리가 다름을 수용하고 강조할 필요가 있는 영역을 예로 들면 다음과 같다.

첫째, 독특한 브랜드. 경쟁자와 다른 점을 보여주지 못해서는 시장에서 성공하기 어렵다. 남다른 브랜드를 통해서 고객에게 당신의 지향점을 알리고 당신의 상품을 선호할 만한 구체적인 이유를 제시할 수 있다면, 이때는 다름이 긍정적인 특질이 된다. (경고: 당신의 브랜드가 상품 이상의 가치를 획득하지 못하면 비슷한 상품을 내놓는 경쟁자들이 그 효과를 거저 누릴 수 있다. 이를테면, 퀴즈노스가 "따끈따끈해서 맛있다!"라는 슬로건으로 광고 캠페인을 펼쳤을 때, 소비자들은 그 광고를 보고 다른 체인점에 가서 다른 따끈한 샌드위치를 먹을 가능성이 충분했다.)

둘째, 독자적인 전략. 같은 분야의 모든 사람이 이미 하고 있는 일을 (조금은 더 잘) 할 계획이라면, 그런 것은 전략이라고 부를 수 없다. 전략 가운데서도 가장 좋은 전략은 당신의 다른 점을 강화하여 경쟁자들이 쉽게 베낄 수 없는 계획을 세우는 것이다. 독자적인 전략에는 독자적인 목표와 과정이 요구되므로 다른 사람이 당신의 노력에 무임승차할 수도 없다.

셋째, 개성적인 팀 문화. 팀의 구성원부터가 팀의 전략과 브랜드를 반영하고 체화하는 사람들이라면 성공할 확률이 높아진다. 문화가 탄탄한 기업은 좋은 인재를 끌어들인다. 그러면 알맞은 사람을 알맞은 자리에 배치하기가 쉽고, 잘못된 인선을 빨리 바로잡을 수 있다.

넷째, 다양한 팀 구성. 좋은 팀에는 분명한 목표가 있고 공통의 가치를 추구하는 탄탄한 문화가 있다. 무엇보다 그런 팀에는 다양한 배경과 관점을 가진 구성원들이 있다. “우리는 다르다”는 믿음의 해악을 막는 가장 좋은 방법은 팀에 다양한 배경을 가진 사람들을 끌어들임으로써 팀원들이 그러한 전제에 도전하게 하는 것이다.

우리는 브랜드, 전략, 팀 문화, 팀 구성 등에 노력을 기울여 이익을 얻고 좋은 결과를 누릴 수 있다. 각각의 주제에 관해서는 좋은 책이 많이 쓰였고, 각 측면의 특별함을 토대로 성공한 기업들의 이야기도 많으니 관심 있는 독자들은 찾아보길 바란다. 하지만 그 어떤 경우에도 위험한 다름이 용인되진 않았다. 성공하는 팀은 팀의 성격에 어울리는 방향으로, 팀의 업무에 득이 되는 방향으로 다르다.

‘좋은 다름’과 ‘나쁜 다름’ 가려내기

“우리는 다르다”라는 비싼 문장은 절반은 진실이고 절반은 거짓이다. 이제 우리가 할 일은 좋은 다름은 그대로 남겨두고 나쁜 다름을 제거하는 것이다.

어떤 CEO가 "우리의 특별함은 직원들에게서 나옵니다"라고 자랑할 때, 그 사람이 강조하는 것이 불평분자나 부적응자는 아닐 것이다. 기업은 그들을 업계 최상위로 밀어 올려줄 특정한 종류의 인재를 모으기 위해 오랜 시간에 걸쳐 독자적인 문화를 구축하려고 애쓴다. 최상급 퍼포먼스를 내는 인재는 단순히 추상적인 의미에서 '훌륭한 사람'이 아니다. 그들은 그 기업의 문화에 완벽하게 들어맞고 행동을 통해 기업의 목표를 실현하는 능력자다.

리츠칼튼은 고객 서비스를 얼마나 중요하게 생각하는가? 태양의 서커스단은 어떻게 예술가들의 창조성을 끌어내는가? 구글은 어떻게 그 많은 천재급 혁신가들을 끌어 모으는가? 이들의 남다른 팀 문화는 우연히 형성되지 않았으며, 그 다름은 긍정적인 방향만을 향한다. 그러한 특별함이 기업 정책으로까지 확장되면 시장에서 회사를 돋보이게 해준다.

한번 상상해보자. 태양의 서커스단의 한 중역이 전 세계에 나가 있는 직원들을 대상으로 타임카드 시스템을 도입하자고 제안한다면? 리츠칼튼의 한 CFO가 비용 삭감 조치로서 고객 요청을 담당하는 직원들에게 주어지는 그 유명한 재량 비용을 절반으로 줄인다면?(리츠칼튼은 고객 서비스를 위해 모든 접객 직원이 최대 2,000달러를 자유재량으로 쓸 수 있게 제도화했다-역주) 구글의 새 COO가 직원들에게 협업 시간을 줄여 더 능률적으로 일하라고 지시한다면?

그런 제안은 모두 "우리에게는 맞지 않는 방법이다. 우리는 다르다"라는 합리적인 이유에서 기각당할 것이고 그게 옳다. 다른 회사였다면 같은 조치로 비용을 절감하는 것이 현명한 판단일지 몰라도, 세 회사에서만큼은 완전히 잘못된 조치일 것이다. 세 기업의 경쟁력 있는 차별점을 끌어낸 바로 그 특질이 훼손될 테니 말이다.

이 예시들의 핵심은 다름이 팀의 어떤 영역에서 전략적 연관성을 가지는지를 정확히 알아야 한다는 것이다. 모든 종류의 다름에는 이익의 가능성이 들어 있지만, 우리는 다음과 같이 물어야 한다. "우리의 다름은 우리가 시장에서 앞서가는 데 실제적인 도움이 되고 있는가, 아니면 뒤처지고 있는 이유가 되는가?"

또한, 당신의 다름이 허용 가능한 범위 안에 있는 것인지도 물어야 한다. 미식축구에는 수비를 강조하는 팀도 있고, 짧은 패스를 중심으로 공격에 집중하는 팀도 있고, 달리기가 특기인 팀도 있다. 그러나 그 어느 팀에도 게임의 법칙과 필드의 경계가 다르게 적용되진 않는다. 모든 팀이 똑같은 제약 속에서 뛰는 것이다. 제아무리 독자적인 문화와 정체성을 가진 팀이라 해도 규칙을 어기면 페널티를 받거나 출전 자격을 박탈당한다.

기업은 우리가 통제할 수 없고 바꿀 수도 없는 힘들에 지배받는다.

시장 변동, 계절성, 규제, 새 제도, 새로운 경쟁자의 압력 등 따라야 하는 규칙이 있다는 뜻이다. 우리가 얼마나 특별하든 그런 힘에서 우리를 보호해주는 장치는 존재하지 않는다. 사업에서 성공하려면 그런 요소를 고려하여 적절한 계획을 세워야만 한다.

'다름'이 '나쁨'이 될 때를 알아차려라

다름이 방향을 잘못 잡으면 둘 중 하나가 된다. 자신의 차별 지점을 지나치게 크게 생각해버리면 실제의 강점이 우월감으로 변질되고 경쟁자의 위협이 눈에 보이지 않게 된다. "우리는 당연히 이기게 되어 있다"는 식이다. 또 다르다는 감각이 정반대 방향으로 발전하면 "우리는 뒤처지게 되어 있다"는 열등감이 싹튼다. 이 두 가지의 부정적인 다름은 서로의 거울쌍 같은 관계이므로 한꺼번에 살펴보기로 하자.

다르니까 잘한다는 우월감

"우리는 다르다"는 말이 점잖게 거들먹거리는 표현일 때도 있다. 대놓고 뽐내는 것도 아니고 어쩌면 본인조차 의식하지 못할 수 있지만, 나나 내 팀이 다른 사람보다 위에 있다는 생각은 잘못된 결정의 원인이 될 수 있다.

우월하다는 믿음은 여러 모습으로 드러나는데, 그중엔 무해한 것도 있고 심지어 매력적인 것도 있다. 어떤 주택 소유자가 보험 구매를 거부할 때, 그 이유는 그가 거만해서가 아니라 삶에서 어김없이 벌어지는 사건들에서 자신만은 어느 정도 예외라고 생각해서다. 너무도 행복해하는 신혼부부가 서로에게 "부부는 싸운다지만 우리는 절대 그런 일 없을 거야"라고 말하는 이유도 똑같다. "내 아들은 마약 같은 건 절대로 하지 않아요"라고 믿는 부모는 명백한 신호를 보지 못하고 대책을 세우지 못한다.

비즈니스 역사에는 누구도 부정할 수 없던 우월함이 결국 파국을 부른 사례가 한둘이 아니다. "우리는 다르다", "그런 일은 우리에게 일어날 수 없다" 같은 틀린 믿음이 때로는 국가적인 차원에서 나타난다. 2차 세계대전의 기억이 아직 생생하게 남아 있던 1960년대에 사람들은 미국의 자동차 구매자들이 디트로이트에서 생산되는 차 대신 일본의 차를 선택할 리가 없다고 믿었다. 한국이 일본의 자동차 산업에 도전했을 때 역시 세계의 경제 분석가들은 결코 성공할 수 없으리라고 장담했다. 두 경우 모두 결국 전문가들의 말이 틀렸고, 산업 변동은 미국의 국가 경제와 수백만 명의 삶을 뒤흔들었다.

당신의 팀은 당신의 회사나 상품, 명성을 근거로 우월함을 주장할 수 있다. 그 어떤 고객도 놓치지 않을 자신이 있다고, 또는 그 어떤 경쟁자도 당신의 기술이나 상품 디자인을 앞서갈 수 없다고 말이다.

물론 사업에는 건강한 자의식과 확신이 필요하다. 내 방법이 더 좋다는 믿음 없이는 애초에 시장에 상품을 내놓을 수도 없을 것이다. 하지만 우월감은 한자리에 머무르지 않는다. 우월감은 자기만족을 낳는다. "우리는 다르다"라는 말에서 당신의 회사가 원래부터 다른 곳보다 훌륭하다는 믿음이 엿보인다면, 믿었던 것과 정반대의 결과가 나올 수 있다.

미국의 개척자 전통

미국 문화에는 새 길을 개척하는 사람, 나아가 기존 체제에 반항하는 사람에 대한 환상이 있다. 어쨌든 이 나라는 (비유적으로 말해서) 영국에 있던 부모님 집을 나와 이제 내 일엔 신경 끄라고 선언하면서 탄생했으니까. 미국은 건국 선언에서부터 개인의 권리를 강하게 옹호했다. 미국 문학은 개척자를 찬양한다. 그중에서도 가장 시적인 표현을 헨리 데이비드 소로에게서 찾아볼 수 있다.

> "어떤 사람이 동료들과 발맞추지 않을 때, 그 사람 귀에는 다른 북소리가 들리기 때문인지 모른다. 그가 제가 듣는 음악에 맞추어 걷게 하라. 그 리듬이 얼마나 정확하든 종잡을 수 없든."[17]

미국 산업사의 전설적인 주인공들은 '다른 북소리'를 들은 이들이다. 토머스 에디슨, 헨리 포드, 스티브 잡스는 혁명가 스타일의 리더였다. 그들은 자신의 다름을 믿었고, 과감한 방향을 선택했으며, 그 결과 인류의 삶을 더 좋은 방향으로 바꾼 혁신을 일구었다.

특별하면서도 더 좋은 방법으로 일을 해내려는 한 사람의 열정이 새로운 계획과 사업을 형성하는 경우가 많은 것도 사실이다. 아마도 창조적인 개인주의와 우월감은 같은 뿌리에서 나오는 듯하다. 우리는 한쪽을 튼실하게 키우고 다른 한쪽은 웃자라지 않도록 면밀한 주의를 기울일 필요가 있다.

또한 위에서 언급한 이름난 천재급 개인주의자들을 롤모델로 삼고자 할 때는 각별히 유의해야 한다. 그들에게 맞먹는 재능과 완벽한 역사적 적기가 뒷받침되지 않으면 (아마 엄청난 운도 따라야 할 것이다) 그들의 성공을 재현하기는 불가능하다. 일부 선각자는 자신의 꿈을 좇는 과정에서 개인적으로 막대한 대가를 치르고 주변 사람에게도 고통을 주었다는 사실을 기억해야 한다.

다르니까 못한다는 열등감

"나는 남만큼 할 수 없다"는 우월감만큼 문제적인 믿음이다. (게다가 우월감과는 다르게 그 자체로 사람을 힘들게 하는 생각이다.) 우리 팀은 다른 팀보다 뒤떨어지거나 제약이 많기 때문에 그들이 할 수 있는 일을 우리는 할 수 없다는 생각은 "우리는 다르다"라는 비싼 문장의 한 변형, 그것도 음울한 종류다. 이러한 관념은 “우리는 다르기 때문에 ~할 수 없다”와 같이 체념적이고 패배적이고 숙명론적 표현으로 나타난다. 이쯤에서 세 애벌레의 이야기가 떠오른다.

어느 날 애벌레 셋이 땅을 기어가다가 공중에서 화려한 호랑나비 한 마리가 아름답게 춤추는 모습을 발견했다. 첫 번째 애벌레가 투덜거렸다. “잘난 척하는 것 좀 보라지. 자기가 뭐라고 저리 요란하게 퍼덕거린담?” 두 번째 애벌레는 한숨을 쉬었다. “와, 나도 언젠가 날 수 있을까?” 세 번째 애벌레는 나비를 쭉 지켜보다가 이렇게 결심했다. “나, 저 나비 알아. 한때는 우리처럼 애벌레였지. 재가 하늘을 날 수 있다면 나도 날 수 있는 거야.”

당신의 팀은 세 번째 애벌레와 같은 ‘할 수 있다’ 정신을 실천으로 보여주고 있는가? 아니면 주변에 앞의 두 애벌레 같은 사람들뿐인가? 간단한 체크리스트로 팀에 부정적인 자기인식이 있는지 확인해 보자. ① 우리는 경쟁자에 맞서 우리만의 강점을 보여줄 수 있는가? ② 우리는 업계 최고의 인재를 끌어들일 수 있는가? ③ 우리는 상품이나 서비스를 개선함으로써 고객의 높은 만족도를 계속 유지할 수 있는가?

셋 중 하나에라도 ‘아니오’라는 대답이 나왔다면, 지금 당신의 팀은 패배주의나 비관주의를 “우리는 다르다”라는 말로 포장하고 있는지도 모른다. 우리가 이러한 태도를 억제하고 교정해야 하는 이유는 끝없이 부정적인 태도만큼 파괴적인 힘이 달리 없기 때문이다. 시큰둥한 사람들은 가정, 교회, 회사, 학교, 동호회 등 모든 종류의 모임을 와해시킬 수 있다.

그러나 불평분자를 비난하기 전에, 그런 불만감이 어디에서 비롯되었는지 살필 필요가 있다. 열등감과 패배의식은 더 큰 문제를 가리키는 증상일 뿐, 근본 원인은 조직의 리더에게 있을 수 있다.

패배주의의 뿌리를 찾는 법

팀이 스스로를 무능하게 여기는 이유가 밝혀지면, 그러한 회의감이 얼마나 깊은지 파악하여 적절한 개선 계획을 세우는 데 도움이 된다. 억지로 입꼬리를 올리는 연습을 시킨다든가 "사기가 올라갈 때까지 계속 때리겠다"는 해적 같은 방식을 택하기에 앞서, 조직 자체가 패배주의의 일차적 원인이 아닌지 따져보자. 조직의 '학습된 무기력'은 흔히 다음과 같은 경우에 나타난다.

첫째, 부정적인 리더가 부정적인 조직을 만든다. 사람은 자기를 닮은 사람을 뽑는 경향이 있다. 이 원칙은 젠더나 인종, 교육 배경뿐만이 아니라 미래 전망과 태도에도 적용된다. 비관적인 상사와 낙관적인 초일류 인재는 결코 서로 어울리지 않는다. 회사의 경영진에 습관적인 반대론자가 있다면 최소한 그가 맡은 부서 전체가 그의 세계관에 영향을 받을 가능성이 크다. "물고기는 머리부터 상한다"라는 말이 있다. 팀의 분위기를 평가할 때는 가장 먼저 리더들의 태도를 검토해야 한다.

둘째, 패배가 패배의식을 낳는다. 팀에는 유독 어려운 시기가 있기 마련이다. 최근에 정리해고나 임금 삭감을 단행했거나 중요한 신규 사업에서 실패한 팀은 상실감을 느낄 수밖에 없고, 비슷한 일이 반복될지 모른다는 두려움에 사로잡힐 수도 있다. 성공이 더 많은 성공을 낳듯이 한 번의 좌절은 더 많은 좌절로 이어질 수 있다.

셋째, 약속을 지키지 않는 리더가 있는 경우다. 완벽한 의사소통은 유니콘과도 같다. 그런 건 어디에도 존재하지 않는다는 뜻이다. 특히 리더의 말과 행동이 일치하지 않는 것처럼 보일 때, 그 영향력은 상당하다. 이를테면, 어떤 회사가 혁신을 주도한다고 자처하면서 정작 연구 개발에는 돈을 거의 쓰지 않는다면 직원들은 심각한 괴리를 느낄 것이다. 약속이 약속으로만 남을 때도 마찬가지다. CEO가 공식 석상에서 3분기에는 스톡옵션 프로그램을 도입하겠다고 발표하지만, 3분기가 다 지나도록 아무 일도 일어나지 않는다면?

행동과 말이 실제로 어긋난 경우뿐 아니라 사람들이 그런 느낌을 받는 경우에도 문제가 생긴다. 리더가 이 패턴을 반복하면 구성원들은 현실적인 판단으로 대처할 수밖에 없다. 리더를 다시 한 번 믿어야 (그리고 실망할 가능성을 감수해야) 할까? 아니면 어느 정도 의심의 거리를 두고 그들의 말을 걸러 들어야 할까? 실망은 의심으로 직결되고, 의심은 곧 거리두기로 이어진다.

넷째, 한번 데인 상처는 계속 아프다. 영업부 부서장이 한 컨퍼런스에 참여한 뒤 새로운 지식과 열정을 가득 안고 돌아왔다고 하자. "판매량을 늘려주는 '뉴웨이브' 기법이라는 게 있는데, 우리 회사에 아주 큰 도움이 될 겁니다!" 그래서 이 팀은 컨설턴트를 고용하고 새로운 개념을 배우고 기존 판로를 재정비하고 할당량을 새로 정하는 등 새로운 접근법에 따라 열심히 노력한다. 1년 반 뒤, 사람들은 실망한다. 새로운 프로그램을 시작하기 전이나 판매량에 거의 차이가 없기 때문이다.

애쓴 만큼 성공하지 못했다고 해서 그 노력이 잘못되었다고 말해선 안 된다. 그러나 그 팀에서 다음에 또 새로운 시스템을 도입할 때 직원들은 열의를 덜 느낄 수도 있다. 특히 리더들이 진지한 태도로 지난번 실패에서 깨달음을 얻고 이번에는 노력이 결실을 맺을 수 있게 확실한 방책을 내놓지 않는다면 그럴 가능성이 더욱 커진다.

모든 시도에는 실패의 가능성이 있다. 그러나 지난날의 실수와 씁쓸한 기억이 "우리는 다르다"는 패배주의로 이어져선 안 된다. 당신의 팀에서 "우리도 다 해봤지만, 그건 절대 안 먹혀요"라는 말이 들린다면, 그 피곤함의 뿌리가 어디에 있는지 살펴볼 필요가 있다. 해결하지 않고 방치한 비관주의는 다음 프로그램에서 자기실현적 예언이 되기 십상이다.

다름을 정의하는 올바른 기준

팀의 리더는 '좋은 다름'을 어떻게 강화하고 '위험한 다름'은 어떻게 억제할 수 있을까?

가구회사 허먼 밀러Herman Miller의 전 CEO이자 『성공한 리더는 자기 철학이 있다Leadership Is an Art』의 저자인 맥스 드프리Max Depree는 "리더의 첫 번째 책무는 현실을 정의하는 것이다"라고 했다. 나폴레옹도 비슷한 말을 했다고 한다. "리더의 역할은 현실을 정의한 다음 희망을 주는 것이다."

리더로서 현실을 정의하는 가장 좋은 방법 하나는 초점을 바꾸는 것이다. 리더는 팀의 시선을 나무에서 숲으로, 혹은 최소한 이 나무에서 저 나무로 옮길 줄 알아야 한다. 팀의 다름을 정의할 때는 초점을 바깥에 두어야 한다. 팀 안을 들여다보는 것이 아니라 팀이 외부 세계와 맺고 있는 관계를 중심으로 생각해야 한다는 뜻이다. 구체적으로 말해, 팀은 고객을 생각하고 결과를 생각하고 방법을 생각해야 한다.

우선, 고객을 중심으로 생각해보자. 초점을 밖에 두는 팀은 반성하거나 변명하는 데 길게 골몰하지 않는다. 고객의 문제(팀의 역량 및 한계도 결국 고객의 문제다)를 해결한다는 목표를 가장 위에 두는 팀은 앞으로 나아갈 길을 잘 찾아낼 수 있다.

결과를 중심으로 생각해보자. 패배의식에 사로잡힌 팀은 흔히 환경이나 자원 부족을 탓한다. 그러나 자원에 몰려 있던 초점을 결과로 옮기면 팀의 존재 이유가 다시 보인다. 좋은 결과를 내겠다는 굳은 결의가 있다면 다름은 극복해야 할 단점이 아니라 좋은 결과를 끌어내는 강점이 된다.

행동을 중심으로 생각해보자. "우리는 다르다"는 사고는 타당한 근거에서 시작되었다가도 결국 자기연민과 정당화, 포기, 나태로 이어질 수 있다. 이와 달리 긍정적인 다름은 효과적인 행동으로 연결된다. 팀의 과거와 현재를 꼭 돌아보아야 하는 상황에서는 적당한 시간을 할애하여 그렇게 하되, 결국에는 앞으로 취할 현실적인 행동에 대해 논하도록 한다.

"우리는 다르다"는 말을 듣는다면

우리 팀은 특별하다는 인식이 우월감 또는 열등감으로 이어지는 위험한 상황에서 우리는 대화의 방향을 바꿀 수 있다. 다음 대사를 연습해보자.

"우리 팀의 다름이 우리 CEO에게도 통할 것 같은가요? 아니면 고객들에게는 통할까요?"

"그렇죠, 우리는 다릅니다. 그런데 우리가 어떻게 다른지 세 가

지만 구체적으로 꼽아볼까요? 그리고 그 다름이 우리에게 꼭 필요한 부분인지 생각해봅시다."

"우리의 가장 위협적인 경쟁자도 우리와 똑같은 방향으로 다를까요? 만약 우리가 변화하지 않는다면 뒤처질 가능성이 있진 않은지 살펴봅시다."

"우리가 남들과 다르다고 해서 꼭 해야 하는 일을 미룰 순 없습니다."

"우리에게 가장 중요한 것은 고객과 직원과 비용입니다. 가장 중요한 세 영역에서는 우리 자신도 남들과 똑같다고 보고 판단해야 합니다."

그룹 대화를 위한 주제

팀의 대화에서 '특별하다' 또는 '다르다'는 표현이 반복적으로 나오고 있다면, 다음과 같은 전반적인 주제에 대해 토론하는 시간을 가질 필요가 있다.

우리는 다른 회사보다 훌륭한가? 왜? 얼마나? 우리는 다른 사람들(직원, 거래처, 고객)이 이번에는 전과 달리 반응해주기를 기대하는가? 우리는 다른 사람들을 있는 그대로 보는가, 아니면 그들 자신이 바라는 방향으로 보는가? 혹시 우리가 능력 부족으로 인해 못하는 일이 있는가?

예외를 줄여라

• • •

팀의 업무가 기대한 만큼 능률적이지 않거나 팀이 예외를 처리하는 데 지나치게 많은 시간을 쓰고 있다는 의심이 들 때, 업무 합리화 작업이 필요하다.

자동화 원리는 공장에만 적용되지 않는다. 반복되는 업무 영역이 있는 팀이라면 어디에서나 공정과 절차, 표준화를 도입함으로써 일의 속도와 퀄리티를 개선할 수 있다. 다음의 "끝없는 부분집합 만들기" 과정을 통해 예외를 줄여보자.

① 팀원들에게 한 주 동안 근무시간과 업무 내용을 일지로 기록하게 한다. (즉, 그날그날 어떤 일에 시간을 얼마나 썼는지 적게 한다.) ② 일주일 뒤에 한자리에 모여 결과를 검토한다. 자동화 등 업무 합리화를 통해 개선할 수 있는 반복 활동에 시간을 얼마나 썼는가? ③ 반복 활동에 쓴 시간 중 예외를 처리하는 데 쓴 시간은 얼마인가? ④ 구체적인 예외에 대해 이야기한다. 예외 중에 집합으로 묶을 만한 것이 있는가? 표준공정을 추가함으로써 예외를 없앨 가능성이 있는가? 예외를 한꺼번에 처리하는 방법, 또는 한 사람이 예외를 전담하는 방법이 더 나을 가능성이 있는가?

이 연습의 목적은 팀 전체가 논의를 통해 예외를 줄이는 것이다. 자동화, 공정화, 문서화 등의 방법으로 업무 과정을 개선하면 비용과 리스크 모두가 줄어든다. 그 효과를 평가하면서 연습을 상시적으로 진행하도록 한다.

외부·내부 설문 및 결과 대응

기업 경영진은 확고한 브랜드 전략을 세우려고 하지만, 그 전략이 시장에서는 물론 회사 내부에서부터 통하지 않는 경우가 있다. 사람들이 실제로 당신을 어떻게 생각하는지 알고 싶다면 물어보면 된다. 마찬가지로, 당신 팀(회사)의 차별화 전략이 어떠한 효과를 내는지 알고 싶다면 간단한 무료 온라인 설문으로도 빠르고 효과적으로 답을 구할 수 있다.

마케팅 리서치를 비롯한 각종 설문의 목적은 단순히 흥미로운 무언가를 알아내는 것이 아니라 행동으로 대응할 방법을 찾는 것이다. 이 목적에 가장 좋은 방법은 궁금한 질문을 '역설계'하는 것이다. 먼저 팀의 브레인스토밍을 통해 설문에서 나올 수 있는 결과들을 목록화한다. 그 결과를 토대로 실행할 수 있는 조치는 작은 변화(사내소통 구조 개선, 새로운 문화 양성 수업, 분기별 고객설문 실시 등)부터 큰 변화(전략 재고, 강령 수정, 기업문화 컨설턴트 고용, 인사행정 구조 개혁 등)까지 다양할 수 있다. 설문한 결과를 토대로 유의미한 변화를 모색할 의지와 가능성이 없다면 애초에 정보를 수집할 이유가 없다.

내부 설문

회사 내부에서는 다음과 같은 몇 가지 질문에 자유로운 답변을 요구할 수 있다. 이 회사에서 일하는 것이 전에 다른 회사에서 일했던 경험과 어떻게 다른가? 우리 회사가 긍정적인 방향으로 다른 부분이 있다면 무엇인가? 우리 회사가 부정적인 방향으로 다른 부분이 있다면 무엇인가? 우리가 충분히 할 수 있고 해야만 하는 일 가운데 하지 못하거나 하지 않는 일이 있다면 무엇인가?

여과되지 않은 진실을 듣고 싶다면 무기명 설문도 가능하다. 중요한 것은 이 방법으로 알아낸 정보에 어떻게 반응하느냐다. 팀원들에게 평가를 요구할 생각이라면, 그것을 인정하고 신뢰하고 그에 걸맞은 조치를 취할 각오부터 갖추어야 한다.

외부 설문

현재 고객, 예상 고객, 과거 고객, 나아가 경쟁자들은 시장에서 당신 회사의 입지를 확인해줄 좋은 정보원이다. 다음과 같은 몇 가지 간단한 브랜드 관련 질문으로도 충분한 정보를 얻을 수 있다. 우리 브랜드를 간단하게 설명한다면? 우리 회사가 유사 기업들과 다른 점이 있다면? 우리 회사의 다른 점이 더 좋은 서비스를 제공하는 데 도움이 되고 있는가? 우리 회사의 다른 점이 서비스의 품질에 방해가 되고 있는가?

실행 가능성은 외부 설문에서도 똑같이 중요하다. 그러므로 설문을 실시하기로 했다면, 실행 가능한 데이터만을 수집하고 수집한 모든 정보에 대해 적절한 조치를 취해야만 한다. 설문 대상이 고객이 아닌 경우에는 짤막한 감사인사와 함께 한두 항목의 결과를 공유하는 것으로 충분하다. 설문 대상이 고객인 경우에는 "소중한 시간을 내어 설문에 응해준 덕분에 서비스를 개선할 수 있게 되었다"는 메시지를 전달하는 것이 좋다.

5장 "믿어보자"는 말

"그들은 단순한 거래처가 아니라 파트너라구요."

"우리가 세부까지 알 필요 있나요? 그들을 믿어봅시다."

"그들도 프로인데, 일일이 통제할 필요 있을까요?"

"그 사람은 믿고 맡겨도 돼요."

믿음 없이 오래가는 관계는 없다. 우리는 매일 알람시계를 믿고 제시간에 일어난다. 버스운전사가 아이를 학교에 잘 데려다줄 것을 믿고, 교사가 아이를 잘 돌보리라고 믿는다. 우리는 알지도 못하는 수천 명의 타인이 교통법규를 지키고 차를 안전하게 몰 것이라고 믿는다. 우리는 엘리베이터와 에스컬레이터와 그 밖에 무수히 많은 기계를 믿는다. 우리는 음식을 만들고 포장하고 운반하는 사람들을 믿는다. 우리는 이름난 곳이든 이름 없는 곳이든, 큰 곳이든 작은 곳이든 상인들을 믿고 그들에게 내 금융 정보를 제공한다.

곰곰이 생각해보면 우리는 놀라울 정도로 주변의 사람들을, 시스템을, 구조를 믿으며 살아가고 있다. 아무리 시니컬한 사람이라도 삶과 활동의 토대까지 의심하지는 않는다.

깨진 믿음의 비용

• • •

우리는 믿음에 의존하는 존재다. 그래서 친구와 동료를 쉽게 믿는 경향이 있다. 하지만 우리 모두는 꽤 주기적으로 믿음이 깨지는 경험을 한다.

- 모임 기획자가 그 자리에 꼭 불러야 하는 사람들을 모두 초대하리라고 믿는다. 그러나 그가 중요한 참가자 한 사람을 빠뜨린다. 이 실수로 인해 모임의 생산성이 떨어지고, 초대에 누락된 사람은 기분이 상한다.
- 거래처가 우리에게 정확한 금액을 청구하리라고 믿지만, 애초에 합의했던 할인율이 적용되지 않은 것을 발견한다. 그동안 우리는 내야 할 돈 이상을 지불하고 있었다.
- 팀의 동료가 내가 맡은 업무를 진행 과정에서 함께 검토하고 도움을 주리라고 믿는다. 그러나 그는 최종 단계에서 내 결과물을 공개적으로 비판하여 나를 당황하게 한다.

· 팀원이 정해진 마감일까지 일을 마치리라고 믿지만, 일이 제때에 끝나지 않는다. 결국 프로젝트 일정이 연기되고 추가 비용이 발생하고 시간이 낭비된다.

· 친구가 파티에 요리를 가져오리라고 믿지만, 그는 깜빡하고 빈손으로 온다. 모두가 식사를 제대로 하지 못하고 파티에 만족하지 못한다.

이중 정말로 '배반'이라고 불러야 할 정도로 심각한 사례는 없다. 어떤 것은 잠깐 성가시고 말 수준이다. 그러나 작든 크든 믿음을 저버리는 행위는 우리 삶에 여러 방식으로 비용을 부담시킨다. 경제적 비용이 추가되고, 시간이 낭비되고, 기회가 사라지고, 평판이 나빠지고, 퀄리티가 떨어지고, 즐거움이 줄어들고, 스트레스와 걱정이 늘어난다.

이 사소한 믿음 상실의 다양한 비용을 총합해보면 그 영향력은 우리가 생각하는 것 이상이다. 나아가 일상적인 수준을 넘어 윤리가 무너질 만큼 신뢰가 깨질 때, 그 잔해는 커리어와 인간관계를 파괴할 수 있을 정도다.

믿음은 배반당하게 되어 있다

수년 전 나는 30인 규모의 회사를 이끄는 한 CEO로부터 전화를 받았다. 그는 나의 클라이언트일 뿐만 아니라 친구이기도 했기에 그의 목소리를 듣자마자 뭔가 문제가 생겼음을 알아차렸다. 톤으로 짐작하건대 본인의 건강에 심각한 문제가 생겼거나 가족 중 누군가 세상을 떠난 게 아닐까 싶었다.

"스티븐, 괜찮나?"

"아니."

"누가 다치기라도 했어?"

나의 물음에 스티븐은 누가 다치거나 아픈 건 아니라고 했다. 이야기인즉슨, 그가 이끄는 회사의 사주가 직원들의 신용카드 사용내역을 검토하다가 알 수 없는 지출을 발견했다는 것이었다. 두 사람이 몇 주에 걸쳐 어렵게 조사한 결과, 그 회사에서 10년 넘게 일한 경리 직원이 회삿돈을 훔치고 있다는 사실이 밝혀졌다.

이 사기 행각은 여러 종류의 고생과 뼈아픈 결과를 낳았다. 회사는 더 이상의 절도를 막기 위해 그 즉시 돈을 들여 시설 보안과 전자 보안을 강화했다. 또 횡령 총액을 확인하기 위해 대대적인 회계 감사를 의뢰해야 했다. 이 일에 연루된 다른 사람이 없는지 확인해야 했고, 재정 업무 전체에 관한 새로운 정책과 절차를 수립해야 했다.

이 일이 직원들의 사기와 인간관계에 미친 영향은 경제적 비용 이상이었다. 내 친구는 여러 번 껄끄러운 자리에 참석해야 했다. 처음에는 변호사와 경영진을 만나야 했고, 다음에는 문제의 경리 직원을 만나야 했고, 마지막에는 회사의 전 직원을 만나야 했다. 규모가 크지 않았기에 더더욱 관계가 두텁고 동료를 가족처럼 생각하는 회사였다. 많은 이들이 배신감에 사로잡혀 있었다.

스티븐은 경리직원을 잘 알았기 때문에 자신에게도 책임이 있다고 생각했다. 그는 왜 자기가 이 사태를 미리 파악하지 못했는지, 횡령이 가능해지기 전에 그런 상황을 예방해야 했건만 왜 그러지 못했는지를 두고 자책했다. "내가 앞으로 다시 직원들을 신뢰할 수 있을지 모르겠다"라는 말까지 했다.

내 친구의 경우는 그나마 운이 좋았다. 경제적 손실이 천만 원대에서 끝났고 사기를 친 것도 직원 한 사람에 그쳤기 때문이다. 만약 다른 직원이 더 가담했거나 경리의 행동이 회사의 클라이언트에게까지 영향을 미쳤더라면 사태가 훨씬 더 심각했을 것이다. 이 사건을 겪은 후 스티븐은 고객들에게 전화를 걸어 "우리 회사 직원이 당신 돈을 훔쳤다"라고 설명해야 하는 상황을 상상하고 몸서리를 쳤다.

믿음을 믿지 마라

우리 모두는 신뢰가 무너졌을 때의 고통과 비용을 (최소한 어느 정도는) 잘 안다. 우리는 주변 사람들의 삶에서, 역사에서, 요즘 일어나는 사건에서 늘 배신을 목격한다. 우리 자신의 삶에서 그러한 사태를 줄이기 위해 할 수 있는 일이 있긴 있을까? 우리가 믿음에 덜 의존하면서도 전과 다름없이 미래를 긍정적으로 내다보고 인간관계를 충실하게 유지하는 게 가능하긴 할까?

다행히도 두 질문의 답은 모두 '그렇다'이다. 하지만 그러기 위해서는 먼저 우리가 믿음에 대해 생각하는 방식을 재평가해야 하고 '믿음'이라는 단어의 정의까지도 재검토해야 한다.

사람들은 '믿음직함'을 도덕적인 덕목으로 여기지만, 앞으로 우리는 믿음을 잃는 여러 상황이 실은 도덕이나 윤리와 전혀 무관하다는 사실을 살펴볼 것이다. 우리는 믿음을 여러 차원으로 해부하고, 때로 장기적으로 믿음을 쌓는 가장 좋은 방식이 단기적으로 덜 믿는 것인 이유를 알아볼 것이다.

믿음을 다시 정의하라

• • •

나는 선천적으로 사람을 잘 믿는 성격이다. 그저 사람을 쉽게 믿는 정도가 아니라, 사람을 신뢰하고자 하는 깊은 열망을 느낀다. 나는 다른 사람들이 바르고 정직하게 행동하리라고 믿고 싶다! 그러나 삶은 나에게 사람을 늘 믿을 수는 없음을 가르쳤다. 그게 인생이다. 프랭크 시나트라가 노래했듯이 "참 웃긴 소리지만, 어떤 사람들은 타인의 꿈을 짓밟길 좋아한다." 나는 인간 본성을 현실적으로 생각하는 법을 배우게 되었다. 그뿐만 아니라 믿음이란 좋은 의도를 가진 정직한 사람을 만나는 것 이상의 문제라는 것도 알게 되었다.

믿음은 입체적이다

『신뢰의 속도The Speed of Trust』에서 스티븐 M. 코비는 사람에 대한 믿음을 두 종류로 구분했다. 하나는 인격에 대한 믿음이고, 하나는 능력에 대한 믿음이다. 이 구분이 유용한 이유는 모든 배신이 도덕 문제나 인격 문제와 연관된 것은 아니기 때문이다.

앞서 이야기한 경리직원 사건을 생각해보자. 그 사건이 횡령이 아니었다면 어땠을까? 그 직원이 정직하긴 하지만 무능력한 탓에 장부를 엉망으로 만든 것이 발견되었더라면? 그 역시 사소한 문제는 아니겠지만, 횡령에 관련된 배신이나 후회는 발생하지 않았을 것이다. 또는, 앞서 예로 들었던 모임 기획자가 실수로가 아니라 당신의 커리어를 방해하려고 일부러 중요한 인물을 배제했다고 상상해보자. 그런 사악한 의도가 있었다면 그의 행동이 10배는 더 나빠진다.

이렇게 다른 상황을 가정해보면 인격과 능력을 구분하는 것이 얼마나 중요한지 알 수 있다. 둘을 구분하지 않으면 믿음이 지나치게 윤리적인 사안이 되고, 그러면 우리가 믿음에 대해 제기하는 모든 질문은 그 사람의 훌륭함이나 도덕성을 의심하는 것이 되어버린다. 기준이 이렇게 민감해지면 우리는 믿음에 대한 이야기를 덜 하게 되고 너무 많은 것을 추측으로 남겨 두게 된다.

믿음은 이진법이 아니다

우리는 믿음에 대해 말할 때 큰 단위를 쓰는 경향이 있다. 즉 "그는 눈 딱 감고 믿어도 되는 사람이다"라든가 "난 그 사람을 절대적으로 신뢰해"라든가 "나는 널 목숨 걸고 믿어" 같은 표현을 자주 쓴다. 부정적인 표현도 "다시는 그들을 믿지 않겠다"라든가 "그가 아무리 맞는 말을 해도 난 안 믿어"라든가 "그런 사람을 어떻게 믿어?"라는 식이다.

이러한 표현은 우리에게 전혀 도움이 되지 않는다. 그런 말은 신뢰가 '0 아니면 1'이라는 양자택일의 관념을 강요한다. 평생 모든 일에 있어서 신뢰를 받든가, 아니면 어떠한 신뢰도 받지 못하든가 둘 중 하나라는 것이다. 물론 그런 감정을 가질 때도 있다. 특히 믿음을 배신당하고 고통스러운 결과를 감내해야 할 때는 그럴 수밖에 없다. 그러나 현실에서 믿음은 훨씬 더 미묘하게 작용한다.

우리는 누군가를 믿을 때 당연히 상황을 적용한다. 이를테면, 나는 집 근처 레스토랑의 셰프가 언제 가든지 맛있는 그리스식 샐러드를 만들어주리라고 믿지만, 그에게 우리 집 갓난아이를 한나절 봐달라고 맡기지는 않을 것이다. 나는 재정 면에서나 삶 전반에서 나의 아버지를 믿지만, 그에게 내 옷을 골라 달라고 맡기지는 않을 것이다. 우리 교회 목사님이 육아에 관해서 유익한 지혜를 나눠주신다고 믿지만, 그에게 내 맹장을 떼달라고 맡기지는 않을 것이다. (무리한 예시는 여기까지만 듣겠다.)

핵심은 맥락과 상황이다. 우리는 믿음에 구체적인 조건을 달아야만 한다. 누가, 무슨 상황에서, 무슨 일을 하리라고 믿는지, 또 그 믿음이 언제까지 지속될지를 스스로에게 물어야 한다. 누군가를 무조건 믿어야 한다는 말이나 절대 믿어선 안 된다는 말은 틀린데다가 때로 너무도 비싼 대가를 요구한다. 나아가 우리가 실제로 맺는 거의 모든 인간관계에는 믿음과 불신이 다양한 정도로 섞여 있다.

믿음은 움직이고 넓어진다

나는 소프트웨어 스타트업을 창업한 적이 있다. 공동 창업자는 실무를, 나는 투자 유치를 맡았고, 상품 개발은 업체에 위탁하여 시제품을 제작하고 있었다. 사업에 투자할 가능성이 있는 사람들에게 어서 시제품을 보여주고 싶었던 나는 개발을 담당한 파트너에게 시연이 예정된 날짜까지 상품을 문제없이 준비할 수 있는지 개발자에게 한 번 더 확인해달라고 했다. 그는 이렇게 대답했다. "방해하지 말고 놔둡시다. 데드라인은 알아서 지킬 테니까." 나는 파트너가 개발자를 믿고 있는 것에 안심했다.

나는 마감 일정에 맞춰 여러 투자자와 회의를 잡아두었다. 그러나 시제품은 제날짜까지 나오지 않았고, 나는 투자자들에게 아무것도 보여줄 수 없었다. 개발자가 마침내 시제품을 내놓은 날은 약속한 날로부터 몇 달이 지나서였다. 기다리는 일은 사람을 지치게 했고, 투자금을 확보할 기회도 날아갔다.

나는 넌더리가 났다. 개발 일정을 확인하자고 더 강경한 자세로 요구할걸 그랬다며 후회했다. 물론 내가 그렇게 했어도 제작 속도가 더 빨라지진 않았을 수 있다. 하지만 적어도 완성 날짜를 좀 더 현실적으로 파악하고 그에 맞춰 투자자들을 만날 수 있었을 것이다. 내가 중간 확인을 고집하지 못한 이유는 내 파트너를 믿고 싶어서였고, 거래처를 신뢰해도 된다는 사실을 믿고 싶어서였다.

나의 파트너는 업체를 지나치게 신뢰했던 까닭에 나의 신뢰를 잃었다. 이게 그에겐 부당한 처사일지 모르지만, 나는 그에게 내 이름을 맡기고 있었다. 나는 가능성 있는 투자자들에게 정확한 일정에 제품을 보여줄 수 있다고 장담한 상태였다. 약속을 어겼으니 내가 그들의 신뢰를 잃는 것은 당연했다. 스타트업에게 신용 하락만큼이나 큰 문제가 또 있을까? 신용은 그때 우리가 가진 유일한 자산이었다. 우리의 사업 계획은 우리가 그 일을 해낼 수 있다는 가정 하나에 겨우 기대고 있었다. 다음과 같은 일종의 '믿음 사슬'이 형성되어 있었던 것이다. 미래의 투자자→나→파트너→개발자

물론 나에 대한 투자자들의 믿음이 오직 개발자의 성과에만 좌우되는 건 아니었다. 거기엔 다른 요소들도 있었다. 그러나 개발자가 제 임무를 다하지 못했을 때, 그로부터 시작된 불신은 나의 파트너

에게로, 다시 나에게로 쏟아져 내렸고, 결국 투자자들에게 이르렀다. 그때 난 벤저민 프랭클린이 했다는 오래된 격언을 떠올렸다.

> "못 하나가 닳으면 편자가 빠지고, 편자 한쪽이 없으면 말이 달리지 못하고, 말 한 필이 없으면 사람이 가질 못하네."[18]

이처럼 믿음은 소유하는 것이 아니라 차용하고 양도하는 것이며 그 과정에서 영향력이 점점 더 넓어진다. 그러하기에 믿음의 제자리를 찾는 일이 더더욱 중요하다. 두려워할 건 없다. 믿음이 사람의 인격에 직결되는 특질이 아니라 언제나 맥락과 상황과 관련되어 있음을 잊지만 않는다면 우리는 믿음을 더 잘 관리할 수 있다.

믿음을 관리하는 법

우리가 시간을 관리하고 돈을 관리하고 또 관리 능력을 강화할 수 있는 것과 똑같이, 우리는 얼마든지 믿음을 관리할 수 있고 믿음 관리 능력을 강화할 수 있다. 신뢰는 시간과 돈만큼이나 중요하다. 확실하지 않은 가정과 인간의 선한 의도에만 맡기기엔 너무도 중요한 자원이다. 우리는 믿음을 자세히 분석함으로써 타인과 협업할 때 언제 어떻게 믿음에 기대면 좋은지를 현명하게 판단할 수 있다.

나는 일단 당신이 스스로의 윤리적 기준에 맞는 사람들과 함께 사업을 해나간다고 가정할 것이다. 하지만 가장 기본적인 윤리 외에도 우리가 사람을 믿을 때 던져야 하는 질문들이 있다. 당신은 그들이 무엇을 해내리라고 믿는가? 그들이 그 일을 잘 해내리라고 믿는가? 그들을 어떤 상황에서 믿는가? 그들이 그 일을 제시간에 해내리라고 믿는가?

때로는 부정문으로 질문하는 방법이 더 효과적이다. 당신은 그들이 무엇을 못 하리라고 믿는가? 또는 당분간이라도 믿음을 보류하는 편이 안전한 영역은 어디인가?

소프트웨어 사업에서 개발자로 인한 불신 사태를 겪은 뒤 나는 초기 단계에서 어느 정도 의심의 거리를 두고 상대를 믿지 않는 편이 오히려 나중에 신뢰를 잃고 감당해야 하는 비용을 크게 줄여준다는 교훈을 얻었다.

마이크로매니징을 옹호한다

'참견'보다는 '마이크로매니징(밀착 관리)'이라는 말이 듣기엔 더 좋지만, 둘 다 우리가 긍정적으로 쓰는 말은 아니다. 마이크로매니징을 좋아한다고 말하는 사람이 있던가? 누군가 스스로 마이크로매니징을 요구한다면 우리는 그 사람이 그 일에 확신이 없는 것으로 여길 것이다. 그러나 우리 각자에겐 너무 대강 넘기는 분야가 분명히 있다. 또한, 누군가에게는 쓸데없는 마이크로매니징으로 보이는 것이 다른 사람에게는 유익한 조언이나 길잡이가 될 수 있다.

가장 가까운 사람도 절대적으로 신뢰할 수 없는 이 세상에서, 다른 누군가가 나를 위해 어떤 일을 가장 좋은 방법으로 해내리라고 믿어도 될까? 초점을 상대가 아니라 나 자신에 두고 생각해도 마찬가지다. 과연 나는 단 한 번의 대화를 통해서 상대에게 내 목표를 완벽하게 이해시키고 그 일에 필요한 모든 것을 제공할 수 있는 사람인가? 중간중간 일이 잘 진행되고 있는지 확인하지 않아도 될 만큼?

우리가 마이크로매니징에 대한 반감을 자세히 들여다보아야 하는 이유는 우리 자신이나 협업자에게 밀착 관리가 꼭 필요한 순간을 무턱대고 배제하지 않기 위해서다. 냉전시대에 로널드 레이건은 무기 관련 보고에 대해 이런 말을 했다고 한다. "믿되 다시 확인하라." 믿음과 재확인이 상호 배타적 관계가 아님을 기억하는 데 도움이 될 조언이다.

인간은 스스로를 완전히 믿지 않는다

우리는 스스로를 얼마나 믿을까? 또 우리는 스스로를 어떻게 관리하는가?

이를테면, 어떤 사람은 직업을 고르고 배우자를 찾는 데 있어서는 제 자신을 믿지만, 집의 누전 문제를 해결하거나 행사에서 처음 만난 사람의 이름을 외우는 일에 있어서는 제 자신을 믿지 않을 수 있다.

스스로를 믿을 수 없는 영역에서 우리는 흔히 도구를 활용하거나 타인의 도움을 받아 불신을 해결한다. 누전 문제에 대해서는 전기 기사를 부르고, 이름을 외우는 문제에 대해서는 이름을 따로 적어 두거나 명함을 요청하는 식이다.

예를 들어, 체중을 줄이고 더 건강한 식사를 하기로 결정했을 때, 우리는 몸에 좋은 음식을 잔뜩 사 오고 집에 있던 과자나 스낵을 내다 버린다. 그런데 왜 과자를 버리기까지 할까? 우리가 스스로를 어느 정도는 믿지 않기 때문이다. 나라면 이렇게 설명할 것 같다. "나는 내가 좋은 결정을 내릴 수 있고 건강해질 수 있다고 믿는다. 그러나 하루 종일 건강한 음식만 먹으며 일한 날엔 나 자신이 저녁 아홉 시 넘어서도 건강한 간식을 찾으리라곤 믿지 않는다. 나는 다이어트를 계속 하고 싶기 때문에 유혹이 될 만한 것은 아예 없애서 성공 확률을 높이겠다."

자신을 100퍼센트 믿지 않는다는 것이 의지 박약이나 자제력 부족으로 비칠 수도 있다. 이상적인 차원에서 우리는 주방에 어떤 종류의 음식이 놓여 있든 상관없이 충분한 규율과 의지로 다이어트 계획을 실천할 수 있다. 그러나 현실적인 관점에서 보면, 달고 짜고 매콤한 모든 것을 없애 놓는 편이 다이어트 성공률을 높여준다.

이 실용적인 접근법은 협업 과정에도 도움이 된다. 우리가 타인과 함께 나아가는 길에서 유혹이 될 만한 것, 발이 걸려 넘어질 만한 것을 미리 치워 놓는다면 길을 가기가 더 쉬워질 수밖에 없다.

믿음 대신 절차

• • •

직업상 관계에서 믿음을 관리할 때, 그 목표는 다이어트의 목표와도 비슷하다. 즉, 상대의 의지력을 시험하려는 것이 아니라, 결정과 행동이 좋은 방향으로 나아갈 가능성을 높이는 것이다. 신뢰의 영역을 줄임으로써 오히려 신뢰를 오래 유지할 수 있다. 우리의 근무환경에는 믿음에 기대는 범위를 좁힘으로써 성공률을 높일 수 있는 방법이 아주 많다. 그 일부만 소개하면 다음과 같다.

· 절차를 문서화한다.
· 체크리스트를 도입한다.
· 문서의 사본을 여러 부 만들어 둔다.
· 사업 과정을 검토 가능한 단위로 세분한다.
· 진행 상황을 자주 또는 미리 약속한 일정에 따라 보고한다.
· 소통에 충분한 시간을 들인다. (즉, 중요한 내용은 여러 번 반복해서 전달한다.)
· 여러 단계를 두고 검토 후 결재를 받는다.

일의 절차를 만들고 따르는 데서 희열을 느끼는 (나와 같은) 독자라면 이런 과정을 즐기겠지만, 그렇지 않은 사람들은 협업자의 업무 범위를 침범하는 관료주의적 전술이라며 손사래를 칠 수도 있겠다. '일 잘하는 사람들을 고용해서 전부 맡기면 될 일 아닌가?'라고 생각하면서. 그것도 가능한 방법이다. 게다가 나는 위에 열거한 안전장치를 모두, 한꺼번에 도입하라고 주장하는 것도 아니다.

그러나 일을 더 확실하게 처리해서 안 좋을 일이 있을까? 위 목록에서 단 두 가지만 골라 실행한다면 그 비용이 얼마나 될까? 한 가지 더, 오해나 착오로 인한 비용은 얼마나 될까?

이 장에 여러 번 등장한 문제의 경리직원은 잘못된 일을 하고 그 대가를 치렀다. 내가 궁금한 것은, 만약 사건이 벌어지기 전에 그 회사에 업무를 더 효과적으로, 투명하게 진행하게 해주는 장치가 있었더라면 어땠을까 하는 것이다. 그랬더라면 그 직원은 잘못된 길을 선택하지 않았을 수도 있다. 달리 말해, 회사의 구조상 그 직원을 덜 신뢰할 수 있었더라면 개인의 삶을 송두리째 뒤흔드는 비극을 미연에 방지할 수도 있었을 것이다.

우리는 거래처나 직원을 고용할 때 그들이 최선의 선택이라고 믿고 싶어 한다. 그러나 사실은 그렇지 않다. 늘 가장 좋은 업체와 인력을 만날 수 있는 것은 아니며, 때로는 최악의 선택지를 고르기도 한다. 이 사실을 인정하고 나면 더 철저한 태도로 사업을 계획하고 사람을 찾을 수 있다. 결국 우리가 추구하는 것은 최대한의 성공이지 최대한의 믿음이 아니다.

계단에 난간을 설치한다고 해서 사람을 존중하지 않는다거나 믿지 않는다는 뜻이던가? 결코 그렇지 않다. 마찬가지로 우리는 협업자에 대한 신뢰에 확인장치를 추가함으로써 그들이 안전한 범위 안에서 마음껏 능력을 펼치도록 도울 수 있다.

비즈니스에서 파트너를 믿는다는 것

"우리는 파트너 관계 아닙니까?" 거래처의 영업자가 이렇게 말하는 순간을 경계하라. 필요 이상의 신뢰가 형성되기 시작할 테니. 그런 표현은 (돈만 보고 일하는 다른 업체들과는 달리) 자신들은 회사의 이익만이 아니라 고객의 가치를 중요시한다는 뜻을 담고 있다.

그러나 나는 거래처와 파트너는 엄연히 다르다고 주장하고 싶다. 요율을 10퍼센트 더 높게 잡아도 되는 곳이라야 파트너다. 이 수치가 좀 달라질 수도 있지만, 기본 관계가 그렇다는 이야기다. 고객과의 관계를 '파트너십'으로 설정하고 그것을 핵심 목표로 삼는 회사도 분명 있다. 그러나 파트너를 자처하면서도 실제로는 다른 업체와 아무 차이가 없는 곳도 많다.

문자 그대로의 파트너십은 비용과 향후 이익을 공유하는 경제적 협약을 말한다. 즉, 실제 파트너는 나와 똑같이 그 사업에 이해관계가 있기에 더 쉽게 신뢰할 수 있다. “파트너이기에 믿는다”라는 말은 그가 자신에게 이로운 방향으로 행동하리라고 믿는다는 뜻일 뿐이다. ‘개인과 조직은 제 자신의 이익을 위해 움직인다.’ 이는 우리가 믿어도 되는, 거의 틀리지 않는 원칙이다. 이익이 서로 일치하는 사람들은 서로에게 도움이 되는 탄탄한 관계를 형성할 수 있다.

이제 우리는 언제 타인을 믿어도 되는지, 얼마나, 어떤 식으로 믿으면 되는지를 자세히 검토할 단계에 도달했다.

믿음 평가하기: 네 가지 필수 체크포인트

• • •

앞서 나는 믿음의 대상을 크게 인격과 능력으로 구분한 스티븐 코비의 모델을 소개했다. 직업상 인간관계에서는 틀린 믿음 또는 지나치게 강한 믿음을 경계해야만 한다. 이를 위해 우리는 다음과 같이 믿음의 대상을 네 가지로 세분하여 검토할 필요가 있다. ① 인격, ② 능력, ③ 실행력, ④ 소통

이 네 가지 구성 요소는 순차적으로 이어진다. 즉, 아직 첫 번째 믿음이 형성되지 않았다면 두 번째 믿음으로 넘어갈 필요가 없고 그 뒤도 전부 마찬가지다. 실행력과 소통 항목은 인격, 능력과 직접적인 연관이 없지만 그 중요성은 앞 두 항목에 버금간다. 업무상 관계에서는 일을 실제로 진행하고 실행하는 과정에서 신뢰가 무너지는 경우

가 많기 때문이다.

인격을 믿는다는 것

사람이 단순하게 솔직하기는 쉽다. 그러나 말과 행동에서 진실되기는 그보다 훨씬 어렵다. 당신과 함께 일하는 그 사람은 오해의 소지 없이 분명하게 말하는 사람인가? 그들은 하겠다고 말한 것을 실천하는가? 그들은 시간 약속을 잘 지키는가? 이러한 기준을 만족시키지 못하는 관계는 유해할 수 있다. ("그 사람이 그날 약속을 갑자기 취소했을 때 믿으면 안 되는 사람이란 걸 알았죠. 내가 그때 관계를 정리했어야 했는데" 하고 뒤늦게 후회하는 사람이 얼마나 많은가!)

말로 한 약속을 지키지 않고 시간을 지키지 않는 모습이 더 실질적인 문제를 암시하는 경우도 있고 그렇지 않은 경우도 있다. 그러나 당신이 그런 기본적인 덕목을 중요하게 생각하는 사람이라면, 중요하게 생각하는 게 맞다. 당신의 직관을 무시하지 마라. 최소한 상대에게 문제를 제기하고 그들의 반응을 지켜볼 순 있다. "이번 회의를 두 번이나 미루셨죠. 그런데 우리 팀에서는 약속을 지키는 것을 매우 중요하게 여깁니다. 이 점을 이해하고 좀 더 유의해주시겠어요?"

능력을 믿는다는 것

상대가 윤리적으로 신뢰할 만한 사람이라면, 다음에 통과해야 할

관문은 당연히 능력 혹은 경쟁력이다. 그들은 이 일을 해낼 능력이 있는가? 우리가 능력에 관해 가장 먼저 던져야 하는 질문은 다음과 같다. 그들은 이 일에 필요한 제반 사항을 이해하고 있는가? 그들은 우리가 이 일에서 얻고자 하는 결과를 이해하고 있는가? 그들은 이 일을 해본 경험이 있는가? 그들은 이 일을 우리가 요구하는 방식으로 해본 경험이 있는가?

현대 비즈니스 세계에서는 업무의 복잡도가 점점 높아지고 있으며, 그에 따라 특정 분야의 지식과 경험보다는 프로페셔널한 자세와 학습능력이 더 중요해지고 있다. 예를 들어, 규제가 많은 업계에서 법무 자문을 고용할 때는 현행법에 정통할 뿐만 아니라 새로운 입법을 놓치지 않고 파악할 줄 아는 사람을 찾아야 한다.

실행력을 믿는다는 것

인격과 능력은 없어서는 안 될 자질이지만, 이 기준을 통과한 믿을 만한 관계 중에 결국 실망과 좌절로 이어지는 경우가 얼마나 많은지 모른다. 그 주된 원인은 실행력 때문이다. 당신이 인격적으로 신뢰하고 당신에게 필요한 능력을 가진 사람을 발견했다면, 이번에는 그 일을 정해진 기한 안에 적절한 방법으로 해낼 수 있는지 물어야 한다.

업체를 고용할 때는 결과물에 대한 구체적인 상을 가지고 모호한 부분 없이 계약을 맺는 것이 좋다. 모두가 최종 상품에 대해 같은 상을 가지고 있다면 오해의 소지도 줄어든다. 상품의 성격이 좀 더 추상적일 때는 더 긴 시간을 들여 논의하고 더 많은 질문을 던질 필요가 있다. 그 업체는 필요한 자원을 모두 보유하고 있는가? 그 업체의 가장 좋은 인력이 당신의 일을 맡게 되는가? 누가 그 일을 이끌게 되는가? 문의에 대한 반응 시간은 어느 정도로 예상하는가? 어떤 방식으로 소통할 예정인가(이메일, 문자, 전화, 대면 등)? 업체가 현장에 출근하는 경우, 근무시간은 얼마나 될 것인가?

이러한 절차가 마이크로매니징으로 여겨질 수도 있다. (마이크로매니징의 장점에 대해서는 이미 설명했지만 아직 거부감을 느끼는 독자도 있을 것이다.) 세부적인 실무를 전부 논의하는 방식이 당신에겐 껄끄러울 수도 있고 상대의 기분을 해칠까 봐 걱정이 될 수도 있다. 그러나 다음과 같이 거래처의 상황을 파악하고 필요한 문제를 해결한다면 나중에 예상치 못하게 실망하는 일을 막을 수 있다. "영업 과정에서는 A가 우리를 전담했기 때문에 우리의 요구 사항을 모두 그에게 알렸는데 계약을 체결한 뒤로는 A를 거의 만나지 못했다." "예전 업체는 문의한 당일에 회신해주었다. 하지만 새 업체에서는 우리가 우선순위에서 떨어지는 것 같다. 더 중요한 클라이언트를 상대하느라 바쁜 모양이다." "거래처가 우리 쪽 담당자를 신입직원으로 바꾸었는데, 아무래도 경험이 부족한 사람 같다. 우리 쪽 리스크가 커질 수밖에 없다."

다행히 이런 사소한 건은 대체로 쉽게 해결해서 신뢰를 회복할 수 있다. 하지만 그보다 더 좋은 방법은 신뢰가 줄기 전에 미리 세부 사항을 명시적으로 협의함으로써 실망할 일 자체를 없애는 것이다.

소통을 믿는다는 것

협업에서 신뢰를 위해서는 인격, 능력, 실행력이 기본이다. 하지만 이 세 가지가 모두 갖추어진 관계에서도 자칫하면 신뢰가 무너질 수 있는데, 가장 흔히 문제를 일으키는 요소가 바로 소통이다.

소통할 때는 덜 믿는 게 더 좋다. 소통 부족으로 인해 상대가 당신의 상황과 목표, 우선순위를 명확하게 이해하지 못할 때, 그 사람이 당신을 위해 능률적으로 움직일 가능성이 얼마나 될까? 차라리 지나치게 많이 소통하는 편이 낫고, 성가신 사람으로 여겨지는 편이 낫다. 그러지 않으면 다음과 같이 쉽게 피할 수 있었던 후회가 당신의 발목을 잡을 것이다! "우리의 최우선 목표를 모두가 알고 있다고 생각했건만, 그게 아니었다. 내가 좀 더 확실하게 말했어야 했는데." "내가 했던 말을 또 하면 그 사람이 불쾌해질 것 같았다. 차라리 불쾌하게 할 것을."

단 한 번의 대화로 쉽게 해결할 수 있는 문제들이 시간을 먹고 크게 자란다.

앞서도 말했지만 나는 대기업의 전화요금을 처리하는 외주업체에서 실무 부문을 이끈 적이 있다. 처음 두 클라이언트는 우리의 시스템을 원활하게 받아들였는데, 세 번째 작업은 이상하게 순탄치 않았다. 게다가 이 클라이언트는 3개월이 지나 서비스에 만족하지 못하고 계약을 해지하겠다고 나왔다. 나는 우리 쪽에서 더 해줄 수 있는 일이 없는지 확인하고 관계를 회복하고자 그 회사를 직접 방문하기로 했다.

그날 나는 크게 놀란 동시에 크게 깨달았다. 그들은 우리의 자동화 시스템을 이용하지 않고 우리가 보낸 보고서를 일일이 인쇄한 뒤 원래 쓰던 시스템에 다시 입력하고 있었다. 우리의 솔루션이 비용을 전혀 절감해주지 못한다고 불만을 품은 것도 당연했다. 아마 그 이중 시스템을 유지하느라 전보다 더 어렵게 일해야 했을 것이다. 우리는 그들이 당연히 새로 설치한 시스템을 사용하리라고 전제했다. 그러나 우리에게나 당연했지 그들에겐 당연하지 않았던 것이다.

고객을 언제 믿고 얼마나 믿으면 좋을지 아는 것은 전문성이라는 주제와도 연결된다. 당신의 상품에 있어 전문가는 고객이 아니라 당신이며, 따라서 고객이 그 가치를 최대한으로 누릴 수 있게 하는 것은 당신의 책임이다. 당신은 고객이 얻게 될 효과와 결과를 적극적으로 보장하고자 하는가, 아니면 그들이 알아서 하리라고 믿고 넘기는가?

"믿어보자"는 말을 듣는다면

• • •

팀 내부의 믿음이 과하지 않느냐고 의심하는 사람이 곧 냉소적인 사람일까? 아니다. 지나친 믿음에 허를 찔리게 될 리스크를 줄이면 냉소할 일 자체가 줄어든다. 당신의 팀에서 믿음에 의존하는 표현이 들릴 때, 그것을 기회로 삼아 대화의 방향을 바로잡을 수 있다. 다음과 같은 말로 대응해보자.

"그의 사람됨에 대해서는 나도 전혀 의심하지 않아요. 인간적으로 평생 믿고 갈 수 있는 사람이죠. 하지만 요즘 그가 다른 일로 너무 바쁘다는 건 사실이고, 우리 쪽 상황이 이렇게 급박한 것도 잘 모르는 것 같네요. 그래서 말인데, 작업 과정을 일주일 단위로 업데이트해달라고 요청하는 게 좋겠어요. 최소한 지금 국면이 마무리될 때까지는 그렇게 해야 해요."

"그 업체는 평판이 굉장히 좋습니다. 그럴 만한 근거도 충분하고요. 하지만 저는 절차대로 레퍼런스 체크를 했으면 합니다. 그들이 우리가 원하는 방식으로 이 사업을 해본 경험이 있는지도 알 필요가 있고요."

"물론 우리는 그들을 신뢰하죠. 하지만 그들이 무엇보다 자기 이익을 우선시한다는 것도 사실입니다."

"난 당신을 믿어요. 하지만 이렇게 중요한 일을 진행할 때는 나 자신을 덜 믿는 게 낫달까? 우리의 소통에 문제는 없었는지 한 번 더 확인하고 싶은 거죠. 그러니 당신의 보고서와 기획서는 내가 한 번 더 검토한 뒤에 회의에 들어가기로 해요."

"우리는 당신을 믿고 당신이 말한 내용이 맞을 거라고 생각해요. 다만 관련 데이터가 있다면 우리도 확인하고 싶네요. 이쪽에서도 정확한 숫자를 알면 도움이 될 테니까요."

그룹 대화를 위한 주제

혹시 당신의 팀은 믿음을 의심하는 것을 터부로 여기고 있진 않은가? 그 답이 '그렇다'라면, 적극적으로 자리를 만들어서 팀이 어떤 때에 얼마나 믿음에 의존하고 있는지에 관해 이야기를 나누고 문제를 확인할 필요가 있다. 다음과 같은 질문을 출발점으로 삼아보자.

- 최근 2년 사이에 거래처, 기부자, 직원, 고객과의 관계에서 신뢰가 무너진 적이 있는가? 만약 그 관계에 애초부터 믿음이 적었더라면 상황이 달라졌을 가능성이 있다고 생각하는가?
- 우리 팀이 가장 많이 믿고 의존하는 상대는 누구인가? 그 의존도를 낮출 수 있는 방법은 무엇일까?
- 우리 팀에게 가장 중요한 거래처 다섯 곳은 어디인가? 그들과

의 관계에서 믿음에 특히 많이 의존하는 부분이 있다면?

· 우리와 가장 명확하고 원활하게 소통하고 있는 곳은 어디인가? 반대로 소통은 부족한 채 확률에 결과를 맡기고 있는 곳은 어디인가?

· 우리의 고객들은 우리의 상품과 서비스에서 최대의 가치를 계속 누리고 있는가? 혹시 우리는 고객이 우리가 의도한 방식대로 행동하리라고 믿고만 있진 않은가?

믿되 재확인하라

팀이 특정 거래처 한 곳을 지나치게 신뢰해서 걱정이라면, 다른 후보 업체 몇 곳을 만나 이야기를 나누는 것이 큰 도움이 될 수 있다. 가능한 다른 대안이 시야 안에 들어오면 현재 지불하고 있는 요금의 기준점이 보인다. 시장에 나온 새로운 상품을 놓치는 어이없는 실수도 막을 수 있고 말이다. (주의사항: 어떤 업체든, 어떤 컨설턴트든 각자의 맹점을 가지고 있다!)

시장 벤치마킹이 곧 현 거래처에 대한 배신은 아니다. 그건 구매자의 특권이며, 회사의 자금을 운용하는 사람의 의무라고도 할 수 있다. 먼저, 만나볼 만한 후보 업체 몇 군데를 찾아내도록 한다. 그런 다음 전화를 걸어서 이야기를 나눌 수 있는지 문의한다. 다음 대사를 활용해보자. "우리는 현재 거래 중인 업체에 대체로 만족하고 있습니다. 우리가 당장 업체를 바꿀 계획은 아니니까 귀사의 시간을 많이 뺏고 싶진 않습니다. 하지만 우리가 뭘 놓치고 있는지를 우리로선 알 수가 없지요. 40분 정도 우리의 상황을 설명하고 몇 가지 질문을 드리고 싶습니다. 앞으로 업체 변경을 진지하게 고려하게 되면 당연히 귀사를 염두에 둘 것입니다."

오늘날의 영업 분야 인재들은 비즈니스 세계를 꿰뚫어보고 있다. 열린 마음으로 이 전술을 연습해보면 그들로부터 놀랄 만큼 많은 것을 배우게 될 것이다.

6장 "우리는 원래 이렇게 한다"는 말

"그렇게 하라고 배웠는데요."

"이게 우리 방식이에요."

"다들 그렇게 하잖아요?"

"이것이 우리 ○○사의 특별한 방식입니다."

내가 이끌었던 소프트웨어 회사는 대기업의 청구서 처리를 자동화해주는 최신 소프트웨어를 개발, 보유하고 있었다. 우리의 솔루션은 한 사용자가 승인하면 고지서가 자동으로 다음 승인자에게 넘어가는 기능(당시로서는 꽤 앞섰던 기술이다)을 갖추고 있었다. 정확히 말하면 3단계 승인까지 지원했는데, 그 정도면 당시 우리에게 일을 맡긴 기업 25곳의 요구를 충족하기에 충분했다.

그때, 정부의 한 기관이 새로운 클라이언트로 등장하더니 우리에게 그곳의 업무 과정에 필요한 여러 조건대로 시스템을 맞춰달라고 요구했다. 변경사항 중 하나는 승인 단계를 늘리는 것이었다. 승인 단계가 얼마나 더 필요한지 물었더니, 글쎄 여섯 단계를 추가해달라는 것이었다. 그러면 총 9단계였다. (안타깝게도 '비싼 문장'을 미처 다 파악하지 못했던 당시의 나는 그것이 "우리는 다르다"와 "고객은 언제나 옳다"를 비롯한 여러 비싼 관념이 혼합된 사태임을 깨닫지 못했다.) 우리는 얼마간 고민한 끝에 고객의 요구대로 우리의 소프트웨어에 다단계 승인 기능을 구현하기로 했다.

나는 초기 단계에서 던져야 했던 질문을 나중에 가서야 물었다. "이곳에선 청구서를 승인하지 않는 경우가 왜 발생하나요?"라고. 처음 이 질문을 받은 직원은 난처한 표정을 짓더니 자신은 청구서를 거부한 적이 한 번도 없다고 멋쩍게 답했다. 나는 다른 직원에게도 같은 질문을 던졌고 똑같은 대답을 들었다. 알고 보니 그 부서를 통틀어 청구서를 기각한 적이 있는 사람은 한 명도 없었다. 매번 아홉 명이 승인 도장을 찍은 뒤 요금을 지불했던 것이다.

이 어리둥절한 깨달음은 "우리가 왜 매번 이렇게 하고 있지?"라는 질문을 끌어냈다. 우리의 시스템 덕분에 9단계 승인이 더 효율적으로 이루어지게 되었지만, 모두가 모든 청구서를 승인하는 상황에서 그 기능엔 아무런 실용적인 목적이 없었다. 우리의 맞춤 시스템은 마치 올라가봐야 아무것도 없는 곳을 향하는 계단을 에스컬레이터로 바꾼 격이었다.

왜 이 기관은 이제껏 단 한 번도 청구서를 기각한 적이 없으면서도 승인 절차를 아홉 단계나 두었을까? 예전부터 그렇게 해왔기 때문이다. 그뿐이었다.

습관과 타성

습관 중에는 좋은 것도 있고, 관성이 늘 나쁜 것도 아니다. (2장에서 설명한) 자동화와 표준화가 실행 비용을 낮추는 것과 똑같이, 습관은 능동적 사고를 요하는 문제에 쏟아야 할 정신 에너지를 옷 개기나 이 닦기 같은 틀에 박힌 일과에 소모하지 않게 해준다.

하루하루가 의식적인 목적이 아니라 습관과 일과로 채워질 때, 우리는 "골 난 대로 따라간다"라는 표현을 쓰곤 하는데, 그 기원은 나무바퀴가 달린 마차가 비포장도로를 달리던 시대로 거슬러 올라간다. 비가 오면 흙길이 진흙탕이 되고, 마차가 길을 지나가면 흙이 깊게 패인다. 길이 마른 뒤엔 바퀴가 만든 골이 드러난다. 그러면 마차가 그 골을 따라 길 한가운데로만 다닐 수 있었다.

그러니 골이 꼭 나쁜 것만은 아니었다. 오히려 마찰을 줄여주고 더 쉽게 목적지에 이르게 해주었다. 단, 아주 중요한 조건이 하나 있었다. 내가 가고자 하는 방향으로 골이 나 있어야 했다. 그렇지 않으면 엉뚱한 곳으로 향하게 되었다.

이 비유는 현대세계에도 적용할 수 있다. 차를 몰다보면 가속페달에서 발을 떼고 타력만으로 계속 나아갈 수 있을 때가 있다. 그러나 운전대에서 손을 떼고 눈까지 감는다면 방향이 어긋나기 시작하고, 결국 이상한 곳에서 멈추게 될 것이다.

우리가 일상에서 습관과 일과에 의존하듯 업무에서는 절차와 관례를 따른다. 하던 대로 하는 방식이 꼭 나쁜 것만은 아니다. 그러나 운전대를 놓으면 목숨을 잃을 수 있듯이 삶과 일에서도 표류는 바람직한 방식이 아니다.

표류의 비용

• • •

어떤 행동을 취했으나 목표를 효율적으로 실현하지 못했다면, 때로는 그 행동이 도리어 목표를 방해했다면, 우리는 거기에 쓴 시간과 돈과 놓쳐버린 기회만큼 손해를 본 셈이다. "우리는 원래 이렇게 한다"라는 비싼 문장의 가장 분명한 비용은 돈과 시간과 기회다.

돈 낭비

당신 주변에 세일을 사랑하는 사람이 있다면 '세일 중'이라는 말이 얼마나 비싼지 알 것이다. 원래 사려고 생각했던 물건을 싸게 사는 경우라면 그건 분명 절약이고 전혀 문제가 없다. 그러나 사람은 때로 생각 없이 물건을 산다. '40퍼센트 가격 인하'라든가 '원플러스원' 행사를 지나치지 못하고 신용카드를 꺼낸다. 그 물건이 장보기 목록에 없는데도 말이다. "가격이 너무 괜찮아서 안 살 수 없었다"라는 말을 몇 번 하고 나면 사놓고 잘 입지도 않는 옷들이 옷장을 가득 채우고 있다. 목적 없는 무의미한 행동을 정당화한다는 점에서 "우리는 원래 이렇게 한다"라는 말도 그와 똑같지 않을까?

내게 필요 없는, 혹은 별로 갖고 싶지도 않은 뭔가를 산 뒤 돈을 절약했다고 하는 것은 말이 안 된다. 나는 돈을 아끼기는커녕 돈을 썼다. 나의 필요나 목적과 전혀 관계없는 상품을 샀다면 나는 돈을 버린 것이다.

시간 낭비

내가 아는 한, 대부분의 팀이 돈을 쓰는 구매에는 꽤 신중하다. 이를테면, 당신의 회사가 100만 원짜리 장비나 소프트웨어 패키지를 구매하려고 한다. 아무리 작은 회사라도 100만 원이 큰돈은 아니다. 하지만 CEO가 "이 지출 건은 뭔가요? 우리에게 이 장비가 왜 필요하죠?"라고 묻는다면 아마도 구매 담당자는 준비해둔 타당한 답변을 내놓을 것이다. 즉, 그만한 돈을 그 물건에 투자하는 데는 말로 분명히 표현할 수 있는 이유가 있다.

우리는 흔히 시간을 쓰는 데는 돈을 쓰는 데만큼 신중하지가 않다.

100만 원짜리 물품을 살 때는 어떻게든 충분한 근거를 찾아내는 반면, 수백만 원에 해당하는 우리 자신의 시간을 쓸 때는 그 가치에 걸맞은 검토 과정을 쉽게 생략한다.

대부분의 사업체는 일정한 절차에 따라 예산을 짜면서, 우선순위가 높은 순서대로 해야 할 일과 중요한 일에 자금을 배정한다. 어쩌면 우리는 앞으로 다가올 하루하루와 한 주 한 주의 시간에 대해서도 예산을 편성하듯 계획을 짤 수도 있겠다. 그러나 시간은 돈에 비해 훨씬 더 수동적으로 쓰인다. 즉, 아무 결정을 내리지 않고 아무 조치를 취하지 않아도 시간은 계속 흘러간다. 우리가 목표에 맞추어 시간을 능동적으로 조직하지 않고 "우리는 원래 이렇게 한다"라는 태도로 일할 때는 습관과 일과만으로도 하루가 쉽게 채워진다.

혁신 실패

혁신의 반대 개념은 '이제까지 하던 대로 하는 것'이라고 할 수 있다. 관례에 의존하는 사람은 능률을 개선하거나 퀄리티를 높일 기회를 보고도 무시한다.

혁신이 꼭 절약으로 이어지진 않는다. 또 과거의 방식을 고수하는 것이 꼭 비용 부담으로 이어지진 않는다. 예컨대, 어떤 사람은 GPS 안내보다 실물 지도를 선호할 수 있다. 제시간에 목적지에 도착할 수 있고 그 과정을 즐긴다면 그에게 현대 문물을 받아들이라고 강요하긴 어렵다. 때로는 한 부문의 구성원 전체가 혁신에 저항하기도 한다. 한 예로, 변호사들은 다른 분야보다 훨씬 늦게 워드프로세서와 이메일을 활용하기 시작했다. (시간당 요금을 받는 직업이기 때문이었을지도?) 하지만 업계 전반이 더디게 변화했기에 어느 한 사람이 구식 소통법을 고수한다고 해서 대단한 불이익을 받진 않았다.

이와 달리, 경쟁이 치열한 분야에서는 새로운 도구를 뒤늦게 채택하는 것이 상당한 손실로 이어질 수 있다. 소셜미디어를 통해 팬들과 소통하려 하지 않는 레스토랑은 특별 이벤트나 프로모션을 효과적으로 알리지 못한다. 새로운 자동화 공정을 도입하지 않는 제조업체는 인건비를 절약하여 더 싼값에 상품을 생산하는 경쟁자에 뒤처진다. 룰이 바뀐 뒤에도 전략을 수정하지 않는 스포츠 팀은 새로운 룰을 활용하는 경쟁자들에게 패배한다.

몰입도와 목적의식

생각 없는 관성으로 인한 가장 막대한 손실은 팀 퍼포먼스에서 발생한다. 1990년대 중반에 등장한 '직원 몰입도' 개념은 지금까지 여러 분야에서 심도 있게 연구되어왔다. 자신의 업무가 얼마나 중요한지 알고 믿는 직원이 일을 더 잘한다는 사실은 그 자체로 명백한 듯한데, 몰입도와 수익성의 높은 상관관계는 수많은 연구를 통해서도 사실로 입증되었다.[19]

대니얼 핑크는 『드라이브Drive』에서 이렇게 말했다. "진정한 동기는 내가 하는 일이 중요하다는 목적의식에서 나온다." 당신 팀의 어느 한 사람이 어떤 한 업무라도 그저 하던 대로 하고 있다면 그들은 자신의 기여가 왜 중요한지 모르는 것이다.

최대의 능률은 모든 팀원이 업무의 목적과 가치를 이해할 때만이 실현될 수 있다. 직업인은 자신이 하는 일이 왜 중요한지 알아야만 한다. "우리는 원래 이렇게 한다"라는 비싼 문장을 해체하는 방법은 간단하다. "내가 이 일을 왜 하지?"라고 묻고 대답하는 것이다. 이제부터 그 방법을 자세히 살펴보자.

그 일을 하는 이유를 말하라

• • •

"우리는 원래 이렇게 한다"는 이 책에 등장하는 아홉 종류의 비싼 문장 중 누구나 가장 쉽게 알아들을 수 있는 말일 것이다. "그 정도는 우리가 직접 하자"라든가 "우리는 다르다" 같은 문장은 겉과 속이 다르고 긍정적 효과와 부정적 효과가 뒤섞여 있다. 반면에 어떤 일을 하는 이유가 "우리는 원래 이렇게 하니까"뿐이라면 그 누구도 찬성하지 않을 것이다.

내가 "우리는 원래 이렇게 한다"를 한 장으로 다루기로 한 것은 이 비싼 문장을 실제로 듣는 경우가 별로 없기 때문이다. 목적이 아니라 관례에 의존하는 방식은 우리가 생각하는 것보다 훨씬 더 큰 영향을 미친다. 그런데도 이 말을 소리 내어 하는 경우가 거의 없다는 점에서 우리도 모르는 사이에 큰 피해를 입을 수 있다.

우리는 꼭 필요한 일을 필요한 방식으로 해나간다고 믿고 싶어 한다. 그런 확신은 경험에서 나오기도 하고 이전의 성공에서 나오기도 한다. 하지만 주기적으로 확신의 근거를 확인하지 않으면 어느새 이유를 찾을 수 없게 된다. 또한, 자주 이유를 묻고 솔직하게 대답해보면 어느 시점엔가는 "우리는 원래 이렇게 한다"라는 표현이 나오기도 한다.

사람들은 왜냐고 묻길 싫어한다

우리는 가족, 모임, 팀 등 여러 인간관계에서 '왜'라는 말을 쓰지 않으려고 한다. 썼을 때의 반응도 그리 좋지 않다. 당신은 다음 두 질문을 얼마나 자주 듣는가? 또 어떤 상황에서 자주 듣는가? ① 그걸 왜 하는 것인가? ② 그걸 왜 그렇게 하는 것인가?

흔히 아이들은 끝없이 "왜?"라는 질문을 던진다. 그러면 짜증이 난 부모는 "이유 같은 건 없어"라든가 "질문은 나중에 해"라든가 "아빠가 하라면 하는 거야"라고 대꾸한다. 그래 놓고 어른은 아이들에게 "왜?"라고 이유를 추궁하곤 한다. "너 왜 카펫에 우유를 쏟았어?"

그런 질문에 뭐라고 대답하면 좋을까? 설마 아이가 "우유가 맛이 없어서" 또는 "카펫이 보기 싫어서"라고 대답할까? 사실 아이는 우유를 쏟을 생각이 전혀 없었을 뿐인데, 어쩌다 그렇게 되었을 뿐인데 말이다.

"왜?"라는 질문은 어린 시절을 떠올리게 한다. 특히 카펫에 우유를 엎질렀다가 혼이 난 슬픈 기억이 떠오른다. 스스로를 보호하고 싶은 기분이 들고, 내가 뭘 잘못했는지 더듬게 된다. 실제로 "왜?"라는 질문은 미숙함과 서투름, 부적절함, 무능력함, 나아가 나쁜 의도를 암시할 수 있다. 우리가 "왜?"라는 질문을 받기 싫어하고 다른 사람에게도 하지 않으려는 이유가 여기에 있다.

그러나 왜냐고 물어야 한다

"왜?"라는 질문은 대답을 요구한다. 딱히 의도나 이유가 없을 때마저도 의도나 이유를 설명해야 한다. 그런데 이유 같은 건 없다. 바로 이것이 우리가 "왜?"라고 물어야 하는 이유다. 조직에서 이루어지는 일에는 반드시 의도가 있어야 한다. 생각 없이, 목적 없이, 자동적으로 하는 행동이 있어선 안 된다. 모든 행동에는 목적과 목표가 결부되어 있어야 한다.

앞서 소개한 나의 경험을 다시 떠올려보면, 나는 분명히 클라이언트에게 왜 추가 승인 단계가 필요한지 물었다. 그때 내가 잘못한 것은 "청구서를 승인해야 하는 사람이 많으니까"라는 피상적인 대답을 그대로 받아들인 데 있었다. 나는 너무도 재깍 "아, 그러시구나!" 하고 넘어갔다. 최소한 한 번 더 "왜"냐고 물었어야 했다.

표면상의 이유를 그대로 받아들이면 당연히 더 편하다. 그럴만한 이유가 있겠거니 하고 짐작하는 편이 더 편하다. 그러나 이유를 자세히 들여다보지 않을 생각이라면, 에너지와 시간과 돈을 낭비할 리스크와 실패할 가능성을 전부 떠안아야 한다. "우리는 원래 이렇게 한다"라는 비싼 문장을 격파하는 유일한 질문은 "왜?"이다.

당신의 팀은 "왜?" 앞에서 어떤 표정을 짓는가?

관례 대신 목적을 따르는 법

관성이나 관례, 과거나 전적은 결코 탄탄한 기반이 되지 못한다. 우리가 마음 편히 발전하는 데는 의도와 목적으로 이루어진 확실한 토대가 필요하다. 모든 팀원의 퍼포먼스를 향상시키고 전략을 기준으로 행동의 가치를 검토할 수 있는 가장 효과적인 방법이 바로 이유를 묻는 것이다. 팀과 함께 행동의 근거를 재확인하고자 한다면, 다음 질문들을 시작점을 삼아보자.

1단계: 성가신 곳을 찾는다

문제는 발전의 계기다. "왜"냐고 물을 수 있는 기회다. 당신이 하고 있는 일이 팀의 목적과 긴밀하게 연결되어 있는지 확인하고 싶다면, 당장 해결해야 하는 성가신 문제에 주목해보자. 일의 목적을 재확인하는 것만으로도 문제가 해결되고, 때로는 문제 자체가 사라진다.

청구서를 처리하던 그 업체에는 까다로운 클라이언트가 한 군데 있었다. 우리는 그들의 요구대로 매달 별도의 보고서를 제공했지만, 그렇다고 관계가 딱히 나아지지도 않았다. 마침내 상사가 나에게 왜 그들에게 맞춤 보고서를 내고 있느냐고 물었다. 내 대답은 비싼 문장의 선물 세트와도 같았다. “우리는 원래 이렇게 하니까요. 고객은 언제나 옳잖아요. 그 정도는 내부에서 처리할 수 있고요. 이제 와서 거절하기엔 너무 늦은 일이고…….” 다행히 우리는 그 문제를 철저히 따져보면서, 보고서 제공을 중단해야 하는 여러 이유를 찾아냈다. 그리고 몇 달 뒤 우리는 클라이언트가 직접 사용할 수 있는 결산 프로그램을 개발했다. 우리가 그 일을 왜 하고 있는지 찬찬히 생각한 뒤 해결책을 궁리한 덕분에 문제를 완전히 없앤 것이다.

특히 고객 불만이나 상품 오류를 접수, 처리하는 팀에서는 반드시 문제 해결 과정에 “왜”라는 질문을 추가해야 한다. 어떤 문제가 왜 일어났는지 묻는 것만이 아니라, 팀이 그 일을 하고 있는 이유까지 물어야 한다. 그 활동이 팀의 목적과 분명히 연결되어 있다면 ‘하던 대로’ 하면 된다. 반면에 연관성이 잘 보이지 않는다면 불만이나 오류보다 훨씬 더 큰 문제가 드러난 셈이다.

2단계: 더 큰 질문에 대답한다

타당한 근거를 가지고 눈앞의 문제를 해결했다면, 이제는 한 걸음 뒤로 물러나 큰 그림을 바라볼 때다. 팀의 목적은 무엇인가? 팀은 왜 존재하는가?

회사의 비전 선언문이나 강령이 있다면 그것도 도움이 될 수 있다. 단, 우리가 그 안에서 찾아내야 할 것은 영감을 주는 멋진 말이 아니라 다음의 기본적인 질문에 대한 구체적인 답이다. 누구를 위해 일하는가? 고객을 위해 어떤 종류의 문제를 해결하는가? 어떤 방법으로 그 문제를 해결하는가? 경쟁자보다 잘하는 일은 무엇인가? 당신에게 성공의 기준은 무엇인가?

이 질문들이 하나의 명확한 답을 끌어내지 못한다면 그 회사는 (최소한 그 팀 수준에서는) 정체성과 전략이 모호한 상태라고 봐야 한다. 모두가 한목소리로 동의할 수 있는 간결한 대답이 나오기 전에는 이 다음 단계로 넘어가기가 어렵다.

3단계: 모두에게 듣는다

앞의 두 단계를 무사히 건너왔다면, 일단 안심해도 좋다. 당신의 팀은 공통의 정체성과 목적을 가지고 있기 때문이다. 이렇게 탄탄한 토대가 있으면 시간과 자원을 분배하는 방식을 더 효과적으로 판단할 수 있다.

팀의 리더가 진솔한 대화시간을 제안하여 팀이 현재 하고 있는 일과 그 방향에 대해 생각해보자고 할 때, 팀원들에겐 할 말이 많다. 이 기회를 알차게 활용하느냐 아니면 별 소득 없이 끝내느냐는 리더의 태도에 달려 있다. 수세적인 태도를 보이며 팀원에게 확신을 주지 못하는 리더는 팀원의 솔직한 목소리를 묵살하고 발전 기회를 놓치게 된다. 정직하고 개방적인 자세로 변화 의지를 보이는 리더는 좋은 아이디어를 끌어내고 팀원의 몰입도를 높일 수 있다.

새로운 눈의 힘

일을 하는 당사자로서는 어느 시점에 이유를 검토하면 좋을지 알기 어려울 수 있다. 패턴과 습관이 너무도 깊이 박혀 있어서 그 자리에 있는 사람 눈에는 보이지 않을 때도 있다.

그럴 때는 팀에 새로운 사람을 끌어들임으로써 배움의 기회를 얻을 수 있으며, 리더는 그런 기회를 의식적으로 찾아야만 한다. 모든 새로운 인물은 신선한 관점을 제공해주고, 기존 팀원이 익숙한 나머지 보지 못하는 것을 발견한다. 하지만 그 신입, '새로 온 그 사람'으로 불리는 상황에서는 그 누구도 자유롭게 질문을 던지기가 어렵다.

새로운 인물이 가져오는 기회를 헛되이 넘기지 말자. 새 팀원이 들어오면 그들이 발견하는 모든 사실과 그들이 품는 모든 의문을 팀에 알려달라고 적극적으로 요청해야 한다. 그들이 현 상태에 문제를 제기하도록 요구하고 기대해야 한다. 그러지 않으면 새로운 직원은 '여기서는 원래 이렇게 하는구나'라며 존재하지도 않는 이유를 속으로 짐작하면서 조직의 구태에 적응하게 될 뿐이다.

새 구성원과 마찬가지로 외부 컨설턴트는 상황을 다른 관점에서 볼 줄 안다. 컨설팅의 목적은 기존 관습에 의문을 제기하는 것이며, 컨설턴트는 평가하고 비판하는 일로 돈을 번다. 우리가 컨설턴트에게 요구하는 비판적인 생각과 문제 제기를 새로운 팀원 및 기존 팀원에게 요청하고 기대한다면 컨설팅 비용을 아끼는 효과까지 누릴 수 있다.

단 하나의 핵심가치를 찾아라

『습관의 힘Power of Habit』에서 찰스 두히그는 알루미늄 회사 알코아가 폴 오닐을 새 CEO로 임명했을 때의 일을 전한다. 오닐은 회사의 최우선 순위를 '안전'으로 정했다. 그는 아무리 사소한 일이라도 안전사고가 발생하면 무조건 자신에게 보고하라고 지시했다. 회사의 리더들은 사고가 발생하면 (사람의 실수로 인한 사고를 포함하여) 똑같은 일이 다시는 반복되지 않도록 계획을 마련했다.

당연히 오닐이 재임한 기간 동안 알코아에서는 안전수준이 눈에 띄게 높아졌고 사고가 거의 사라졌다. 이 사례에서 인상적인 대목은 이익도 함께 치솟았다는 점이다. 비용이 현저히 줄고, 퀄리티가 높아지고, 판매량이 상승했다. CEO의 안전강박 탓에 직원들은 회사의 전 공정을 상세하게 조사하고 더 안전하게 개선해야 했는데, 그러면서 (아마 의도치 않게) 효율과 예측 가능성까지 함께 높아진 것이다. 그뿐만 아니라 경영진과 일선 노동자 사이의 소통이 전보다 훨씬 더 원활해졌다. 그 결과는 혁신이었다. 직원들은 새로운 상품과 더 좋은 실행 방식에 관한 아이디어를 내놓았다. 또한, 경영진이 직원 안전의 중요성을 명시적으로 강조했으니 직원들의 업무 몰입도가 높아진 것도 당연했다.

안전에 대한 집중과 집착은 알코아에서 이루어지는 모든 종류의 업무와 행동에 목적을 부여했다. 그 밖에도 성공적인 기업들은 혁신, 고객 서비스, 실무 효율 등의 가치에 최우선 순위를 두고, 그 하나의 핵심가치에 어떻게 기여하느냐를 기준으로 모든 활동을 평가한다.

"왜"가 역사를 바꾸었다

"우리는 원래 이렇게 한다"라는 믿음이 한 산업, 한 나라, 한 학문 분야 전체에 침투했을 때, 리더들은 새로운 접근법에 허를 찔린다. 전쟁사에는 상상 밖의 기술을 구사함으로써 상대를 공포에 떨게 한 사례가 넘쳐난다. 미국 독립전쟁의 첫 전투에서도 그런 일이 벌어졌다. 잘 훈련받은 정규군인 영국육군은 벙커 힐에서 오합지졸이나 다름없는 조지 워싱턴의 신병부대와 맞붙었다. 워싱턴은 병사 수에서도, 무기와 탄약 면에서도, 훈련 수준 면에서도 자신이 불리하다는 사실을 잘 알고 있었다. 그래서 그는 유럽에서 오랫동안 가르치고 실행해온 전술을 사용하느니 새로운 방식을 선택할 수밖에 없었다. 워싱턴의 접근법은 충격적인 동시에 효과적이었다. 론 처노Ron Chernow가 쓴 전기 『알렉산더 해밀턴Alexander Hamilton』에 이와 관련한 묘사가 나온다.

> *"영국군은 식민지 부대의 비정통적인 전투법에 혼란을 느끼고 그들이 신사다운 교전 규칙을 따르지 않는 데 충격을 받았다. 분개한 한 병사는 미국 측 총병들이 '나무 같은 데 뒤에 숨어서 우리 측 병사들이 전진할 때까지 기다렸다가 총을 쏘고, 그러고 나면 또 곧장 뒤로 물러난다. 이렇게 불공평하게 전쟁을 하는 법이 어디 있는가!'라고 불평했다."*

우리는 다른 사람이 앞장서서 관례를 거부하고 혁신을 선택할 때 "이건 말이 안 된다. 어떻게 그런 식으로?"라고 본능적으로 반응한다. 벙커 힐의 영국군 장교들에게 "전쟁은 원래 이렇게 한다"라는 관념은 목숨을 요구하는 비싼 문장이었다.

"우리는 원래 이렇게 한다"는 말을 듣는다면

• • •

혹시 당신은 관행이나 타성에만 기대어 일하고 있는가? "우리는 원래 이렇게 한다"는 숨어 있는 믿음을 찾아내고 지금 당장 목적과 의도를 되찾는 방법을 소개한다. 언어에는 언어로 맞서야 한다. 다음 예시들은 비싼 문장의 방향을 바로잡고 생산적인 대화의 물꼬를 틀 수 있는 대응 방법이다.

"그래요, 우리는 전에도 여러 번 이 방식으로 일했어요. 그때는 그럴만한 타당한 이유가 있었죠. 하지만 지금 이 순간에도 그 이유가 적용된다고 할 수 있을까요? 혹시 더 좋은 방법이 있다면 그것을 선택해야 합니다."

"전통은 존중해야 마땅합니다. 하지만 우리 회사가 추구하는 것은 전통 자체가 아니라 사업 성공입니다."

"이 상황에서 '우리는 원래 이렇게 한다'라는 말은 우리가 당당하게 내세울 수 있는 이유일까요, 아니면 핑계일까요?"

"우리의 가장 큰 경쟁자 역시 우리처럼 일하고 있을까요? 그렇다면, 혹은 그렇지 않다면 그 이유는 무엇일까요?"

"우리가 이사회에서나 주주총회에서 그렇게 답해도 될까요? 가장 중요한 고객들을 '우리는 원래 이렇게 한다'라는 말로 설득할 수 있을 것 같나요? 그럴 수 없다면, 지금이야말로 우리가 정말 필요한 일을 필요한 이유에서 하고 있는지 검토해야 할 시점입니다. 익숙하고 편한 것에 안주해선 안 돼요."

반성과 논의를 위한 질문들

우리 모두는 행동의 목적을 잊기 쉬운 존재다. 당신의 팀이 생각 없이 일하기를 멈추고 목적의식을 찾고 싶다면, 다음과 같은 질문을 던지고 답을 논의해보자.

- 조직 문화

  왜 우리 팀은 지금과 같은 구조를 가지게 되었는가?

  왜 우리 팀의 직위는 지금과 같이 정해졌는가?

  왜 우리 팀의 보고 체계는 지금과 같이 되었는가?

  왜 우리는 특정 업무를 현재의 거래처들에게 맡기는가?

  왜 우리는 특정 업무를 내부에서 진행하는가?

- 회의와 소통

  왜 회의시간이 한 시간으로 정해져 있는가? 30분을 기준으로 하면 안 되는 이유가 있는가?

  왜 모든 회의에 협의 사항이 있는가/없는가?

  왜 전체 회의를 월요일(또는 다른 요일)에 하는가?

왜 회의를 지금의 빈도로 하는가?

왜 회의에 특정 직원들만 참석하는가?

왜 우리는 이메일에 답장을 하는가?

왜 우리는 전화를 거는 대신 이메일을 보내는가?

왜 우리는 화상회의를 이용하지 않고 출장을 가는가?

- 사무실의 관습

왜 사람들의 자리가 지금의 위치가 되었는가?

왜 개발 팀은 점심을 함께 먹는가?

왜 어떤 사람은 재택근무를 하고 어떤 사람은 사무실에 나와 일하는가?

왜 우리는 컨퍼런스에 참가하는가?

왜 우리는 이런 방식으로 광고를 하는가?

왜 우리는 이런 훈련을 하는가/하지 않는가?

기존 방식에 얽매이고 목적의식을 잃는 것은 비즈니스 세계만의 문제가 아니다. 다른 영역에 대해서도 다음과 같이 질문을 던지고 답을 찾아보자.

- 학교

왜 교사는 특정한 종류의 교육을 받아야 하는가?

왜 학교의 수업일은 지금과 같이 정해져 있는가?

왜 우리는 방학을 두고 있는가?

왜 우리는 시험을 보는가?

왜 성적표가 존재하는가?

• 신앙

왜 우리는 경전을 읽는가/읽지 않는가?

왜 사람들은 지금 그 자리에 앉는가?

왜 우리는 노래를 부르는가?

왜 우리는 다른 노래가 아니라 그 노래들을 부르는가?

왜 특정한 날에 특정한 의식이 행해지는가?

왜 어떤 의식은 지금과 같은 길이로 행해지는가?

• 가족

왜 우리는 휴가를 갖는가?

왜 우리는 휴가 때 여행을 가는가?

왜 우리는 다른 사람의 가족과 함께 시간을 보내는가/보내지 않는가?

왜 우리는 이 지역에 사는가?

왜 아이들은 지금과 같이 방을 쓰게 되었는가?

왜 우리는 함께 식사를 하는가/하지 않는가?

왜 우리는 토요일/일요일을 지금과 같이 보내는가?

왜 어머니/아버지는 일을 하는가?

왜 우리는 함께 텔레비전을 보는가/보지 않는가?

왜 집 안에 음악이 들리는가/들리지 않는가?

- 개인의 습관

왜 나는 소셜 미디어를 사용하는가?

왜 나는 이메일을 지금과 같은 습관대로 확인하는가?

왜 나는 특정한 TV 드라마를 시청하는가?

왜 나는 특정한 음악을 듣는가?

왜 나는 지금과 같이 여가시간을 보내는가?

위 질문들을 읽어 내려가다가 어느 순간 방어적인 기분이나 부끄러운 느낌을 받았을지도 모른다. 그러나 나는 결코 당신의 상황을 떠올리며 질문을 작성하지 않았다고 맹세한다. 안심해도 좋다! 당신의 습관을 돌아보고 기준을 다시 세울 기회가 여기 있을 뿐이다. 가족이나 팀과도 함께 위 질문들을 던지면서 집단의 가치를 재확인하고 목표를 분명히 세우자. 다시 한 번 내 삶의 주인이자 주인공이 되기로 하자.

가정과 교회에서는 전통에 의존하고 혁신을 불편해하는 경향이 강하게 나타날 수 있다. 하지만 어떤 활동의 기원과 목적을 다시 살피는 것이 곧 그것을 의심하고 밀어내는 것은 아님을 기억하길 바란다.

우리는 활동의 이유를 철저하게 검토한 뒤 오히려 더 강한 목적의식을 느낄 수 있다.

관성에 맞서는 세 가지 주문

• • •

이번에서 구체적인 상황을 설정하여 목적의식과 활동의 근거를 확인하는 방법을 알아보자.

우선 목적의식을 확인하는 간단하면서도 효과적인 방법을 하나 소개하겠다. 이 기법의 이름은 "멈추자, 시작하자, 계속하자"이다. 이 연습은 팀이 함께 할 때 가장 효과적인데, 맨 처음에는 팀원 각자가 다음 질문에 대해 대답해야 한다. 우리 팀이 지금 하고 있는 일 가운데 멈추어야 할 것은 무엇인가? 우리 팀이 지금 하지 않고 있는 일 가운데 시작해야 할 것은 무엇인가? 우리 팀이 지금 하고 있는 일 가운데 계속해야 할 것은 무엇인가?

팀에 이 연습을 제안할 때는 특정한 범위나 조건을 두지 않고 생각하는 바 그대로 대답하게 하는 편이 좋다. 그러라고 던지는 질문이다.

각 팀원이 질문에 답을 찾았다면 이번에는 팀 전체가 모여 답을 비교하도록 한다. 그러면 모두가 방향 전환을 강력하게 원하는 영역이 분명하게 드러나기도 하고, 최선의 방법에 대해 각자 다른 견해를 가지고 있었음이 밝혀지기도 한다. 위 질문에 대한 답변 하나하나에는 나름의 의미가 들어 있다. 그 안에서 행동과 목적을 연결하는 방법, 관성의 지배에서 벗어나는 방법을 찾아보자.

여섯 번 왜냐고 묻기

앞에서도 여러 번 강조했듯이 "왜?"라는 질문은 행동의 목적을 재확인하는 가장 효과적인 방법이다. 내가 이끌었던 CEO 모임에서는 '6×왜'라는 리더십 연습이 특히 좋은 호응을 얻었다. 그 방법은 다음과 같다. 먼저, 질문을 받을 사람에게 "어제 오후 세 시에 무슨 일을 하고 있었는가?"라고 묻는다. (시각은 달라도 상관없다. 근무시간의 한 시점을 고르면 된다.) 그러면 상대는 이런 식으로 대답할 것이다.

"어제 오후 세 시에 나는 크리스에게 이메일을 쓰고 있었습니다."

그러면 내가 묻는다.

"그게 왜 중요한 일이죠?"(1)

"크리스는 기술팀 팀장인데, 난 우리 제품의 인터페이스를 개선할 방법을 알려주려고 했습니다."

"그게 왜 중요한 일이죠?"(2)

"요즘 인터페이스의 그 부분이 느려졌기 때문입니다."

"그게 왜 중요한 일이죠?"(3)

(슬슬 상대가 짜증을 낼 만하다.)

"속도가 느려지면 고객들이 우리 제품을 사용하지 않을 가능성이 커지기 때문이죠."

"그게 왜 중요한 일이죠?"(4)

(조금만 더 버티자.)

"클라이언트는 우리 회사의 소프트웨어를 사용함으로써 좋은 결과를 얻고 시간을 아끼기 때문입니다."

"그게 왜 중요한 일이죠?"(5)

(이제 고지가 눈앞에 보인다.)

"고객이 우리 제품을 이용해서 일을 더 빨리, 수월하게 할 수 있다면 부담이 줄어들기 때문입니다."

"그게 왜 중요한 일이죠?"(6)

(드디어 마지막 질문!)

"그래야 우리 고객들이 더 중요한 업무에 집중할 수 있고 더 즐거운 여유 시간을 누릴 수 있기 때문입니다."

이 사람이 기술팀 직원에게 보낸 이메일은 대단한 것이 아니다. 사실 오후 세 시는 우리가 흔히 평범한 일을 하고 있을 시각이 아닌가? 그러나 몇 번의 질문만으로도 우리는 그 평범한 행동을 회사의 존재 이유와 서비스의 목적에 연결시킬 수 있다.

'여섯 번 왜냐고 묻기'는 우리가 평소에 하는 다소 귀찮은 일이 실은 얼마나 중요한지 알려주고 또 그만큼 업무 몰입도를 높여준다. 만일 이 연습에서 나오는 답이 시원찮다면 더 심각한 문제를 의심할 만하다. 둘 중 어느 쪽이든, 우리가 여섯 번의 "왜?"에 솔직하게 대답한다면, 그로써 생각 없이 하는 행동들을 골라낼 수 있다면, 이 연습의 가치는 충분하다.[20]

3부

아깝다!

Vs

정말 아까울까?

• • •

당신은 충분히 가졌는가? 하고 싶은 일에 필요한 만큼 시간과 돈과 자원을 충분히 가지고 있는가? 아니면 무언가가 부족해서, 혹은 왠지 부족할 것 같아서 쉽게 결정을 내리지 못하는가?

경제학의 핵심은 희소성에 있다. 자원은 한정되어 있다. 모든 인간의 필요와 바람을 충족하기엔 부족하다. 바로 이 사실이 모든 종류의 경제학을 관통하는 기본 토대다. 자원 중에는 더 희소한 것이 있고, 유용한 자원은 희소할수록 비싸다.

희소성 원칙은 상식 차원에서부터 확인된다. 이를테면, 금은 나무보다 훨씬 구하기 어렵기 때문에 나무보다 가치가 높다. 부동산도 마찬가지다. 어느 한 시점에 샌프란시스코에서 매매 가능한 침실 네 개짜리 집이 100채 있다고 하자. 그 수가 줄면 가격은 올라가게 되어 있다.

자원은 한정되어 있다는 것도 자명한 사실이다. 당신의 냉장고에는 딱 그만큼의 음식이 있고, 은행 계좌에는 딱 그만큼의 돈이 있다. 당신은 모든 사람에게 음식을 베풀 수 없고 모든 것을 살 수 없다.

그러나 희소성을 좀 더 자세히 들여다보면 그것이 절대적인 기준은 아님을 알 수 있다. 시장에서는 금이 나무보다 가치가 높다지만, 의자를 만들거나 불을 피우려는 사람에겐 나무가 더 가치 있다. 같은 자원이라도 상황에 따라 가치가 달라진다. 마찬가지로, 우리가 지금 가진 자원으로 모든 일을 할 순 없겠지만, 어떤 일 정도는 충분히 할 수 있지 않을까?

'충분하다'는 것도 참 알기 어려운 감각이다. "돈이 충분히 많다는 것은 어느 정도일까요?"라는 질문에 세상에서 가장 부유했던 남자는 이렇게 답했다고 한다. "지금보다 조금 더 많은 것이죠." 존 D. 록펠러가 실제로 이 말을 하진 않았더라도, 지금까지 많은 사람이 그렇게 생각하며 살아왔다.

하지만 유독 탐욕스럽고 야심 큰 사람만이 현재보다 더 많은 것을 원하던가? 우리는 스스로 어느 정도를 경제적으로 충분하다고 생각하는지, 그 기준이 확고한지 아니면 쉽게 달라지는지 돌아볼 필요가 있다. "충분하다는 건 어느 정도일까?"라는 질문에 우리가 내놓는 답은 10년 전, 20년 전과 같을까, 아니면 다를까? 우리가 부족하다고 느끼는 돈을 지구 저편(혹은 도시 저편)의 누군가는 충분하고도 넘친다고 여길 수도 있다.

'충분함'은 움직이는 표적이다. 돈은 물론 그 밖의 많은 것이 그렇다. 테크놀로지를 생각해보자. 수십 년 전에는 텔레비전이 환상적이고 미래적인 물건이었지만 곧 평범해졌고 이제는 낡아버렸다. 컴퓨터의 처리 속도와 저장 능력은 10년 전 우리에게 필요했던 수준을 한참 넘어 이제는 충분한 정도가 아니다.

한마디로, 희소성은 절대적인 특질이 아니라 다음 두 질문에 의해 결정되는 상대적인 상태다. ① 내가 가진 자원의 가치는 얼마인가? ② 어느 정도면 충분한가?

두 질문은 과학이 아니라 주관의 영역에 속한다. 즉, 희소성은 경제적인 수치, 객관적인 사실만으로 설명할 수가 없다. 오히려 관점의 문제일 때도 많다. 다시 말해, "당신은 충분히 가졌는가?"라는 질문에 대한 답은 우리가 실제로 가진 것뿐만 아니라 우리의 인식과 생각에 따라서 달라진다.

부정적인 생각도 힘이 세다

이 시점에서 당신은 이 책이 경제경영서인지 자기계발서인지 혼란을 느낄지도 모르겠다. 나에게는 고마운 이야기다. 자기계발서 쪽이 더 잘 팔리기도 하거니와 사람들이 더 즐겨 찾고 도움을 얻으니까. 또한 지금까지 자기계발 분야에서는 다양한 세계관을 가진 저자가 인식의 중요성에 대해 비슷한 결론에 도달했다. 이른바 '생각의 힘'이다. 긍정적인 사고는 힘이 세다(대중 심리학). 말하는 대로 이루어진다(성공학). "구하라 그러면 너희에게 주실 것이다(기독교 서적)." 원하는 것을 구체적인 장면으로 상상하라(스포츠 심리학).

이러한 콘셉트는 생각의 힘을 전면에 내세우면서, 상황 그 자체보다도 우리가 그 상황을 어떻게 생각하느냐가 더 중요하다고 강조한다. 우리는 『마태복음』에 기록된 예수의 말씀도 새로운 시각에서 바라볼 수 있다. "가진 사람은 더 받아 넉넉하게 되겠지만 못 가진 사람은 그 가진 것마저 빼앗길 것이다."21

일단, 도덕을 설파하는 선생이 '가진 자'와 '못 가진 자'를 이런 식으로 맞세운다는 것이 좀 당황스럽다. 어쩌면 부자는 더 부유해지고 빈자는 더 가난해진다는 현실을 시니컬하게 표현한 것인지도 모르겠다. 이건 우리가 선택할 수 있는 일일까? 아니면 바꾸기 어려운 운명일까?

3부에서 우리는 '부족하다' 또는 '아깝다'는 상황에서도 우리가 얼마든지 다른 길을 선택할 수 있다는 사실을 알아볼 것이다. 우리에겐 '아까움'을 인정할 권리도 있지만 거절할 권리도 있다. 넉넉함을 찾으면 넉넉함이 보인다. 또한 어떤 신비로운, 영적인 노력이 아니라 실용적인 방법과 상식적인 통찰을 함께 동원함으로써 희소성을 벗어나 더 넉넉해지는 방법을 살펴볼 것이다.

희소성을 격파하면 넉넉해진다

어떤 일을 바로잡는 첫 단계는 일단 멈추는 것이다. 우리는 올바른 판단을 통해 선택의 범위를 넓힐 수도 있고, 반대로 잘못된 생각 때문에 더더욱 막다른 골목에 몰릴 수도 있다. 부정적인 사고방식은 문제를 더 크게 만들 뿐이다. 이에 관한 한 노인의 격언이 있다. "내 인생엔 아주 많은 문제가 있었다. 하지만 그 대부분은 한 번도 일어나지 않았다."

우리가 부족함 때문에 애태우는 것은 아직 현실에 나타나지 않은 문제들을 걱정하기 때문이다. 일이 잘못될 가능성에 몰두하여 스스로 암울한 시나리오를 쓰다 보면 그 걱정이 자기실현적 예언이 되고 만다.

먹을 것이 가득한 냉장고를 열어 보고 "먹을 게 하나도 없네"라고 말하는 사람이 있다. 200개가 넘는 TV 채널을 훑으면서 "왜 볼 게 하나도 없지?"라고 하는 사람이 있다. 이처럼 사람은 자신에게 주어진 선택지를 낮춰 보고 무시하면서 선택지가 부족하다고 여기는 경향이 있다. 가정에서나 직장에서나, 개인 차원에서나 팀 차원에서나 그런 편향이 얼마나 자주 나타나는지 모른다. 3부에서 우리는 '부족하다' 또는 '아깝다'는 관념에서 비롯되는 몇 가지 구체적인 신화와 그 만만치 않은 비용을 자세히 들여다볼 것이다.

첫째, "그 사람 없으면 안 된다." 당신에게 없으면 안 되는 직원이나 거래처, 친구가 있는가? 삶에나 일에서 대체 불가능한 존재가 있는가? 우리가 그들 '없이 못 사는' 이유를 하나하나 짚어 보면 사실은 더 많은 것을 넉넉하게 누릴 수 있음을 깨닫게 된다.

둘째, "고객은 언제나 옳다." 훌륭한 서비스를 표방하는 일부 기업에 절대적인 말씀으로 통하는 문장이다. 그러나 이 관념은 초과 비용과 전략 약화로 이어질 수 있으며, 의도와는 다르게 많은 고객의 불만을 살 수 있다. 그 뿌리에는 우리에겐 고객이 '부족하다'는 두려움이 있다.

셋째, "그 정도는 우리가 직접 하자." 꼼꼼하게 아끼려는 방법이 오히려 비용 초과, 퀄리티 저하를 초래한다. 팀에서 너무 많은 과제를 내부에서 해결하려 하는 이유는 바깥세상에 전문가가 넘쳐난다는 사실을 무시하기 때문이거나, 무엇이 가장 희소한 자원인지를 잘 모르기 때문이다.

이 세 문장은 모두 어느 정도의 진실에 닿아 있지만, 결정을 잘못된 방향으로 밀어붙일 가능성도 충분하다. 이 문장들을 바로잡는 순간, 부족함이 넉넉함으로 바뀐다.

르브론 제임스와 마이클 조던이 나타나기 전, 농구계 최고의 슈퍼스타는 줄리어스 어빙이었다. 그는 다른 선수들은 보지 못하는 길을 찾아내어 바스켓에 도달하는 마법 같은 기술을 여러 번 보여주었다. 한 인터뷰에서 질문자가 그의 화려하고 놀라운 동작들에 대해 물었을 때 어빙은 자신이 다른 선수들과 똑같은 방법을 쓰지만 딱 하나 다른 점이 있는 것 같다고 대답했다. "저는 공을 다룰 때 언제나 틈을 찾았습니다. 다른 선수들 눈에는 보이지 않는 틈이 나에겐 보였달까요."22

그 틈을 알아보는 사람은 결코 부족함을 느끼지 않는다.

7장 "그 사람 없으면 안 된다"는 말

"그 사람 없었으면 어쩔 뻔했나요?"

"다른 업체는 그렇게 못합니다."

"난 도저히 그 사람과 못 헤어지겠어."

"그들에겐 독보적인 기술이 있습니다."

1,000피스짜리 퍼즐을 완성해본 적 있는 사람은 마지막 조각을 맞춰 넣었을 때의 그 어마어마한 만족감을 알 것이다. 드디어 모든 것이 제자리를 찾았다. 이제 한 걸음 물러나서 완성된 그림을 감상하면 된다. 이 얼마나 평화롭고 아름다운 광경인가!

그런데 퍼즐을 거의 다 완성할 때쯤, 1,000개의 조각 중 마지막 한 조각이 보이지 않는다면? 누구라도 황당하고 절망스러울 것이다. 바로 그 모양, 그 무늬를 가진 조각이 있어야 퍼즐을 완성할 수 있기 때문이다. 그 조각이 아니면 안 된다. 대체 불가능하다!

우리는 우리가 속한 팀을 대체 불가능한 개인으로 이루어진 퍼즐이라고 생각할 때가 많다. 물론 꾸준히 좋은 성과를 내는 동료들과 일하는 것은 행운이고 기쁨이다. “○○씨 덕분에 우리가 이 일을 해냈어”와 같은 긍정적인 평가가 필요한 경우도 분명히 있다. 그러나 누군가가 ‘일 잘하는 사람’을 넘어서 ‘대체 불가능한 사람’이 되었을 때, 위험한 도박이 시작된다. 팀을 구성하는 요소 중 어느 하나가 그런 지위에 올라섰을 때, 그 팀에는 약점이 생긴 것이다. 그 요소가 직원이든, 컨설턴트든, 거래처든, 아니면 상품이나 테크놀로지든 간에 말이다.

대체 불가능하다는 이 믿음은 다음과 같이 다양하게 표현된다. “우리 거래처 요금이 시세보다 많이 비싼 건 사실이죠. 하지만 그 기술을 보유한 유일한 곳이니까요.” “그래요, 그 직원은 아무래도 우리 회사에 어울리지 않습니다. 하지만 그 사람만큼 우리 소프트웨어를 잘 아는 사람이 또 있나요?” “그분이 클라이언트에게 인기가 없는 건 사실입니다. 하지만 이 업계에서 가장 유명한 영업자인걸요.” “이 시스템은 너무 느리고 무거워요. 하지만 데이터를 처리할 방법이 달리 없잖아요?”

이 문장들은 그저 어떤 일을 해나가는 데 이런저런 현실적인 비용과 타협이 필요하다는 뜻이 아니다. 그 이면에는 우리 거래처가, 그 직원이, 그분이, 이 시스템이 대체 불가능하다는 뜻이 들어 있다.

대체 불가능하다는 착각의 비용

• • •

누군가가 '대체 불가능한' 사람이 되었을 때, 그로 인해 발생할 수 있는 손실은 돈 낭비, 퀄리티 저하, 사업 운영 차질, 팀 결속 와해 등 한둘이 아니다. 그런데 이 모든 비용의 원인은 단 하나, 희소하다는 믿음에 있다.

뭔가가 희소하다, 부족하다, 아깝다는 느낌은 그것이 실제로 희소할 때에 못지않게 판단에 영향을 미친다. 어떤 사람이 너무도 특별한 자격을 갖추고 있기에 대체 불가능하다고 믿을 때, 우리는 그에게 가장 큰 희소가치를 부여하게 된다.

로맨스 영화에는 희소성이 멋지게 작용한다. 클라이맥스에서 주인공이 "나에겐 당신밖에 없어!"라고 외칠 때, 그는 투명함 그 자체, 약점 그 자체가 된다. 그는 사랑하는 사람의 자비에 제 운명을 내맡긴다. 그를 받아들일지 말지 결정할 권한은 오직 한 사람에게 있는 것이다. 그런 장면은 볼 때마다 감동적이다. 세상에 단 한 명인 내 짝을 찾았다니, 얼마나 아름다운 이야기인가!

그러나 비즈니스 세계에서는 그 누구도 그런 입장을 원하지 않는다. "이 일을 할 수 있는 건 그 사람뿐이야"라는 말은 상대의 희소성을 명시적으로 선언하는 것이다. 의식적으로든 무의식적으로든, 어떤 거래처나 직원이 대체 불가능하다고 믿을 때 우리는 상대의 일방적인 지배력을 인정할 수밖에 없다. (배경에 로맨틱한 음악이 깔리고……) "당신이 원하는 거라면 뭐든 해줄게. 뭘 요구해도 좋아. 나는 언제까지나 당신을 도울 거야"라고 말하게 되는 것이다. (그리고 당신은 지갑을 꺼낸다.)

이 불공평한 관계에서 연상되는 영화 장르가 또 있다. 은행털이가 나오는 서부극이다. 영어에서 은행이나 열차를 습격하는 강도를 '홀드업holdup'이라고 하는데, 흥미롭게도 경제학에서는 거래를 할 때 터무니없는 값을 부르는 상황을 '홀드업'이라고 한다. 어느 한쪽이 다른 쪽에게 사실상 모든 것을 요구할 수 있는 이런 권력 관계를 또 다른 관용어로 '인질로 잡히다held hostage'라고 한다. 아무리 가벼운 관계에서도 인질로 잡히면 시간과 기회가 낭비될 위험이 커진다. 필요 이상의 돈을 지불해야 할 수도 있다. 이 장 후반부에서 알아보겠지만, 웃돈을 내는 것이 합리적일 때도 분명 있지만, 잘못 전제된 희소가치에 대해서는 아니다.

희소성과 퀄리티 저하

우리가 직원이나 거래처가 대체 불가능하다고 믿을 때, 그 영향은 청구서에만 나타나지 않는다. 덜 분명하긴 해도 퀄리티에도 위험이 나타난다.

어떤 팀원이 "우리는 ○○씨를 놓쳐선 안 됩니다"라고 말할 때, 그

뜻은 ○○가 지금까지 일을 아주 잘해왔다는 뜻이다. 어쨌든 우리는 일을 못하는 직원이나 거래처에 대해서는 '놓친다'는 말을 쓰지도 않는다. 그러나 현재 시세를 알아보지도 않고 시장 가격을 책정할 수 없듯이, 제한된 정보만 가지고 한 사람의 퍼포먼스를 극상으로 평가해서는 좋은 결과를 얻을 수 없다.

일부 직종에서는 성과 평가 기준을 쉽게 확보할 수 있고 그 방법도 쉽고 구체적이다. 그런 분야에서는 판매량, 속도, 고객 만족도 조사와 같은 명백한 숫자와 데이터가 성공을 판별해준다. 반면에 성공의 성격이 더 정성적이고 주관적인 분야에는 퀄리티가 명확하게 파악되지 않는다. '대체 불가능한 사람'이라는 명함을 들고 다니는 사람에 대해서는 더더욱 그러하다.

맹점은 누구에게나 있다

나는 기업 리더들이 자기 회사와 일하는 컨설턴트의 통찰력과 능력에 대해 입이 마르도록 칭찬하는 것을 자주 본다. 그럴 때는 자제력을 발휘해야 한다. 나는 협업자나 거래처를 보기 드문 능력자로 미화하고 신뢰할 때의 위험이 얼마나 큰지 잘 알며, 30퍼센트 더 적은 돈으로 같은 일을 맡아줄 사람을 일주일 안에 얼마든지 찾아내서 소개해줄 수 있다. 그러나 그런 CEO에게 그 훌륭한 거래처를 쉽게 교체할 수 있다고 말하는 것은 어머니가 자식더러 못생겼다고 말하는 것이나 다름없다. 사실이든 아니든, 끝이 좋을 리 없다.

직접적인 접근법이 쓸모가 없으므로, 나는 그 업체에 맹점이 있을 가능성은 없는지 묻는다. 그 사람이 미처 모르는 그 분야 최신 상품이나 기술은 없을까?

이런 식으로 살짝 찌르기만 해도 저항이 뒤따른다. 그 일 잘하는 사람이 제 분야의 중요한 사안을 모른다고는 상상조차 할 수 없는 것이다. 그러나 스포츠 세계에서 목격된 다음 세 가지 사실을 생각해보자. ① 세계 정상급 골퍼에게도 코치가 있다. ② 아이스하키를 실내에서 하게 된 것은 1875년의 일이다. ③ 북미아이스하키리그NHL에서 골키퍼가 경기 중에 마스크를 쓰게 된 것은 1959년의 일이다.

이 사실에는 두 가지 중요한 교훈이 들어 있다. 첫째, (①을 보건대) 프로 선수들도 남의 도움을 받아 발전할 수 있다는 것을 안다. 외부인은 다른 관점에서 다른 무언가를 볼 수 있고, 그 분야 최고의 선수라도 자신이 모든 것을 알고 있지는 않으며 부단히 발전해야 한다는 사실을 안다. (아마도 그것을 알기에 최고의 선수가 되지 않았을까 싶다.)

둘째는 (②와 ③을 보건대) 당연한 사실일수록 깨닫기 어렵다는 교훈이다. 아이스하키 골키퍼는 100년이 다 되도록 시속 150킬로미터 속도로 날아드는 돌덩이처럼 딱딱한 퍽을 맨 얼굴로 받아야 했다. 얼마나 많은 선수가 눈에 멍이 들고 이가 부러진 뒤에야 해결책이 도입되었을까? 이처럼 우리는 문제를 해결할 간단한 방법이 있는데도

가만히 당하고만 있을 때가 꽤 있다.

우리는 자신이 뭘 모르는지를 모른다. 그뿐만 아니라, 다른 사람이 뭘 모르는지도 모른다. 그러니 누군가가 그 자신이 몸담은 분야에서 일어나는 일을 전부 파악하지는 못한다는 말은 결코 모욕이 아니다. 보편적인 진실일 뿐이다. 어떤 전문가의 지식이나 안목을 과대평가할 때, 우리는 최신 흐름을 놓치거나 다른 유익한 관점을 활용하지 못하는 위험을 자초하게 된다.

희소성과 실무 중단

'대체 불가능한 사람은 다른 사람으로 대체할 수 없다.' 동어반복 같은 말이긴 하지만, 누군가를 대체 불가능한 존재로 믿을 때 발생하는 또 하나의 문제가 여기에 있다. 그 사람이 정말로 사라진다면 어떻게 할 것인가?

과거에는 흔히 이런 식으로 물었다. "팀장이 버스에 치이기라도 하면 어쩌죠? 그럴 땐 우리가 어떻게 해야 할까요?" 좀 덜 끔찍한 상상으로 말을 바꾸어도 좋겠다. "팀장이 복권에 당첨되더니 이 일은 시시하다며 어디 좋은 섬나라로 가버리면 어떡하죠?"

가족이나 팀에서 키 플레이어가 사라진다고 생각해보라. 업무에 차질이 생기고, 가족의 일상이 흔들리고, 고객과의 관계가 약화되는 등 여러 실제적인 문제를 걱정할 수밖에 없다. 모든 팀이 모든 인원 변동에 대비하여 완벽한 대안을 세울 수 있는 것도 아니고, 그럴 필요도 없다. 하지만 인원이 바뀔 때 일어날 법한 현실적인 변화를 찬찬히 생각해보는 것도 도움이 된다.

우발 사태를 미리 염두에 두고 계획을 세울 때의 이점 하나는 보이지 않던 대안들이 하나둘 눈에 들어온다는 것이다. 우리가 마뜩잖은 미래를 억지로라도 그려보고 가능한 선택지를 파악할 때, 생각했던 것보다 많은 것이 분명해진다. "그 사람 없으면 안 된다"를 비롯하여 이 책에 등장하는 모든 비싼 문장의 가장 큰 폐해는 우리 앞의 선택지를 줄인다는 것이다.

부적응자의 비용

가격을 매길 수 없는 것의 가격은 어떻게 계산할 수 있을까? 없어선 안 될 무언가의 '대체 가치'는 어느 정도인가?

모든 것이 순탄하게 굴러가고 있을 때는 이런 질문이 상상에 불과하다. 그 비용도 그리 높지 않을 것이다. 그러나 당신에게 꼭 필요한 그 사람으로부터 갈등이나 불화가 시작될 때는 일이 복잡해진다. 가치가 너무도 큰 사람을 곁에 두기 위해선 아주 높은 비용을 감수해야만 한다. 이를테면, 회사 차원에서는 그 사람에게 지나치게 많은 급료를 주거나 지나치게 특별한 조건을 보장해야 하고, 팀 차원에서는 그 사람 때문에 전략이나 가치를 양보해야 하는 일이 생긴다. 최악의 경우, 그 사람을 붙잡으려다가 정작 팀에 필요하고 중요한 사람을 놓치게 된다.

나는 대체 불가능한 사람이 얼마나 비싼 값을 물릴 수 있는지를 잘 알고 있다.

너무 길어진 잘못된 만남

나는 서비스와 소프트웨어를 제공하는 중소기업에서 일한 적이 있다. 우리는 시대에는 뒤떨어졌지만 클라이언트의 오래된 시스템에 아직 쓰이고 있는 특정한 컴퓨터 프로그래밍 언어를 다루어야 했다. 사내에는 그 언어를 아는 사람이 한 명도 없었기에 CTO인 로버트가 일을 맡길 사람을 찾고 있었다.

그러던 어느 날, 로버트가 만면에 미소를 띠고 성큼성큼 내 사무실로 들어왔다. 그는 "드디어 사람을 찾았어요!"라며 우리에게 꼭 필요한 기술을 가진 사람의 이력서를 내놓았다. 그 사람의 이름은 루이스였다. 사는 곳은 저 멀리 다른 주였지만, 우리는 그를 이곳까지 불러서 면접을 보기로 했다. 면접 결과, 우리는 루이스를 컨설턴트로 고용하여 일부 업무는 회사에서, 일부 업무는 자택에서 원격으로 처리하기로 했다.

루이스는 상당히 별난 사람이었다. 기술 분야에는 그런 경우가 꽤 있었다. 그러나 몇 달이 지나면서 우리는 그의 별남이 팀원들을 불쾌하게 하고 있다는 사실을 인지했다. 당시 루이스는 여러 팀원과 갈등을 빚고 있었고, 아무래도 잘못은 주로 그에게 있었다. 사태가 점점 악화되어 기술팀 두 사람이 루이스 문제로 로버트에게 개인 면담을 신청했을 정도다. 그 시점에 CEO와 나는 로버트와 함께 의견을 나누었다. 그 자리의 대화는 대강 다음과 같다.

"루이스가 계속 문제를 일으키는 것 같군요. 그 사람, 우리 회사에 맞긴 맞는 걸까요?"

"그에게 문제가 있다는 건 저도 인정하지만, 일은 잘하는 사람입니다. 우리 회사에는 그 프로그래밍 언어를 아는 사람이 전혀 없죠. 그를 내보내선 안 됩니다."

두 달 뒤, 상황은 전보다도 나빠졌고 우리는 다시 한 번 똑같은 대화를 나누었다. 나는 로버트에게 루이스의 독자적인 기술이라는 것이 무엇인지 자세히 물었다. 그것이야말로 내가 그를 계속 참고 있는 이유였으니까.

"누구 다른 개발자가 루이스에게 배워서 일을 대신할 순 없는 건가요? 이쯤 되었으면 그 사람이 하는 일을 파악할 수 있을 법한데?"

이에 로버트는 그러려면 업무를 몇 달 전으로 되돌려야 하고 우리의 서비스 능력에 차질이 생길 것이라고 답변했다.

그렇게 또 넉 달이 지나갔다. 이제 루이스의 행동은 불쾌한 정도가 아니었다. 여러 사람이 루이스와 직접 대면해야 하는 업무를 거부했다. 우리는 팀원들이 루이스와 대면하는 일을 줄이기 위해 보고 체계까지 바꾸었다. 그는 사내 분위기를 엉망으로 만들고 있었다. 경영진은 루이스와 여러 번 이야기를 나누었지만, 그때마다 그의 상사이자 기술부와 상품 개발을 총괄하는 로버트가 반대하고 나섰다.

마침내 우리는 어쩔 수 없는 지경에 처했다. 루이스가 회사의 방침을 위반하고 회사가 소송을 당할 수도 있는 문제를 일으킨 것이다. 변호사와 인사부 책임자는 더 이상 그를 고용했다가는 돌이킬 수 없는 법적 리스크를 떠안게 될 것이라고 장담했다. 이번에는 로버트도 어쩔 수 없이 동의했고, 우리는 루이스를 회사에서 내보냈다.

루이스가 사라진 뒤, 그동안 우리가 너무도 두려워했던 바로 그 상황에 처했다. 우리는 그 중요한 일을 할 줄 아는 그 지역 유일한 전문가 없이 버텨야 했다.

그 뒤 우리에겐 어떤 일이 벌어졌을까?

우리가 결국 살아남았다는 사실은 당신도 짐작할 수 있을 것이다. 약 한 달 반 동안은 쏟아져 들어오는 문제를 해결하느라 여념이 없었지만, 결국 기술팀의 다른 개발자가 루이스의 업무를 이어받았다. 그제야 우리는 이렇게 물었다. "왜 좀 더 일찍 그를 내보내지 않았을까?"

루이스를 내보내지 않은 데 따른 온갖 마찰과 드라마는 말로 다 설명할 수 없을 정도다. 팀원들은 작은 목소리로 서로 속삭였고, 어처

구니없다는 표정을 지었고, 루이스가 새로 저지른 기행을 이야기하느라 바빴다. 그를 그렇게 오래 붙잡아두었던 경영진에 대한 불만도 대단했다. 그 일이 얼마나 끔찍했는지를 다 설명하려면 너무 많은 말과 너무 많은 자세한 장면 묘사가 필요하다. 하지만 이와 비슷한 경험을 해본 사람이면 이미 사태의 심각성을 이해했을 것이다.

'없어선 안 되는' 사람이 끼치는 피해는 팀 분위기에만 국한되지 않는다. 그 사람이 초래하는 손실로 인해 회사의 수익성이 떨어지고 팀의 존재 자체가 위험해질 수도 있다. 한마디로, "절대 놓칠 수 없는" 직원과 거래처가 오히려 어마어마한 비용을 야기할 수 있다.

희소성과 팀 결속력 저하

내가 루이스라는 직원 때문에 고민하던 무렵, 나의 사업 멘토가 이런 말을 했다. "회사에 어울리지 않는 사람이 있다는 걸 알았을 때는 너무 늦은 거예요." 무엇이 너무 늦었는가 하면, 잘못된 관계를 인식할 즈음이면 이미 불필요한 비용과 낭비가 시작되었다는 것이다.

팀의 리더는 아무리 사소한 인사이동 건에 대해서도 충분히 생각하고 검토해야 한다. 하지만 조직에 어울리지 않는 사람을 너무 늦게 내보냈을 때는 그로 인한 여러 가지 비용을, 어쩌면 예상보다 훨씬 심각한 수준으로, 팀 전체가 감당해야 한다.

팀원이 제 역할을 하지 않을 때는 생산성에 직접적인 손실이 발생한다. 팀원이 제 일은 잘 하지만 팀 전체에 부정적인 영향을 미칠 때는 생산성에 간접적인 손실이 발생한다. 이 비용은 간접적이라고는 해도 직접적인 손실 못지않게 현실적이며, 우리는 그것이 늘어나는 과정을 구체적으로 확인할 수 있다.

- 팀의 불화: 구성원끼리 말다툼을 벌이는 팀은 결코 생산성을 높일 수 없다.
- 험담: 한 팀원의 행동이 뒷말을 낳을 때, 팀이 업무에 집중하는 시간이 줄어들 수밖에 없다.
- 업무 몰입 방해: 팀 내 한 사람이라도 문제의 팀원에게 불만을 품고 있고 그 사람의 팀 내 지위가 불안정할 때는, 이 문제가 조속히 해결되지 않으면 팀의 몰입도와 집중력이 떨어질 수 있다.
- 리더에 대한 불신: 팀에 어울리지 않는 직원을 계속 붙잡고 있으면 리더가 팀에 관심이 부족하거나 장악력이 떨어진다는 불신이 발생할 수 있다.

이러한 간접비용이 하나로 합쳐지면 사업에 큰 장애가 된다. 때로 리더는 실질적인 이유에서 '그 직원을 해고할 수 없다'고 판단할 수 있지만, 여기엔 반드시 '그 사람을 안고 갈 수 있다'는 확신이 있어야 한다.

팀의 응집력과 몰입도는 수치로 환산하기 어렵다. 그러나 다음과 같이 팀이 생산력을 간단하게 계산하는 방법도 상당한 도움이 된다. 즉, 팀의 정상 생산력에 조직의 건강도를 곱하는 것이다. 이를테면, 모든 영역이 건강하다면 계수는 100퍼센트다. 그러나 팀의 일원이 계속해서 부정적인 영향력을 끼치고 있다면 숫자가 작아진다. 100퍼센트에 못 미치는 모든 인자는 팀에 해를 입히고, 상황이 심각해질수록 수가 더 작아진다.

어울리지 않는 사람이 팀에 계속 머무르면, 수치가 계속 낮아지고 지출이 쌓인다. 우리는 한 사람의 기여 가치를 과대평가할 때가 있듯이 부적응자의 비용을 과소평가하는 경향도 있다.

잭 웰치의 매트릭스

제너럴 일렉트릭의 잭 웰치는 팀에 어울리지 않는 사람이 있을 때의 막대한 비용을 잘 알았다. 또 그는 팀에서 부적응자가 중요한 역할을 맡고 있을 때의 딜레마도 알고 있었다. 웰치는 우리에게 팀원의 가치를 평가하는 간단한 방법을 알려준다. 기준은 두 가지, 숫자와 가치다.

조직의 가치를 공유하지 않고 충분한 역할(숫자)을 해내지 못하는 직원은 당연히 그 조직에 맞지 않는 사람이니 내보내는 것이 옳다.

마찬가지로, 두 기준 모두를 통과한 사람, 즉 가치를 공유하고 실적을 내는 사람은 당연히 붙잡아야 한다. 어떤 직원이 가치 면에서는 통하지만 좀처럼 실적을 내지 못할 때, 웰치가 말하는 최선의 방법은 그가 퍼포먼스를 개선할 수 있게 돕는 것, 즉 그가 한 사람 몫을 하지 못한다고 결론짓기에 앞서 좋은 결과를 낼 수 있는 모든 기회를 주는 것이다.23

가장 어려운 상황은 퍼포먼스는 뛰어나지만 가치를 공유하지 않는 직원이 있을 경우이다. 어떤 직원이 팀의 매출에 기여하거나 그 밖에 양으로 환산할 수 있는 영역에서 제 몫을 하고 있다면, 아마도 팀의 리더는 (우리가 루이스에 대해 그랬던 것처럼) 그의 단점을 무시하고 싶어 할 것이다. 그러나 웰치는 팀 분위기를 해치는 직원은 반드시 내보내야 한다고 힘주어 말한다. 그런 사람이 초래하는 손실은 눈으로 확인하긴 어렵지만 극히 비싸다. 팀 분위기를 희생하면서까지 "그 사람을 내보낼 순 없다"는 입장을 고수하다가는 팀 전체의 결속력이 와해될 공산이 크다.

그 사람은 정말로 대체 불가능한가

• • •

어떤 사람이나 대상이 대체 불가능하다는 생각에 사로잡히는 이유를 분석함으로써 해결의 실마리를 찾을 수 있다. 우리가 누군가를 대체 불가능하다고 여기는 이유는 전문성, 기술, 인간관계, 재능 등 몇 가지로 압축된다. 그중에서 정확한 이유가 무엇인지를 짚어낼 수 있다면, 그 사람을 도저히 놓아줄 수 없다는 관념에 더 잘 반격할 수 있을 것이다.

대체 불가능한 전문성

특수하고도 뛰어난 전문성을 가진 사람은 최상의 가치를 부여받는다. 전문성 중에는 특정 회사에 국한된 구체적인 전문성이 있다. "레이먼드는 데이터베이스 구축 단계에서부터 이 일을 맡아왔어요. 그만한 전문가가 없습니다." 또는, 국제적인 범위에서 널리 유익한 전문성도 있다. "월스트리트에서 샐리보다 석유시장에 정통한 사람이 없습니다."

전문성이라는 관념에 있어서도 실제 사실보다 인식과 믿음이 훨씬 더 크게 작용한다. 문만 열면 능력 있는 후보들이 줄지어 서 있는데도, 대체 불가능한 전문성이라는 관념에 스스로 사로잡힌 리더가 얼마나 많은지 모른다. 특히 IT 전문가, 전략 컨설턴트, 스포츠 감독 같은 직종에 특별한 전문성으로 찬사받는 인물이 많은데, 알고 보면 그처럼 경쟁이 심한 분야에는 훌륭한 자격을 갖춘 인재가 더더욱 넘쳐난다.

이러한 믿음은 전문성과 기술을 잘못 생각하는 데서 비롯될 때가 있다. 전문성은 고정된 특질도 아니고 획득 불가능한 능력도 아니다. 배움에 열린 조직은 끊임없이 전문기술을 획득하고 전수한다. 전문성은 문서화되어 공유되어야 한다. 독점되는 전문성은 조직에 리스크를 부담할 수밖에 없다.

대체 불가능한 IT 인재

우연의 일치일 수도 있겠지만, 지금까지 나는 유독 기술 관련 영역에서 "그 사람은 대체 불가능하다"라는 말을 많이 들어왔다. 직접 경험한 것만 다섯 번인데, 세 번은 개발자였고, 한 번은 네트워크 관리자, 한 번은 외주 업체였다.

"그 사람을 내보낼 순 없다"라고 주장한 가장 큰 목소리는 대개 특별한 사무실에서 들려왔다. 그렇다. CEO들이 그렇게 고집했다. 바로 이것이 IT 업계의 특수한 약점일 수도 있다. 기술의 실제 작동법을 모르는 CEO에겐 그걸 아는 사람이 대단한 인재로 보이는 것이다. 강력한 첨단기술은 실로 마법처럼 느껴지기도 하고, 그것을 다룰 줄 아는 사람이 마법사 같은 능력자로 보이기도 한다. 하지만 이때 우리가 물어야 할 질문은 이것이다. "당신의 마법사가 내일 당장 사라진다면?"

내가 몸담았던 한 작은 회사에서는 이 약점이 커지고 커져 공갈과 다르지 않은 상황에 이르렀다. "대체 불가능"하다는 기술팀 직원이 자신의 위치를 악용하기 시작한 것이다. 그는 점점 더 일하는 시간이 짧아졌고, 사무실에 있을 때에도 비디오 게임을 하고 있을 때가 많았다. 그는 CEO가 자신을 해고할 수 없다는 걸 알고 그에 맞게 행동했다. 그는 권력에 취해 있었다.

전문가의 마법과 마력을 걷어내는 해독제는 가시성과 노출이다. 마술사의 트릭을 알고 나면 미스터리가 걷히는 것과 같은 이치다. 때로 트릭을 알고 나면 당신도 그 마법을 구사할 수 있다.

대체 불가능한 기술과 상품

기업은 시장에 상품을 내놓을 때 그것을 둘도 없는 첨단기술의 집약체로 홍보하곤 한다. 그런 주장은 사실일 때도 있고 효과적일 때도 많다. 특히 가장 새롭고 가장 뛰어난 상품을 선호하는 소비자에게 호소력을 발휘한다. 팀의 누군가가 '전매특허'라든가 '업계 최초', '차세대 신기술' 같은 말로 특정 업체와 거래를 유지해야 하는 이유를 설명한다면, 그 근거는 특별한 기술이나 상품에 있을 것이다.

"우리에게 꼭 필요한 상품이다" 또는 "이 기술을 도입해야 한다"라는 주장을 표면상 의미만으로 받아들여선 안 된다. 이렇게 후속 질문을 던져야만 한다. "우리에게 이 상품(기술)이 꼭 필요한 이유는 무엇이고, 그것이 맡을 역할은 얼마나 중요한가?" 동료의 의견에 반대하는 방향으로 질문을 던지고 싶지 않다면 다음과 같이 물어도 된다.

"우리에겐 어떤 기능이 필요하며, 왜 필요한가?" "어떤 특징이 중요하고, 왜 중요한가?" "어떤 특징이 있으면 좋겠고, 왜 그러한가?"

이 질문들의 이면에는 어떤 특징과 성능은 도움이 되긴 해도 반드시 필요하진 않다는 전제가 깔려 있다. 모든 도구에는 기능이 있다. 이를테면, 망치의 기능은 못을 박아 넣는 것이다. 망치의 존재 이유는 그뿐이다. 망치의 손잡이가 중요한 것은 지렛대 역할을 하면서 망치에 힘을 전달해주기 때문이며, 그로써 시간이 절약되기 때문이다. 망치 손잡이를 감싼 패드가 '있으면 좋은' 것은 손에 물집이 덜 잡히게 해주고 망치 작업을 더 오래 할 수 있게 해주기 때문이다. 이처럼 기술과 상품의 모든 특징은 중요한 목적을 실현해야 한다.

상품은 목적에 이르기 위한 수단일 뿐이다. 즉, 원하는 결과를 얻어 팀의 목표에 가 닿기 위한 도구다. 특정한 기술이나 상품에 집착할 때, 우리는 애초에 그 도구를 요구했던 이유, 그로부터 얻으려고 했던 결과를 망각하고 있는 것이다.

대체 불가능한 인맥

직원 한 사람이 사업에 도움이 되는 특정한 인맥을 보유하고 있는 경우가 있다. 이는 법조계, 마케팅계, 일부 컨설팅 분야 등 클라이언트가 회사보다는 개인 사업자와 더 돈독한 관계를 맺는 영역에서 도드라지는 특징이다. 어떤 직원이나 거래처가 회사를 떠날 때 고객도 함께 떠난다면? 그렇다면 그 사람, 그 거래처에겐 대체 불가능한 인맥이 있다고 할 수 있다.

또 하나, 인맥과 관련된 가치는 접근권이다. 어떤 광고 대행사가 당신의 타깃 시장을 아우르는 광고 채널을 소유하고 있다면, 다시 말해 그들이 바로 그 그룹에 대한 접근권을 가지고 있다면, 그 회사의 가치를 높게 평가할 만하다. 마찬가지로 어떤 모임이나 단체가 파트너, 고객과 접점을 형성해줄 수 있다면 특별해도 좋다.

좋은 인간관계는 돈으로 살 수 없을뿐더러 차분하게 시간을 들여 발전시켜야 하는 법이다. 그런 의미에서 인맥은 상당한 가치를 가지는 자산이다. 그렇다 해도 우리는 때로 인간관계에 너무 큰 가치를 둔다. 이 가치를 판단할 때도 자원과 결과를 구분하는 것이 좋다. 인맥은 대단한 가치를 가질 수 있는 자원이지만 그 자체로 사업의 목적이 되는 경우는 거의 없다. (기업의 주된 목표 중 하나인 고객과의 관계는 명백한 예외이긴 하나, 다음 장에서 살펴볼 것처럼 그 또한 대체 불가능하지 않다.)

대체 불가능한 알 수 없는 재능

어떤 사람이 꼭 필요하다는 믿음에는 대체로 그 사람의 전문성이나 기술, 인맥이 중요하다는 근거가 있다. 여기에 해당되지 않는 경우라면, 꼭 집어서 정의할 수 없는 특정한 자질이나 능력이 믿음의 근거일 것이다. 어떤 직원이 팀의 결속력을 높인다거나, 어떤 업체가 팀의 퍼포먼스를 강화한다는 사실은 말로 표현하거나 수치로 환산하기가 어렵다.

개인 차원에서는 어떤 커피 바리스타를 "뭐라고 말하기 어려운 이유"로 선호해도 아무 문제가 없다. 그러나 팀 차원에서 무언가를 선호할 때는 논리적인 이유를 명시할 필요가 있다. 당장에는 알 수 없더라도 끝내 이유를 찾아내서 그것이 정말로 타당한 근거인지 판단해야 한다.

그 사람을 놓칠 수 없는 최악의 이유

팀에서 어떤 사람을 대체할 수 없다고 생각하는 이유를 앞서 제시한 몇 가지 항목에서 찾아낼 수 없다면, 이제 더욱 경계해야 한다. 사업상의 인간관계는 겉으로 보이는 것이 전부가 아니다. 확실한 이유가 몰래 숨어 있을 수도 있다.

내가 컨설팅을 제공했던 한 회사에서는 부사장이 통신 공급자 변경을 한사코 반대했다. 알고 보니, 그 이유는 현재 거래처가 아이스하키 경기장의 박스석을 보유하고는 티켓을 자주 나누어 주기 때문이었다. 또 어떤 영업자가 인기 높은 이유를 알고 보니 거래하는 팀 직원들에게 여러 차례 비싼 점심을 대접하기 때문이었다.

공짜 점심과 공짜 티켓으로 결정이 좌우되는 것도 곤란하지만, 때로는 그보다 더 지독한 이유에서 계약 관계가 유지되기도 한다. 최악의 경우 '대체 불가능한' 관계의 확인 불가능한 이유가 부적절한 사적 관계, 비공식적인 이면 계약, 뇌물과 같은 불법 활동에 있을 수도 있다. 그럴 때는 악의적인 범인과 무고한 희생자 모두가 개인적, 사업적으로 뼈아픈 결과를 맞이할 수 있으므로 결코 보아 넘겨서는 안 된다. 혹시 당신이 그와 비슷한 지저분한 거래에 휘말렸다면 관계 부서에 사실을 알리고 신중하게 절차를 밟아나가는 것만이 옳은 선택이다.

이럴 땐 돈을 써도 된다!

구매자 쪽에서 협상할 여지가 없는 희소한 상품은 가격이 높을 수밖에 없다. 이건 상식이다. 최신 휴대폰을 살 때는 제값을 다 지불해야 하고, 전문 컨설턴트를 부를 때는 비싼 시급을 내야 한다. 희소한 자원은 비싸다는 사실을 우리 모두가 인정하기 때문이다. 그리고 그게 틀린 것도 아니다.

더 많은 돈을 지출한다고 해서 곧 '인질로 잡힌' 것은 아니다. 때로 우리는 더 좋은 상품에 프리미엄을 지불한다. 훨씬 싼 콘서트 표와 식당이 있더라도 내가 좋아하는 가수의 콘서트를 보기 위해 비싼 티켓을 사고 고급 레스토랑에서 식사를 즐긴다. 이와 똑같이, 기업은 재능 있는 직원이나 컨설턴트, 우수 업체에겐 시장 가격 이상의 돈을 지불하기도 한다.

프리미엄이 꼭 나쁘다고는 할 수 없다. 다만 가짜 인질극의 희생자가 되지 않기 위해 지켜야 할 두 가지 규칙이 있다. 첫째, 지불하는 프리미엄이 얼마인지 알아야 하고, 둘째, 그 프리미엄이 왜 필요한지 알아야 한다.

초과 액수를 확인하라

내가 지출 절감 컨설팅을 진행할 때 가장 흔히 마주치는 반대 의견은 "비용은 더 들지 몰라도 그럴 만한 항목입니다. 돈은 쓴 만큼 값을 하죠"라는 것이다. 이와 비슷한 표현으로 "고작 10퍼센트 아끼자고 거래처를 바꾸진 않겠습니다"가 있다. 물론, 둘 다 비싼 문장일 확률이 아주 높다.

10퍼센트의 프리미엄을 지불하는 것은 아주 타당하다. 그럼 나는 다시 묻는다. "초과 지출 금액이 겨우 10퍼센트라고요? 확실합니까? 그걸 어떻게 알죠? 혹시 그 액수가 50퍼센트라면 그때는 거래처를 바꾸겠습니까?"

당신이 현재의 IT 컨설턴트(또는 그 누구라도 상관없다)에게 지불하고 있는 금액이 너무 큰 것 같다는 의심이 들면, 절대 그냥 넘기지 마라. 자신의 본능을 믿고 시장을 확인해서 프리미엄의 정확한 액수를 확인해야 한다. 두세 군데 업체에서 구체적인 수치를 얻고 나면 내가 실제로 시장 가격 이상을 지불하고 있는지, 또 얼마나 프리미엄을 내고 있는지가 분명해진다. 최근 시세를 정확히 파악하지 않는 한 웃돈이 얼마인지 알 수가 없다. 어림짐작만 할 뿐이다.

프리미엄에는 타당한 이유가 있어야 한다

프리미엄 지불의 두 번째 원칙은 그 돈을 내는 정확한 이유를 알아야 한다는 것이다. 연인과 함께 콘서트를 즐길 때는 "엘튼 존은 내 인생 최고의 가수야"라는 것으로도 충분한 이유가 된다. 그건 당신의 선택이고 당신의 돈이다.

그러나 팀 활동에서는 프리미엄을 내는 이유가 팀 활동과 합리적으로 연결되어야만 한다. 그 사람에게 돈을 더 지불하는 것은 그의 전문성 덕분에 상품을 더 빨리 출시할 수 있기 때문인가? 그 컨설턴트의 훈련을 통해 팀의 역량이 강화되고 고객 만족도를 높일 수 있기 때문인가? 그 사람의 지식이 당신의 시간을 아껴주고 실행 비용을 낮춰주기 때문인가? 그 직원이 팀에 있으면 리스크가 낮아지기 때문인가?

프리미엄의 근거를 파악하는 동시에 다른 가능한 선택지를 확보하는 것도 중요하다. 이를테면, 다음 두 문장 중 어느 쪽이 유익할까?

A: "우리가 S에게 돈을 많이 내는 건 사실이지만, 그 사람을 놓칠 순 없습니다."

B: "S의 서비스는 다른 곳에 비해 20퍼센트 높은 가격을 매기고 있죠. 하지만 올해 상황에서는 이 분야에 특별한 전문성이 있고 우리 사업을 잘 아는 S에게 프리미엄에 걸맞은 가치가 있습니다. 덕분에 사업의 다른 분야도 더 빠르게 진행되고 비용이 낮아질 테니까요."

A가 단순히 희소성에만 매달리고 있다면, B는 구체적인 지식과 타당한 이유를 제시하고 있다. 우리는 A에서 B로 쉽게 발전할 수 있다. 작은 노력으로도 단순한 짐작에서 사실을 바탕으로 한 건강한 판단으로 옮겨 갈 수 있다. 나아가 그 과정에서 알아낸 비용 차이를 통해 퀄리티를 개선할 기회도 생긴다.

칭찬이 필요한 순간

지금까지 살펴보았듯 때로는 정말로 대체할 수 없는 인재가 있고 프리미엄에는 그만한 이유가 있다. 그러나 그 반대 극단에 놓인 "누구나 대체 가능하다"라는 관념 역시 위험하다. 혹자는 "그 사람 없으면 안 된다"라는 비싼 문장을 격파한답시고 직원들에게 끊임없이 "당신은 얼마든지 대체 가능한 존재"라고 강조한다. "조심해요, 그 자리를 노리는 사람이 얼마나 많은데!" 같은 말을 버릇처럼 하는 것이다. 그러나 이 방법은 오히려 팀원의 두려움과 불신을 사고 팀의 동력을 떨어뜨리는 등 다른 종류의 비용을 초래한다. 그래서는 성공적인 팀 문화로부터 멀어질 뿐이다.

언어적인 칭찬은 팀원에게 동기를 부여하고 보람을 느끼게 하며 삐걱거리던 관계를 치유하기도 한다. 만약 당신이 원래부터 긍정적인 말로 사기를 북돋는 타입이라면, 계속 그렇게 해나가면 된다. 단, 늘 다음 두 질문에 대한 답을 가지고 있어야 한다. 당신의 속마음은 어떤가? 칭찬을 들은 사람의 속마음은 어떨까?

이 주제에 관해서는 딱 두 가지만 경고하겠다.

첫째, 지금은 참이더라도 앞으로 거짓이 될 수 있을 말은 해선 안 된다. "당신은 팀에 큰 도움이 되고 있어요"라는 표현과 "우리가 당신 없이 무슨 일을 할 수 있겠어요?"라는 표현은 단기적으로는 거의 똑같은 효과를 낸다. 그러나 두 번째 표현은 마치 종신고용이라도 약속하는 것으로 해석될 여지가 있다.

둘째, 주기적으로 상대에 대해 진솔한 평가를 내려본다. 이 사람은 당신에게 없어선 안 될 사람인가, 없어도 되는 사람인가?

그 답을 알려주는 테스트가 하나 있다. 그 사람이 당신에게 와서 잠깐 개인적으로 이야기를 나누자고 한다. 그러더니 자기는 이 회사에서 일하는 것도 좋았지만 아무래도 더 좋은 기회가 생겨서 그쪽으로 가야겠다고 한다면 어떻겠는가? 갑자기 눈앞이 캄캄해질 것 같은가? 심장이 빠르게 뛰기 시작할까? 실망하는 정도가 아니라 패닉에 빠질 것 같다면, 당신은 그 사람을 정말로 신뢰하며 대체할 수 없는 인재라고 믿는 것이다. 그렇다면, 이제 다른 선택지를 확보해두어야 할 때다.

아까운 사람을 보내는 법

• • •

"그 사람 없으면 안 된다"는 말 뒤에 숨은 두려움은 더 큰 두려움을 낳는다. 프랭클린 루스벨트가 "우리가 두려워해야 할 것은 두려움 그 자체다"라고 경고했을 때 그는 바로 이 비싼 문장을 염두에 두고 있었는지도 모른다.

여러 요소가 연결된 사슬에서 어느 한 고리가 성공을 좌우한다고 믿을 때 우리는 당연히 그 고리의 가치를 과대평가하고 그것이 끊어질까 봐 두려워하게 된다. 이 공포를 치유하는 법은 행동을 취하는 것, 즉 현실을 구체적으로 파악하고 선택지를 확보하는 것이다.

선택지를 확보하라

한 클라이언트는 두려움 때문에 파산할 뻔했다. 그 회사는 온라인으로 물건을 파는 중소기업으로, 고객과 접촉하는 경로가 특정 웹사이트 두 곳을 통한 광고뿐이었다. 회사가 재정난에 빠졌을 때 함께 지출을 검토하던 나는 광고비가 가장 큰 지출 항목임을 파악했다. 심지어 직원 임금보다도 광고비가 컸다.

CEO에게 광고 방식에 대해 묻자 그는 "다른 방법이 없습니다. 이 두 곳 말고는 고객을 찾을 만한 데가 없어요"라고 대답했다. 그래서 나는 그 가격이 협상을 거쳐 결정된 것인지 물었다.

"협상 같은 건 못 하죠. 우리 사업을 알릴 수 있는 채널이 그곳뿐이니까요. 그쪽에서 달라는 대로 주고 있습니다."

이 비싼 문장 덩어리를 분해하는 데는 시간이 꽤 걸렸지만 어쨌든 두 웹사이트에 대해 간단한 거래가 요청을 진행하기로 했다. 목표는 가격을 조금이라도 낮추는 것이었다. 간단히 말해, 우리가 그들에게 제안할 수 있는 방법은 두 가지였다. 첫째, 당시 그 회사는 두 사이트의 광고를 70 대 30의 비율로 분할하고 있었는데, 어느 한 쪽에 광고량을 늘리겠다고 제안하는 방법이었다. 둘째, 장기 계약으로 광고량을 늘리는 방법이었다.

두 곳에 보낼 요청서를 준비하던 중에 새로운 소식이 들려왔다. A사이트가 B사이트를 인수하게 되었다는 것이다. 그렇다면 이제는 공급자가 두 곳도 아니고 한 곳으로 준 셈이었다. 일단 표면상으로는 그랬다.

두려움이 고개를 쳐들었다. CEO는 그 웹사이트 회사의 심기를 건

드릴지도 모른다며 거래가 요청을 진행하는 것마저 마다했다. "이젠 이곳뿐이에요. 혹시라도 가격을 올려버리면 어떡합니까?"

나는 그의 희소성 관념에 의문을 제기했다. 그 두 웹사이트가 없다면 이 회사는 존속 자체가 불가능할까? 정말로?

CEO는 "뭐, 그 정도는 아니죠. 뭔가 다른 방법을 찾겠죠"라고 인정했다.

우리는 지금이 그 '뭔가 다른 방법'을 찾을 때라는 데 의견을 모았다. 나는 화이트보드로 다가가서 마커를 들고 브레인스토밍을 시작했다. 고객을 만날 수 있는 다른 방법은 분명히 있었다.

나는 고객에게 직접 우편을 보내는 건 어떤지 물었다. 그는 그건 너무 비싸서 생각할 수 없는 방법이라고 했다. 어쨌든 나는 그 방법을 보드 위에 적었다. 우리는 브레인스토밍을 이어나갔다.

고객 접근성이 좋은 두 사이트 말고 일반 웹사이트 광고는 어떤가? CEO는 그것도 너무 비쌀 것이라고 했다.

사람들이 인터넷에 키워드를 검색하면 뜨는 키워드 광고는 어떤가? CEO는 그건 할 만하다고 했다.

잠재고객이 보는 잡지에 인쇄 광고를 싣는 것은 어떤가? CEO는 그렇게 하는 경쟁사도 있으니 충분히 가능한 방법이라고 했다.

그는 며칠간 새로운 선택지를 두고 심사숙고하면서 현실성 있는 몇 가지 대안을 더 떠올렸다. 드디어 행동에 나설 때가 왔다. CEO는 이제는 단 하나 남은 광고 사이트에 전화를 걸어 유리한 입장에서 다음과 같이 대화를 진행했다. "함께 일하는 동안 참 즐거웠습니다. 그런데 요즘 우리 쪽 재정 상황이 그렇게 밝지가 않네요. 고객을 만날 다른 방법을 살피는 중입니다만, 혹시 그쪽에서 우리 상황을 고려해줄 수 있다면 장기적인 협업 관계를 제안하고 싶군요. 그럴 수 없다면 아쉽게도 여기서 계약을 마무리하고요."

결국 그는 공급자를 바꾸지 않고도 지출을 19퍼센트나 줄였다. 광고비가 그 회사의 가장 큰 지출 항목이었다는 점에서 19퍼센트 절감은 회사의 숨통을 틔우는 큰 이익이었다. 1년 후, CEO는 회사를 좋은 값에 매각했다.

두려움의 해독제는 선택지다

이 인터넷 광고 일화에는 우리를 궁지에 꺼내주는 두 가지 중요한 교훈이 들어 있다. 첫째, CEO가 다른 가능한 선택지를 인정하는 순간 모든 것이 바뀌었다. 둘째, 좋은 선택지는 나쁜 선택지로부터 시작되었다. 즉, 우리의 사고는 다음과 같이 간단한 과정을 통해 발전한다. 선택지 없음→나쁜 선택지→괜찮은 선택지→좋은 선택지

운이 좋은 경우엔 끝내주는 대안이 그냥 나타난다. 그러나 대체로는 막다른 골목에서 시작하여 앞으로 나아가면서 답을 얻게 된다. "그 사람 말곤 없다"나 "우리가 고를 수 있는 유일한 업체다"에서 시

작해서 점점 더 긍정적인 복수의 선택지를 찾아내서 상황을 밝은 쪽으로 돌리는 것이다. 그러려면 일단 아이디어를 떠올리고 적는다. 아무리 현실성이 떨어지는 듯해도 어쨌든 계속 아이디어를 떠올리고 쭉 적어보자. 이 과정에는 놀라운 힘이 있다. 결국 더 나은 선택지가 나타날 것이다.

"그 사람 없으면 안 된다"는 말을 듣는다면

• • •

팀에 "그 사람은 절대 놓쳐선 안 된다"라든가 "대체 불가능한 업체다", "이 기술을 보유한 유일한 인재다"와 같이 대체 불가능하다는 믿음이 지나치게 커져 있다면, 정말로 없어선 안 되는 것이 무엇인지 면밀히 따져보자.

이 비싼 문장을 바로잡으려면 추상적인 희소성이 아니라 목적과 연결되는 구체적인 대화가 필요하다.

> "대체 불가능하다고요? 그런 사람은 없습니다. ○○가 여러 중요한 업무에 매우 뛰어난 기술을 가진 것은 사실이지만 그렇다고 대체 불가능한 건 아니죠. 다른 후보들의 이력서를 살펴본다면 그의 기술을 대체하기가 그렇게 어렵진 않다는 걸 알 수 있을 거예요. 그러고 보니 우리는 지난 몇 달간 이력서를 전혀 검

토하지 않았죠?"

"○○가 우리 팀에서 얼마나 중요한 역할을 해왔는지는 모두가 잘 알고 있습니다. 그 사람이 없는 상황은 상상하기도 어렵고요. 하지만 우리가 더 오래 함께 일하고 싶다면 전문성만으로는 부족해요. 팀의 가치를 공유할 줄 알아야죠. ○○의 행동과 태도가 팀 전체에 미치는 피해를 우리가 충분히 이야기한 적이 있나요?"

"이 업체의 상품이 뛰어나고 독보적이라는 사실은 나도 잘 압니다. 하지만 거기서 우리가 얻는 것과 잃는 것이 무엇인지 정확히 따져보고 다른 선택지도 생각해야 합니다."

"○○가 우리 팀에 없어선 안 되는 이유가 정확히 무엇인가요? 전문적인 기술인가요? 그렇다면 우리 팀은 그 전문성을 어떻게 공유하고 있나요? 누군가가 대체 불가능한 상황은 결코 바람직하지 않습니다. 그게 나 자신이라고 해도 마찬가지에요. 팀의 업무를 문서화하고 기술을 공유하도록 합시다. 그래야 ○○든 누구든 복권에 당첨되더라도 다른 사람들이 문제없이 일을 해나갈 수 있겠죠."

그룹 대화를 위한 주제

팀과 함께 다음 질문에 대한 답을 찾아보자. 특정 업체나 인물, 상품, 기술에 대해 "대체할 수 없다"는 믿음이 감지될 때 특히 유용할 것이다.

- 전문가들에 대하여

  그 사람은 어떤 면에서 전문가인가?

  그 전문가는 자기 분야를 얼마나 잘 아는가?

  그 사람의 전문성에는 어떤 한계가 있는가?

- 지식과 기술에 대하여

  그 전문성은 어떤 방법으로 획득할 수 있는가?

  그 전문성을 문서화할 수 있는가? 또 다른 팀원이 공유할 수 있는가?

  우리 조직은 배움에 열려 있는가?

- 자원 대 결과

  우리 팀은 자원(행동이나 노력)을 중심으로 생각하는가, 아니면 결과(숫자로 표현할 수 있는 목표)를 중심으로 생각하는가?

  우리 팀은 자원과 결과 중 어느 쪽에 대해 더 많이 이야기하는가?

  우리가 상대를 높이 평가하고 칭찬할 때, 그 근거는 무엇인가?

  이번 프로젝트에서는 자원과 결과 중 어느 쪽이 더 중요한가?

'자원'을 '결과'로 환산하라

• • •

어떤 상품, 기술, 또는 사람이 대체 불가능하다는 믿음은 사실 자원과 결과를 구분하지 못하는 데서 비롯될 때가 많다. 자원은 목적에 이르는 수단이고, 결과는 목적 자체다. 구체적인 예를 들면 다음과 같다.

자원	결과
회계 소프트웨어	시간을 지키는 정확한 보고 체계
소셜미디어 서비스	인지도 강화와 판매 촉진
청소 서비스	깨끗하고 기분 좋은 업무 환경

우리는 자원에 돈을 투자하지만, 우리가 결국 원하는 것은 결과이다. 이 둘이 자꾸 헷갈리는 이유는 거래처로부터 상품이나 서비스를 살 때 그것들이 문제를 알아서 다 해결해주리라고 믿을 때가 많기 때문이다.

우리는 결과에 주목해야 한다. 당신 팀이 특정한 상품이나 기능, 기술, 업체에 지나치게 의존하게 되었다면, 결과보다 자원을 중요하게 여기고 있진 않은지 돌아보아야 한다. 그 상품, 그 기술, 그 공정에서 한 걸음 물러나서 다음과 같은 좀 더 폭넓은 질문을 던질 필요가 있다. 해결하고자 하는 문제는 무엇인가? 최상의 결과를 어떻게 예상하고 있는가?

결과에 이르는 과정과 결과 자체를 분리해서 생각해야 한다. 결과에 이르는 길이 단 하나밖에 보이지 않는다면, 결과를 지나치게 좁게 바라보고 예상하고 있을 가능성이 크다.

상상의 공장을 세워라

• • •

어떤 거래처가 꼭 필요한 것 같을 때, 또는 선택지가 너무 적다고 여겨질 때, 다음의 연습을 해보자. 화이트보드 가운데에 공장을 하나 그리고 그 왼편과 오른편에 각각 인풋과 아웃풋이 들어갈 공간을 정한다.

어떤 인풋이 필요한가? 또 어떤 아웃풋이 요구되는가? 예를 들어, 앞에서 소개한 인터넷 광고 컨설팅에 이 구조를 적용하면 다음과 같은 공정이 나온다.

> 인풋: 광고 예산(돈)+광고 문구 → 공장 → 아웃풋: 기준 이상의 판매량

이제 우리는 돈과 광고 문구를 판매량으로 변환해줄 다른 '공장'이 있는지 물을 수 있다. 또 하나의 예로, 위탁 발송 업체를 생각해보자.

인풋: 상품+주문서 → 공장 → 아웃풋: 고객에게 상품 배달

이번에도 같은 인풋과 같은 아웃풋을 연결해줄 다른 공장이 있는지 생각할 수 있다. 어떤 공장, 즉 어떤 방법을 찾으면 원하는 결과를 얻을 수 있을까?

때로는 이 연습 도중에 나오는 다양한 질문이 더 좋은 솔루션을 끌어낸다. "더 효과적인 광고를 개발해줄 업체를 찾으면 어떨까?"라든가 "창고 관리까지 도맡아 하는 위탁 발송 업체가 더 낫지 않을까?" 처럼 말이다.

"혹시 다른 방법이 있다면……?"

• • •

이번 연습은 앞의 공장 연습을 "혹시 다른 방법이 있다면……?"이라는 말로 바꾸는 것이다. 먼저, 논의의 초점을 '대체할 수 없는' 자원에서 결과로 옮긴다. 이를테면, "로버트만큼 시스템을 잘 아는 사람이 없다"에서 "로버트가 있으면 시스템에 발생하는 문제를 빨리 파악할 수 있다"로 문장의 무게 중심을 바꾸는 것이다.

다음으로, 그 문장의 뒷부분을 떼어 내서 "만약에 우리가……?"에 집어넣는다. "만약에 우리가 시스템에 발생하는 문제를 재빨리 파악할 수 있는 다른 방법이 있다면?" 등으로 브레인스토밍을 통해 여러

대안을 떠올려본다.

이 연습은 네 명에서 여섯 명 정도로 여러 팀원이 함께 진행할 때 가장 좋은 결과를 낸다.

8장 "고객은 언제나 옳다"는 말

"우리는 고객의 요구에 발맞춰야 합니다."

"그들에겐 특별한 요구 사항이 있으니까요."

"이 문제를 해결하지 않으면 고객을 잃고 맙니다."

짐 캐리가 주연한 영화 <브루스 올마이티Bruce Almighty>에서 운이 없어도 너무 없는 주인공 브루스는 삶이 너무 불공평하다면서 화를 낸다. 그러자 신은 그에게 우주를 (또는 최소한 뉴욕 버팔로 인근에 해당하는 우주를) 다스릴 권한을 준다. 갑자기 전지전능해진 브루스는 사람들의 기도에 응답하는 일을 맡는다. 쇄도하는 요청을 이메일 형식으로 바꿀 수 있다는 것을 알게 된 브루스는 책상 앞에 앉아 커피를 마시며 수백만 통의 기도 요청에 하나하나 응답한다. 이메일 제목에는 기도의 주제가 적혀 있다. "시험 잘 보게 해주세요." "비행기가 무사히 날 수 있게 해주세요." "애인이 생기게 해주세요." "복권에 당첨되게 해주세요." "저희 강아지를 찾아주세요." "아빠가 무사히 수술을 마치게 해주세요." "남자친구가 취직되게 해주세요."

브루스는 몇 시간이나 쉬지 않고 수천 건의 요청을 들어주지만, 그래 봐야 그가 대답하는 속도보다 더 빠르게 요청이 쌓일 뿐이다. 더는 방법을 찾지 못한 브루스는 이메일의 '전체 답장' 버튼을 누른 뒤 전 세계의 신도에게 보내는 응답을 키보드로 입력한다. "알겠다"라고. 그는 뿌듯한 미소를 지으며 의자에 몸을 기대고 긴장을 푼다. "자, 이제 다들 만족했겠지?"라며.

물론 그럴 리가 없다. 그다음 장면을 보자. 만인의 요청이 서로 충돌하면서 도시 전체가 아수라장이 된다. (이를테면, 너무 많은 사람이 복권에 당첨되는 바람에 당첨액이 20달러로 떨어진다.) 브루스는 신으로 산다는 것이 생각만큼 쉽진 않다는 것을 깨닫기 시작한다. 이 장면은 우리에게 심오한 질문을 던진다. 만약 신이 모두의 기도를 전부 들어준다면 어떤 일이 벌어질까?

심각한 신학 논쟁은 다른 책에게 맡기자. 하지만 신이 아닌 사람도 누구나 타인의 요청에 응하고 질문에 답하며 살아간다. 지금 우리가 답해야 할 질문은 이것이다. "사람들이 달라고 하는 대로 다 준다면?" "고객의 말이 언제나 옳다면?"

"고객은 언제나 옳다The customer is always right"라는 표현을 처음 한 사람은 1880년대 시카고에 처음으로 백화점을 세운 전설의 소매업자 마셜 필드Marshall Field다. 당시 상업계의 주된 접근법은 '고객이 알아서 판단할 것'이었다. 필드는 소매업계의 지형을 뒤바꾸었다. 그가 운영하는 상점(2000년대 초까지도 그의 이름을 달고 있었다)은 최초로 윈도 디스플레이를 설치하고, 신부가 원하는 선물 목록을 제공하며, 무조건 환불 정책을 시행하는 등 여러 혁신을 단행했다. 필드는 서비스 산업에 새로운 기준을 제시했으며 그 보상으로 수많은 단골 고객을 얻을 수 있었다.24

더 최근의 예를 들면, 기술과 미디어의 발달은 고객 서비스에 한층 더 높은 가시성을 부여했다. 상품 리뷰 사이트인 옐프Yelp, 앤지스 리스트Angie's List 같이 사회적으로 구성되는 자원이 수조 원대의 판매량을 좌우한다. 아마존, 노드스트롬 등의 기업은 고객을 위한 쉽고 편리한 거래 방식으로 좋은 평가를 얻었으며 이러한 측면이 주식 평가에 그대로 나타나고 있다.

지금은 여러 의미에서 고객의 전성시대다. 누가 무슨 물건을 팔든, 시장에서 성공하려면 반드시 고객의 요청을 경청하고 그 욕구를 충족해줘야 하는 듯하다. 그러나 사업에서의 성공은 '귀 기울이고 대응한다'보다는 더 복잡한 문제다.

고객은 위험한 존재다

• • •

고객의 취향을 따르면 판매량이 오를 수도 있고, 또 그게 당신에게 필요한 결과일 수도 있다. 그러나 우리가 고객은 희소하고 아까운 존재이며 한 사람 한 사람의 요구를 만족시켜야 한다는 전제만을 따라 행동할 때, 오히려 경제적 손실과 전략적 혼란에 빠질 위험이 커진다. 얼핏 모순으로 들릴 수 있지만, 신중하고 침착한 자세로 고객에게 봉사하는 방식을 사고하지 않는다면 어제까지 당신의 서비스에 아낌없이 높은 점수를 주었던 바로 그 고객이 내일은 당신의 사업을 망하게 할 수 있다.

고객에의 투철한 헌신이 틀렸다는 말이 아니다. 까다로운 소비자는 무시하라는 말도 아니다. 모든 사업에는 고객이 필요하며, 그러므로 고객의 관점은 충분히 중요하다. 그러나 우리는 어떤 고객이 옳고 그들이 어떤 면에서 옳은지를 반드시 구분해야 한다.

고객은 전문가가 아니다

"고객은 언제나 옳다"라는 비싼 문장은 사실 물건을 사고파는 관계에 국한되지 않는다. 전통적인 고객 관계를 넘어서는 훨씬 넓은 영역에 똑같은 통설과 함정이 퍼져 있다. 다만 상품이나 서비스에 대해 돈이 직접 오가는 판매자-구매자 관계는 관계의 역학을 분명히 보여준다.

“고객은 언제나 옳다”에서 나오는 과잉 반응의 약점은 사실 모든 사회관계에 적용된다. 혹시 당신은 다음과 같은 믿음 때문에 곤란해진 경험이 없는가? ‘내 친구들은 언제나 옳다.’ ‘내 가족은 언제나 옳다.’

타인을 소중히 여기는 사람이라면 누구나 그들에게 대응하다가 균형을 잃기도 한다. 이는 돈과 전혀 관계없는 경우에도 마찬가지다. 앞으로 우리는 시장과 고객에 초점을 맞추겠지만, 다음과 같은 비싼 문장들도 한 번씩 생각해 봄직하다.

- 예술가: 비평가는 언제나 옳다.
- 교사: 학생은 언제나 옳다. (또는) 학부모는 언제나 옳다.
- 목사: 신도는 언제나 옳다.
- 부모: 아이들은 언제나 옳다. (또는) 아이들은 언제나 행복해야 한다.
- 감독: 선수는 언제나 옳다.
- CEO: 직원은 언제나 옳다.

이렇게 구체적인 관계를 대입해보면 “○○는 언제나 옳다”라는 말이 얼마나 허술한지 알 수 있고, 그 믿음으로 인해 벌어지는 사태를 미리 예상할 수 있다. 이를테면, 당신은 의사가 "환자는 언제나 옳다"고 말하는 것을 들어보았는가?

이렇게 상상해보자. 당신이 주치의를 찾아가서 "선생님, 제가 배가 너무나 아파요. 맹장을 떼어주셔야겠어요"라고 하자 의사가 대답한다. "환자는 언제나 옳지요. 당장 수술에 들어갑시다!" 물론 우리 모두는 자기의 건강 상태를 썩 잘 알고, 때론 몸에 생긴 병도 알아챈다. 그러나 수십 년간 교육받고 경험을 쌓은 의사보다 스스로를 더 잘 진단하고 치료할 수 있다고 믿는 사람은 아마 없을 것이다. 의사가 무조건 옳다는 말이 아니다. 사람은 누구나 편향과 맹점을 가지고 있으므로. 그러나 의료 분야에서는 고객(즉 환자)에게 전문성이 없다고 전제하는 것이 일반적이다. 우리가 병원에 가는 이유는 의사를 전문가로 여기기 때문이다.

당신의 분야에서는 당신이 고객보다 그 분야를 더 잘 알지 않는가? 나는 조달부서에서 잔뼈가 굵은 사람이다. 참고로 조달부는 기업에서 서비스 및 상품 구매를 담당하는 부서다. 흔히 기업은 제안 요청서RFP로 요구 조건을 문서화하고 업체와 소통한다. RFP를 작성하다 보면 자신에게 무엇이 필요한지를 구체적으로 알 수 있다. 그런 다음 거래처의 답변을 받고 대화를 진행하는데, 이 과정에서는 필연적으로 시장과 상품에 대해 더 많은 것을 알게 된다. 또 그동안 미처 고려하지 않았던 사안을 질문 받으면 우리 쪽 클라이언트의 회사와 문제에 대해서도 더 많이 알게 된다. 외부의 전문 업체는 다른 기업들과 일하면서 유사한 상황을 많이 경험했고, 그 문제와 해결법에 대해서도 우리보다 훨씬 더 잘 알고 있기 때문이다.

이러한 경험을 돌아보면 내가 언제나 옳은 고객은 아니라는 사실이 분명해진다. 아주 솔직히 말하면, 나는 늘 조금은 틀린 고객이라고 해야 할 것 같다. 고객이 늘 틀린다는 말은 아니다. (이는 고객이 언제나 옳다는 말만큼 틀렸다.) 이를테면, 우유 한 통이나 못 한 상자를 사는 고객은 자신이 뭘 원하는지 틀리기가 어렵다. 그러나 기업 입장에서는 고객이 스스로에게 필요한 것을 정확히 알고 있는지부터 파악해야 한다. 그것이 고객에게 말을 건네기 위한 첫 단계다.

고객이 틀렸을 때의 비용

• • •

미식축구에는 오하이오 대학교 감독 우디 헤이즈Woody Hayes가 만들었다는, 포워드 패스에 관한 철학이 있다. 쿼터백이 공을 던지면 셋 중 한 가지 상황이 벌어지는데, 그 셋 중 둘은 나쁜 결과다.[25] (계획대로 리시버가 공을 받는 것이 유일하게 좋은 결과다. 공이 땅에 떨어지는 것은 나쁜 결과, 상대 팀이 공을 가로채는 것은 최악의 결과다.)

고객이 옳다는 믿음도 셋 중 하나이며, 여기서도 셋 중 둘은 나쁜 결과다.

첫째, 전략상의 혼선이다. 고객이 옳다고 전제할 때는 그들이 이끄는 대로 따르게 된다. 고객의 요구에 따라 기존 노선이나 정책에서 벗어난다면 전략의 초점이 흐려지거나 덜 성공적인 방향으로 기울 것이다.

둘째, 비용 초과다. 고객의 모든 요구에 대응하는 서비스는 비싸다. 특별한 주문까지 다 맞춰주어야 하기 때문이다. 당신의 비즈니스 모델이 이러한 초과 비용을 허용하지 않고 그에 상응하는 요금을 부과하지 않는다면 고객의 요구를 충족시키다가 이익을 전부 날려버릴 수도 있다.

셋째, 더없이 긍정적인 결과다. 고객을 깊이 만족시키고 사업에서도 성공하는 것이다. 그러고 보면 헤이즈가 무슨 경고를 했든 현대의 모든 미식축구 팀은 포워드 패스를 중심으로 플레이한다. 결과는 예나 지금이나 셋 중 하나지만, 감독과 선수들은 알맞은 상황에서 정확히 공을 던지면 이긴다는 것을 알고 있기 때문이다. 고객을 만족시킨다는 목적에서도 마찬가지다. 고객 만족도가 낮은 회사는 성공하기 어렵다. 핵심은 전략을 효과적으로 실행하고 비용을 억제할 수 있는 방법으로 고객의 요구에 대응하는 것이다. 바로 여기가 아무리 성숙하고 안정적인 기업도 때로 어려움을 겪는 대목이다.

블록이 사라진 레고

지금까지 전 세계 수억 명의 어린이가 레고와 함께 자랐다. 알록달록한 색깔에 서로 꼭 맞물리는 블록으로 성을 세우고 트럭을 만들고 공룡과 로켓과 건물과 그 밖에 상상할 수 있는 모든 것을 만드는데, 어린이들이 그렇게 보낸 시간을 합치면 아마도 수십억 시간에 이를 것이다. 레고는 모두가 사랑하는 몇 안 되는 세계적 아이콘이고 브랜드다.

레고는 기업으로서도 성공 가도를 달려왔다. 블록에 특허를 낸 1958년부터 20년 동안 레고는 꾸준히 성장하여 1억 8,000만 달러의 매출을 올리기에 이르렀다. 1970년대 후반에는 미니피규어와 캐슬 시리즈, 스페이스 시리즈를 생산하기 시작했고 그때부터 15년간 판매량이 5년마다 두 배로 늘었다. 그러던 어느 순간 성장이 멈추었다. 1998년, 레고는 반세기 역사에서 처음으로 적자를 냈다. 레고를 사던 고객이 갑자기 줄어든 것 같았다. 위기에 빠진 레고는 시장 상황을 파악하고 새로운 아이디어를 찾았다. 그들이 취한 핵심 조치 중 하나는 타깃 고객 그룹인 어린이를 대상으로 한 시장 설문 조사였다. 조사 결과는 놀랍고도 (레고로서는) 상당히 심각했다. 설문에 응한 어린이 대부분이 조립식 장난감을 좋아하지 않았던 것이다. 당시 장난감 시장에서 가장 빠르게 성장하고 있는 부문은 비디오 게임, 완제품 장난감, TV 프로그램 캐릭터와 직접 관련된 브랜드였다.

"고객은 언제나 옳다"고 믿은 레고는 새로운 환경에 적극적으로 적응하기로 하고, 비디오 게임, 거의 완제품에 가까운 장난감, 캐릭터가 등장하는 레고 TV 등 여러 상품 라인을 새로 출시했다. 그럼 고객에게 대응하고자 한 이 변화들이 레고를 구했을까?

구하기는커녕, 고객을 좇아다니다가 회사가 망할 뻔했다. 2003년, 레고의 적자는 3억 달러에 달했고 가까스로 파산을 면했다. 새로운 상품 라인 대부분이 소비자에게 외면당했고, 그나마 인기를 얻은 상품도 그 때문에 다른 상품의 진열 공간이 줄어들면서 기존 상품 라인에 악영향을 끼쳤다. 또한, 새로운 상품에 들어가는 새로운 종류의 파츠를 제작하느라 생산 비용이 어마어마하게 늘었다.

레고 블록을 사랑하는 사람들에게는 다행히도 이 기업은 바닥을 치고 올라왔다. 그 비결은 앞서 진행한 조사에서 얻은 교훈을 단호하게 거부한 데 있었다. 레고는 두 배로 늘었던 파츠의 가짓수를 30퍼센트 이상 쳐냈고 이후 제작되는 모든 레고 세트를 핵심 카탈로그에 맞추기로 했다. 조립 성격이 약한 여러 상품 라인도 과감하게 생산을 중단했다.

레고의 고위 간부 한 사람은 당시의 변화를 이렇게 요약했다. "우리는 잘하는 놀이에 집중하기로 한 거예요." 그들은 고객의 요구, 시장의 수요에 대응하지 않는 전략을 선택했다. 이에 화답한 것은 고객 쪽이었다. 레고는 다시 회사 역사상 최고의 매출과 수익을 달성했다.26

고객이 자주 틀리는 세 영역

• • •

당신에게 돈을 내는 고객에게 "틀렸다"라고 말하고 싶지 않다면, "정보가 부족하다" 또는 "전문성이 부족하다"라고 표현해도 괜찮다. 어쨌든 고객은 자신의 문제에 대해서 전문가일 수는 있어도, 그 해법에 관해서까지 전문성을 주장하기는 어렵다. 그들에게 당신이 필요한 이유는 당신이 전문가라서다.

고객이 기업의 성격과 업무를 제대로 알지 못하는 경우를 구체적으로 분석해보자. 때로는 기업의 성격이나 서비스와 무관한 곳에서 착오가 발생한다. 고객은 자신이 원하는 것 또는 필요로 하는 것을 (안다고 생각하지만 사실은) 모를 때가 많다.

고객은 가장 중요한 것을 잘 모른다.

만약 당신이 새 전자제품을 사러 나갔다면, 만족도가 가장 높을 것 같은 상품을 고르는 게 가장 현명할 것이다. 그런데 사람은 그렇게 현명하지 않다고 한다.

2006년 《하버드 비즈니스 리뷰Harvard Business Review》에 소비자의 구매 결정에 관한 놀라운 연구가 소개되었다. 그 연구에 따르면 사람들은 쇼핑을 할 때 새로운 기능이 더 많은 상품에 끌린다고 한다. 타이머가 달린 커피 메이커나 세탁기, 인터넷에 직접 연결되는 스마트

TV, GPS나 엔터테인먼트 기능이 있는 자동차 등 같은 제품이라도 단순한 모델보다 특별 기능이 많은 쪽을 훨씬 더 선호한다는 것이다. 그러나 시간이 지나 가장 만족한 상품을 다시 조사해보면 애초의 선호도와 정반대 방향이 나타난다. 즉, 소수의 기능을 가진 상품의 만족도가 훨씬 더 높다.[27]

고객은 무엇이 자신에게 가장 중요한지를 모른다는 것, 이게 보편에 가까운 진실이다. 사람들은 부속물이 16개나 달린 스위스 군용칼을 보면 갖고 싶어 하지만, 실제로 그들이 가장 자주 쓰고 가장 아끼는 것은 날이 두 개뿐인 제품이다.

고객은 장기적 가치가 어디에서 비롯되는지를 늘 알지는 못한다. 당신이 어떤 상품을 판매하는지, 또 고객과 어떤 관계를 맺고 있는지에 따라 다르긴 하지만, 고객이 상품에 장기적으로 만족하게 하려면 고객을 교육해야 한다.

고객은 기업과의 관계를 잘 모른다

저명한 건축가 프랭크 로이드 라이트Frank Lloyd Wright에게 집을 지어달라고 한 사업가가 있었다. 사업가는 라이트를 고용할 때만 해도 그가 자신을 위해 일한다고 생각했지만, 점점 둘이 협업하는 관계가 되었다. 그러다 종국에는 집주인인 자신이 라이트를 위해 일하는 형국이 되었다고 한다.[28]

이 일화는 유명 예술가의 힘을 빌릴 때 일어날 만한 특수한 상황을 말해주기도 하지만, 구매자와 판매자가 공동의 목표를 바라볼 때 그 관계가 어디까지 갈 수 있는지를 짐작케 한다.

당신의 팀이 고객과 맺는 관계에서, 비전은 누구의 것인가? 당신이 고객의 아이디어를 구현하고 있는가, 아니면 고객의 비전을 위해 둘이 함께 노력하고 있는가, 아니면 당신이 고객에게 방향을 제시하는 입장인가?

구매자가 샀다고 생각하는 상품과 판매자가 팔았다고 생각하는 상품이 서로 일치하지 않을 때, 불화가 발생한다. 고객과 기업의 관계가 복합적이거나 장기적일수록, 오해가 발생할 소지가 커진다.

사업을 꾸려나가는 방식, 고객과 관계를 맺는 방식은 기업이 결정한다. 따라서 구매자에게 앞으로 이 관계가 어떤 방향으로 구축될지 확실하게 알리는 것도 판매자의 의무다. 당신이 고객에게 제공하는 것은 실행력인가 아니면 기획력인가, 아니면 그 둘 다인가? 그 일에서 결정권은 누구에게 있는가?

고객은 비즈니스 모델을 잘 모른다.

당신이 어느 도시의 가장 근사한 레스토랑에 가서 저녁을 먹는다고 상상해보자. 자리를 안내받은 뒤, 서버가 상냥하게 인사하면서 요리에 넣지 말아야 할 재료가 있는지 묻는다. 당신은 글루텐 알레르기가 있고 유당 불내증이 있으며 '수크로스 적대증'이 있다고 설명한다. (마지막 증세는 내가 방금 지어낸 것이다.) 프로정신 투철한 서버는 미소를 지으며 대답한다. "잘 알겠습니다! 셰프에게 전달해서 맛도 좋고 문제도 없는 요리를 곧 내오겠습니다."

이번에는 패스트푸드 햄버거 가게에 가서 특별한 요구 사항이 있다고 설명하는 상황을 떠올려보자. 카운터를 보던 아르바이트생이 알 수 없다는 표정으로 답한다. "그럼 물 말고는 드릴 게 없는데요?" 고급 레스토랑과 햄버거 가게는 전혀 다른 비즈니스 모델을 따른다. 두 곳에서 똑같은 수준의 경험과 맞춤 서비스를 요구한다면 그건 고객의 착오다.

아직 명확한 비즈니스 모델을 채택하지 않은 기업은 저마다 다른 것을 요구하는 고객들에게 휘둘리기 쉽다. 고객의 요구에 적극적으로 대응하고 개별 주문을 수용하는 모델을 선택했다면, 그 기업은 그 특수한 시장에서 자리를 잡을 수 있는 한편 고객 반응성이 낮은 업체들과 경쟁해야 한다.

기업은 개별 고객 때문에 비즈니스 모델을 변경해서는 안 된다. 시간이 지남에 따라서, 또 시장에 대응하면서 모델이 달라지는 경우는 있지만, 특정 고객의 요구에 대응하겠다고 모델을 바꾸는 일은 옳지 않다.

맞춤형 서비스와 표준형 서비스

몇 년 전 나의 한 클라이언트가 재정 실무를 외주하는 과정에서 두 후보 업체를 두고 고민하고 있었다. 둘은 동종업계에서 경쟁하는 사이였지만 비즈니스 모델은 서로 딴판이었다.

업체 A는 이렇게 제안했다. "우리는 귀사의 기존 팀 구성과 공정에 맞추어 일합니다. 현재 어떤 회계 소프트웨어를 쓰고 있든 문제없습니다. 또 파트타임부터 풀타임까지 귀사에 필요한 인원을 지원합니다. 보고 내용도 원하는 수준으로 맞춰드립니다."

업체 B는 이렇게 제안했다. "우리와 일하게 되면 우리가 선택한 회계 소프트웨어로 시스템을 바꾸어야 합니다. (우리는 그 소프트웨어만을 사용합니다.) 우리는 모든 클라이언트에게 일정한 규준의 보고서를 제출하며, 매달 정해진 날짜에 세 번 보고서를 발송합니다. 우리가 청구하는 요금은 여기에 적힌 대로이며, 지출 보고는 다음과 같이 이루어집니다."

업체 A의 제안을 다르게 표현하면 이렇다. "고객님이 옳지요. 무엇을 원하시든, 무엇이 필요하시든 다 좋답니다. 우리가 맞춰서 해드리지요." B의 제안은 이렇다. "이게 우리 방식입니다. 일을 잘하는 방법은 우리가 잘 압니다. 함께 일하려면 고객이 우리에게 맞추어야 합니다."

A쪽은 훨씬 더 유연하고 대응에 적극적이라고 할 수 있고, B쪽은

견고하고 무척 구조적이다. 둘 중 어느 쪽이 맞는 모델이라곤 할 수 없다. 그 회사가 그 방침으로 일을 잘 해낼 수 있다면 어느 쪽이든 성공할 수 있다. 실패는 그 사이에 있다. 최대한의 융통성과 최대한의 안정성을 동시에 추구할 때, 또는 최근에 만난 고객이 요구하는 모든 것을 무조건 따르려고 할 때는 거의 확실히 실패하게 된다.

"그들은 우리 고객이 아닙니다"

• • •

아직도 "고객은 언제나 옳다"라는 관념에서 벗어나기 어려운 독자가 있다면, 당신의 고객이 누구인지를 좀 더 좁게, 선택적으로 생각하는 방법이 효과적일 수 있다. 이를테면, 레고는 창의적인 조립 경험을 원하지 않는 어린이는 그들이 만나고자 하는 고객이 아니라고 판단했다.

당신은 고객이 어떤 사람들인지 알고 있는가? 당신의 고객이 무엇에 가치를 두는 사람들인지 분명하게 파악하고 있는가?

고객을 정의하라

햄버거와 감자튀김을 파는 파이브 가이스Five Guys는 놀라운 성장세로 점포를 늘려왔다. 이들은 세계에서 가장 많은 고객 리뷰를 받은 음식점으로 유명하다. 이곳의 메뉴는 햄버거, 핫도그, 프렌치프라이로 이루어져 있다. 그게 전부다.

몇 년 전 나는 한 회의에서 파이브 가이즈의 CEO 제리 머렐Jerry Murrell을 비롯하여 주요 가맹점주들과 함께한 적이 있다. 당시 파이브 가이즈 내부에서는 일부 가맹점들이 고객의 피드백에 따라 메뉴와 가격에 변화를 주어야 한다고 머렐을 압박하고 있었다. 터키 샌드위치와 밀크셰이크를 추가하자는 곳도 있었다.

머렐은 단호했다. 그에겐 자신의 접근법을 바꾸어야 할 이유가 전혀 없었다. 파이브 가이즈는 수많은 신문과 잡지에서 “당신이 지금 먹을 수 있는 가장 맛있는 햄버거”로 인정받고 있었고, 고객들로부터 그 어떤 경쟁업체보다도 높은 점수를 받고 있었다. 머렐은 그 비결을 집중화 전략에서 찾았다. 만약 새로 추가한 메뉴가 세계 최고로 널리 인정받지 못한다면 브랜드 가치가 떨어질 뿐이었다. “밀크셰이크나 터키 샌드위치에 대해서는 사람마다 취향이 다릅니다. 한 고객이 리뷰에 ‘별로다’라고 쓰는 순간 우리는 중요하지 않은 메뉴 하나 때문에 나쁜 점수를 받기 시작할 겁니다.” 파이브 가이즈의 목표는 햄버거 매니아를 위한 최고의 식당이 되는 것이었다. 칠면조 매니아라면 다른 곳에 가서 배를 채우면 될 일이었다.

대화가 점점 격해지는 와중에 한 가맹점주가 가격 인하를 호소했다. “햄버거 하나, 감자튀김, 음료수 한 컵에 10달러가 넘습니다.” 이번에도 머렐은 꿈쩍하지 않았다. 나는 그의 대응 방식이 놀라웠다.

"그래요, 사람들은 원래 가격에 불만이 많거든요. 하지만 우리 고객들은 아닙니다. 우리의 고객은 우리 햄버거에 그 돈만 한 가치가 있다는 것을 알기 때문에 기꺼이 돈을 내고 있는 거예요."

즉, 누군가가 가게에 들어와 한 끼 식사를 했다고 해서 그가 곧 고객이 되는 것은 아니라는 뜻이었다. (적어도 머렐의 기준에서는 그렇다.) 파이브 가이즈의 진짜 고객은 그들의 상품이 얼마나 훌륭한지 알아보고 그 가치를 최대한 누리는 사람이었다.

고객이 옳지 않다면, 누가 당신의 '진짜' 고객인지 다시 정의해볼 필요가 있다.

고객을 잘라라

특정한 소비자 집단만을 고객으로 상정하는 것은 비즈니스 세계의 흔한 전략이다. 아니, 어쩌면 모든 사업체가 어느 정도는 그런 방침을 취한다고 할 수 있다. 일단 판매 과정부터가 그렇다. 어떤 회사의 상품과 가격이 모든 소비자를 끌어들이는 것은 아니다. 즉, 일부는 당신의 고객이 되지만, 또 일부는 그 상품을 원하지 않거나 그 가격을 인정하지 않고 고객이 되지 않는다.

당신이 파는 상품이 햄버거이거나 그 비슷한 단순한 소매 품목일 때는 고객을 선택하는 과정이 판매 시점에서 끝난다. 그러나 더 장기적인 관계, 변수가 더 많은 관계에서 당신에게 필요한 고객이 누구인지 파악하는 데는 더 정교하고 복잡한 도구가 필요하다. 그중 하나가 고객 수익성 분석이다.

당신의 고객은 얼마의 이익을 창출하고 있는가? 그 고객 가운데 수익성이 가장 높은 사람은 누구인가? 당신에게 외려 손해를 입히는 고객은 없는가?

"고객은 언제나 옳다"고 전제하고 행동하면 이익과 무관한 고객이 찾아오기 십상이다. 손실을 낳는 고객을 오래 붙들고 있다가는 파산에까지 이를 수 있다. 그러므로 이익이 되지 않는 고객이 눈에 들어오는 순간, 조치를 취해야 한다. 이를테면, 고객이 추가 서비스를 요구하는 경우라면, 그에 해당하는 특별 요금이나 특별 요율을 적용해야 한다. 또 고객이 잘못된 기대치를 가지고 있다면, 그것을 바꾸라고 해야 한다.

때로 최선의 해결책은 안녕을 고하는 것이다. 우리 대부분은 돈을 내는 고객과 관계를 끊는 것을 어려워하지만, 그 방법만이 옳을 때가 있다. 변화를 모색하는 기업은 기대치를 바꾸려 하지 않는, 또는 바꿀 수 없는 고객에게서 벗어나는 편이 좋다. 이는 연인 관계를 끝낼 때와 비슷하다. "당신이 아니라 내가 문제야. 난 이제 전과 다른 사람이 되었거든. 그뿐이야."

과잉 대응을 부르는 세 가지 착각

• • •

우리를 함정에 빠뜨리는 말 뒤에는 잘못된 믿음이 있다. "고객은 언제나 옳다"라는 비싼 문장은 "고객이 요구할 때는 무엇이든 해주어라"와 같이 고객 대응을 강조하는 표현으로 나타난다. 팀에서 그런 말이 들려온다면, 다음 세 가지 함정 중 하나가 당신의 발목을 잡고 있는 게 아닌지 의심해야 할 때다.

착각 1: 매출이 이익보다 중요하다.

『포브스』 선정 '500대 기업' 등 언론에 자주 등장하는 기업 리스트의 기준은 매출이다. 신문에 등장하는 '3조 규모 기업', '8,000억 규모 업체' 같은 표현에서도 그 숫자는 매출을 말한다. 회사에서 영업자에게 상을 줄 때도 순이익이 아니라 총 판매량을 기준으로 한다.

이처럼 현대 비즈니스계는 이익보다 매출을 강조하는 경향이 있다. 게다가 기업 실무자 중에도 경제와 재정을 잘 모르는 사람이 많다는 점에서, 우리 대부분이 이익이 아니라 매출을 더 중요하게 생각한다고 말할 만하다. "고객은 언제나 옳다"는 믿음과 매출 중심 사고가 결합하면 어떤 사태가 벌어질까? 다음의 전형적인 시나리오는 매출 중심적 사고에서 비롯되는 결과를 분명히 보여준다.

큰 계약을 성사시키고자 여념이 없는 한 영업부 직원이 예상 고객의 특별 요구 사항이 적힌 긴 목록을 내놓는다. 경영진은 마지못해 그 요구를 승인한다. 새로운 '큰손'이 매출을 대폭 올려줄 수도 있기 때문이다. 긴 영업 과정 끝에 계약이 체결된다. 그러나 고객이 요구한 그 많은 변경 사항을 자세히 검토해봤더니 그 고객이 수익이 되기는커녕 회사에 손해를 입히고 있음이 밝혀진다. 이 회사는 매출 기준에서는 성장했지만 수익 기준에서는 퇴보한 것이다.

착각 2: 고객이면 다 좋다

기업 입장에서는 매출을 올리는 것이 가장 시급한 문제일 때가 있기 마련이다. 그러나 그런 특수한 상황에서도 손잡지 말아야 할 클라이언트가 있고, 떠맡지 말아야 할 프로젝트가 분명 있다. 당신의 팀은 타깃 고객에 대해 얼마나 잘 알고 있는가?

첫 번째 착각과도 긴밀히 연결된 두 번째 착각은 "모든 고객은 이익이 된다"라는 것이다. 물론 고객과의 관계가 돈으로만 이루어지는 것은 아니며, 특정 가치를 공유하는 고객, 회사의 전략을 강화하는 고객은 수익 이상으로 중요하다.

예를 들어, 어떤 전기 도급업체가 주택 시설보다는 기업 시설에 집중하기로 판단했다고 하자. 개인 고객을 받으면 쉽게 매출을 올릴 수 있지만, 그런 일을 맡게 되면 장차 회사의 기반이 될 기업 고객을 확보하고 유지할 여력이 줄어들 것이다.

착각 3: 고객이 직원보다 소중하다

최근 비즈니스계에는 "고객이 우선이다"라는 관념을 "직원이 우선이다"로 대체하는 흐름이 나타나고 있다. 유수 기업 가운데 고객보다 직원의 가치를 명시적으로 강조하는 방침으로 유명한 곳이 코스트코다.

중요한 것은, 코스트코가 고객 서비스 면에서도 훌륭하다는 사실이다. 수많은 기업 리더가 입을 모으듯, 직원을 소중하게 대하면 그 직원들이 고객을 훨씬 더 소중하게 대하게 된다. 반대로, 상사가 소홀히 하고 무시하는 직원은 고객과 접촉하는 시간에 그런 부정적인 감정을 내보일 수 있다.

훌륭한 서비스의 토대는 팀의 정체성과 강점을 아는 것, 그리고 그것을 조직 내부와 외부에 효과적으로 알리는 것에 있다. 우리는 이 앎을 토대로 삼아 '우리에게 옳은' 고객을 선택할 수 있고, 우리가 해야 할 일과 해서는 안 되는 일을 정확히 찾아낼 수 있다.

"고객은 언제나 옳다"는 말을 듣는다면

• • •

팀의 누군가가 "고객은 언제나 옳다"는 믿음을 내비친다면 다음과 같이 대응해보자.

"물론 우리는 고객에게 좋은 서비스를 제공하는 것을 목표로 하고 있습니다. 하지만 그 방식은 우리의 전략과 이익을 뒷받침하는 것이라야 해요. 과연 이번 고객의 요구 사항은 우리가 우리 전략에 입각해서 대처할 수 있는 수준일까요? 그리고 그 결과는 우리에게 이익을 안겨줄까요? 그 부분부터 고민해보죠."

"그럼요, 고객은 언제나 옳지요. 그렇지만 고객은 우리 경쟁자들에게도 똑같이 옳지 않겠어요? 내 말은, 고객이 우리의 가치와 지향을 이해하지 못하고 인정하지 않을 때 (아니면 고객이 아무 생각이 없을 때) 우리는 결코 고객을 행복하게 할 수 없다는 거예요."

"당신이 고객에게 봉사하는 데 초점을 맞추려는 걸 저도 알아요. 하지만 우리가 이 단계에서 이 요구를 받아들이게 되면 앞으로 다른 고객들의 요구도 똑같은 방식으로 문제없이 해결해야 하는데, 그건 불가능하지 않겠어요?"

"나도 우리 고객이 언제나 옳다고 생각합니다. 그렇지만 타깃 고객이 누구인지 다시 한 번 점검해볼 필요가 있어요. 이번 클라이언트가 우리에게 얼마나 큰 이익을 가져다줄지만 생각해선 안 되죠. 우리가 만나고자 하는 고객층의 우선 가치는 무엇

일까요? 우리가 수익과 가치 양면에서 업계를 이끌려면 구체적으로 무엇이 필요할까요?

우리는 어떤 종류의 고객을 원하는가?

'옳은' 고객의 핵심은 수익성에 있지만, 그게 전부는 아니다. 팀의 전략과 문화에 부합하는 고객은 수익 이상의 가치를 가진다. 이제는 팀원 모두에게 다음 질문을 적은 설문지를 주고 각자 답을 적게 한 다음 함께 이야기하도록 한다. ① 현재 우리의 가장 좋은 고객은 어떤 특징을 가지고 있는가? ② 위와 같은 특징을 가진 고객은 전체의 몇 퍼센트인가? ③ 2년 후 우리의 가장 좋은 고객은 어떤 특징을 가지면 좋을까?

팀원의 답을 취합하여 비슷한 점과 다른 점을 확인해보자. 이 방법을 실행하면 팀이 보유한 고객의 여러 유형에 관해 깊은 이야기를 나눌 수 있다. 나아가 어떤 고객과의 관계를 재설정하면 좋을지, 또는 과감하게 끝내는 편이 좋을지에 대해 팀의 의견을 모을 수 있을 것이다.

전문 영역 지도 그리기

• • •

팀에서 어떤 고객을 원하는지가 아직 불확실할 때, 타깃 고객을 더 분명하게 파악할 수 있는 연습을 진행해보자. 고객은 당신의 전문성이 그들에게 어떤 영역에서, 어떤 방식으로 도움이 될지 이해하고 있는가? 팀은 그 전문성이 어떤 영역에서 가장 큰 가치를 가지는지 알고 있는가?

'전문 영역 지도'는 간단한 표를 이용하여 각 주체의 전문성이 어디에 있는지 확인하는 방법이다. 예를 들어, 어떤 그래픽 디자인 회사에서 전문 영역 지도를 그린다면 다음과 같은 결과가 나올 수 있을 것이다.

주제	우리의 고객	외부 거래처	우리 회사
최신 디자인 트렌드			X
그래픽 디자인 소프트웨어			X
디자인 실무 진행			X
웹사이트 디자인		X	
웹사이트 방향 설정	X		
고객의 목표	X		

프로젝트의 시작 단계에서 이러한 전문성 지도를 작성하여 각 주체의 전담 영역을 검토하면, 앞으로 누가 무슨 일을 하게 될지를 더

명확하게 정리할 수 있다. 또한 업무 분담을 둘러싼 혼선이 줄어들고, 다음과 같이 중요한 사실을 미리 확인할 수 있다. "나는 우리 쪽에서 디자인 실무를 진행하는 줄 알았습니다만. 그런데 본사에서 한다는 거죠?" "이 회사에서 웹사이트 디자인은 안 하는군요? 혹시 그 쪽으로 사람을 추천해줄 수 있나요?"

누가 전문가인지 불확실한 영역, 또는 서로 자신이 전문가라고 주장하는 영역이 있다면, 그런 곳을 미리 파악하고 계획을 세워야만 갈등을 피할 수 있다.

고객의 수익성 등급

• • •

팀의 수익성을 강화하고 올바른 방향으로 성장을 도모하기 위해서는 반드시 고객의 수익성을 파악해야 한다. 수익성을 철저하게 분석해야 하는 경우에는 구체적인 비용과 시간을 계산에 넣어야 하므로 작업이 극도로 복잡해질 수 있다. 그러나 때로는 간단하게 몇 가지 데이터를 이용하여 고객 수익성에 순위를 매기는 것도 효과적인 방법이다. 이를 위한 질문은 다음 세 가지다.

첫째, 당신이 만족시키기 어려운 고객은 누구인가?

둘째, 맞춤 서비스를 요구하는 고객은 누구인가?

셋째, 당신의 가치를 인정하지 않는 고객은 누구인가?

기업의 고객 지원 팀은 어떤 고객이 수익성이 가장 낮은지를 본능적으로 파악하기도 하지만, 그 본능을 데이터(불만 접수 건, 특별 요구사항, 시간이 오래 걸리는 고객 지원 등)로 증명할 필요가 있다.

수집한 데이터를 고객 수익성 관점에서 검토해보면 어떤 고객이 어느 정도의 수익을 보장하는지를 더 잘 파악할 수 있을 것이다. 이때는 최소한 ① 수익성 확실, ② 수익성 불확실, ③ 수익성 없음과 같은 3단계 등급으로 고객을 분류해보도록 한다.

9장 "그 정도는 우리가 직접 하자"는 말

"그런 일에까지 사람을 써야 할까요?"

"원래 내부에서 하던 일이니까, 가능할 겁니다."

"일은 직접 해야 제대로 할 수 있는 법이죠."

"내부 인력으로 충분하지 않나요?"

집안 문제를 직접 해결하려다가 시간과 에너지를 모두 소진한 뒤에야 '이거, 생각보다 어려운 일이네' 하고 깨달은 적이 있는가? 아니면 혹시 누군가 이렇게 말하는 것을 들어본 적이 있는가? "세 번이나 직접 시도한 뒤에 결국 전기 전문가를 부르기로 했지." "그때 이후로 난 시멘트와 관련된 일엔 절대 손대지 않아." "1년이 지나서야 전문 페인트공을 불렀는데, 글쎄 너무나 쉽게 끝내지 뭐예요?"

집안일의 베테랑들은 자기가 직접 할 수 있는 일도 있지만 할 수 없는 일도 있다는 사실을 고생 끝에 배워 알고 있다. 그래서 시간과 홍미, 기술 수준에 맞는 일은 스스로 하지만, 필요한 순간에는 전문가를 부른다.

마찬가지로, 기업의 모든 팀들은 무엇을 스스로 하고 무엇에는 외부 인력을 쓸지 판단해야 할 때가 많다. 이 문제를 경험하지 않는 직장인은 거의 없을 것이다. 모든 것을 외부에 맡기는 팀이라 해도 외주 과정 자체를 외부에 맡길 수는 없는 법이다. 이른바 '(직접) 만드느냐, 아니면 (돈을 주고) 사느냐' 하는 결정은 여러 층위에 적용된다. 이러한 판단이 겹겹이 쌓이면 그 사람의, 그 팀의, 그 회사의 많은 것이 결정된다.

- *기업 차원: 무엇에 외부 인력을 쓰고, 무엇에 내부 직원을 쓸 것인가? 혹시 직원을 더 고용해야 할 영역이 있는가?*
- *팀 차원: 어떤 일을 우리 팀이 하고, 어떤 일을 회사 내 다른 팀이 하게 할까? 우리의 업무는 무엇이며 그 범위는 어디까지인가?*
- *개인 차원: 나의 역할은 무엇일까? 어떤 일을 반드시 맡아야 하고, 어떤 일을 현명하게 거절해야 할까? 나의 시간과 노력을 어떻게 분배해야 옳을까?*

안에서 할 일과 밖으로 빼야 할 일을 구분하는 것은 극히 중요한 기술이다. 또한, 이것도 하나의 기술이기에 개선할 수 있다. 둘을 적절하게 구분할 수 있을 때, 우리는 너무 많은 일을 떠안거나 잘못된 일을 떠안는 사태를 막을 수 있다. 하지만 그 구분이 늘 간단한 것은 아니다.

대부분의 팀이 자신의 시간에 대해서는 낮은 가치를 매기고, 자신의 능력은 과대평가하며, 시장에 나와 있는 서비스와 전문기술에 대해서는 잘 모르는 경향이 있다. 이 세 습성이 한데 모이면 각 사안에 대해 최선의 선택을 내리기보다는 언제나 일을 직접 처리하려 하는 고집스러운 경향이 생길 수 있다. 다음과 같이 사업에서 DIY를 잘못 선택할 때는 재앙과도 같은 여파가 몰려올 수 있다. '기술지원팀에게 영업 관리 업무까지 맡겼다가 그들에겐 고객 관리 기술이 부족함을 깨닫는다.' '대금 회수 담당 직원에게 청구서 발송까지 맡겼다가, 회계사가 엉망이 된 장부를 정리하느라 몇 달이 더 걸린다.' '열정적인 마케팅 분석가가 새 웹페이지를 만들기로 하지만, 넉 달이 지나도록 일이 시작되지 않는다.'

우리는 '내가 하겠다'며 수긍하는 태도를 높이 사지만, 다른 사람을 시켜야 좋을 일을 괜히 떠안았다가는 리스크 증가, 퀄리티 저하, 일정 지연 등 결코 가볍지 않은 결과를 초래할 수 있다. 더욱이, 우리가 어떤 일을 직접 하려고 하는 주된 이유는 돈을 아끼기 위해서이건만, 돈까지 낭비할 수 있다.

돈 아끼려다 돈 버리는 이유

때로 우리는 돈을 아끼려다 큰 비용을 치른다. 이 아이러니가 왜 생기는지를 '만드느냐, 아니면 사느냐'의 맥락에서 따져보자. 집에서든 직장에서든 어떤 일을 직접 해낸다는 것은 외부 전문가에게 내야 했던 돈이 그대로 굳는다는 뜻이다. 여기까지는 괜찮다.

그러나 일을 직접 해내는 데는 당연히 시간이 든다. 당신 자신의 시간이든 동료의 시간이든 말이다. 흔히 우리가 시간의 가치를 낮잡아 보고, 어떤 일에 필요한 시간을 너무 적게 생각해서 그렇지, 시간은 큰 비용이다.

DIY에는 이 밖에도 여러 비용이 발생하는데, 그중에는 우리 눈에 확실하게 보이지 않는 것들이 있다.

첫째, 일을 잘 했을 때의 비용이다. 어떤 일은 기본 요소만 가지고도 해낼 수 없다. 그러나 그 목적을 위해 특수하게 제작된 도구가 필요할 때도 있고, 시간을 더 투자하여 관련 기술을 배워야 하는 경우도 있다.

둘째, 일을 잘못 했을 때의 비용이다. 일을 엉뚱하게 마무리했을 때는 청소 비용이 발생한다. 때로는 애초에 그 일을 맡기면 됐던 바로 그 전문가가 뒤처리부터 다시 해야 한다.

셋째, 일정 지연 비용이다. 외부 전문가를 영입할 때의 확실한 이익 하나는 일정을 정하고 마감을 독촉할 수 있다는 것이다. 누군가가 본 업무를 계속하면서 다른 일을 맡았을 때는 일의 우선순위와 중요도가 충돌할 수 있고, 그 사람에게 충분한 책임을 기대할 수 없다.

넷째, 리스크 비용이다. 외부 업체를 고용하면 내부 인원의 업무량과 정신적 부담이 줄어든다. 전문가에게 맡겼으니 결과를 기다리고 있으면 된다. 내부에서 직접 처리할 능력이 있는 경우라도, 그 최종 결과물은 전문가가 보장하는 퀄리티에 한참 못 미칠 수 있다.

물론 이러한 종류의 비용은 외부 전문가를 고용할 때에도 얼마든지 발생할 수 있다. 그들이 당신이 바라는 만큼 전문적이지 않은 경우가 있기 때문이다. (이를테면, 주택 리모델링을 위해 고용한 사람이 네 명 있다고 하자. 아마 그중 세 사람은 비용을 비롯한 각종 골칫거리를 경험할 것이다.) 그러나 진정한 전문가를 찾을 수 있는 영역에서는 외부의 일손을 빌리는 것이 비용 면에서도 이익이다.

실패한 DIY는 그대로 없던 일이 되기도 하지만, 엄청난 사태를 초래하기도 한다. (때로는 말 그대로 '폭발사고'가 발생한다.) 어쨌든 두 경우 모두 "그 정도는 우리가 직접 하자"는 믿음이 숨길 수 없는 비용을 낳는다. 쓰레기를 치워야 하고, 다시 돈을 들여 문제를 해결해야 한다. 그러면 다음번에는 좀 더 지혜롭게 판단할 수 있을 것이다.

잘못된 DIY 프로젝트로부터 핵심 기술에 집중하는 법을 배웠다면 전화위복이라고 생각해도 좋다. 앞으로 살펴보겠지만, 성공한 DIY는 그보다 훨씬 더 높은 대가를 요구할 수 있기 때문이다.

능력자가 빠지는 함정

DIY의 위험은 당신이 직접 했다가 실패하는 경우에 국한되지 않는다. 일이 성공적으로 마무리되었을 때 오히려 훨씬 더 큰 손실이 발생할 수 있다. 당장의 승리가 기분은 좋지만, 계속 그 유혹을 따르다 보면 은밀한 비용들이 발생하고 전략이 흔들리게 된다.

이 모순적인 상황을 설명하는 열쇠는 기회비용이다. 그 조직이 가장 잘하는 일, 고객이 그 회사에 돈을 내는 이유, 회사의 사명을 대표하는 사업 등 기업의 핵심이 부차적인 활동으로 인해 흐트러질 때, 기회비용이 발생하기 시작한다.

다음의 구체적인 예화를 보면 기회비용이 무엇인지 쉽게 이해할 수 있을 것이다. 어떤 의사가 임금 지출을 아끼고 싶어서 업무 관리자를 고용하지 않는다고 해보자. 그 사람은 자기 업무 시간의 절반을 진료 약속을 잡고 서류를 처리하는 데 쓰며, 그 때문에 더 많은 환자를 받지 못한다. 이 의사는 업무 관리자를 고용하지 않음으로써 돈을 아끼고 있을까? 순전히 돈만 생각하면 그렇다고 할 수 있다. 임금으로 나갈 돈이 그대로 있기 때문이다. 그러나 우리는 이 사람의 판단이 경제적으로 합리적이지 않음을 직관으로 알 수 있다.

우리가 이 의사의 지갑에서 빠져나가는 돈만 봐선 안 되는 이유는 거기에 기회비용이 빠져 있기 때문이다. 상황을 정확하게 판단하려면 의사가 진료 시간을 두 배로 늘림으로써 벌어들일 수 있는 액수까지 생각해야 한다. 그랬을 경우, 그 의사는 일 잘하는 업무 관리자를 쓰고도 남을 돈을 벌었을 것이다.

다시 말해, "그 정도는 우리가 직접 하자"는 말이 낳는 가장 큰 비용은 돈도 아니고 리스크도 아니다. 마땅히 더 중요한 일에 써야 했을 시간과 에너지다. 팀의 핵심과 무관한 모든 업무는 기회비용을 낳는다. 이를테면, 마케팅 팀이 웹사이트를 만드는 프로젝트를 맡기로 했다면, 그들이 코드를 짜고 페이지를 디자인하고 사이트를 테스트하는 그 1분 1분은 곧 마케팅에 쓰이지 않은 시간이 된다.

"전략의 핵심은 '아니'라고 말하는 데 있다." 스티브 잡스가 남긴 유명한 말이다. 이 간단한 원리에는 하나하나의 새로운 프로젝트는 집중된 역량을 흐트러뜨리고 팀을 주요 목적에서 이탈하게 할 수 있다는 중요한 교훈이 담겨 있다. 여러 다양한 업무를 다 잘하는 팀은 현실적으로 존재하지 않는다.

왜 직접 할 수 있다고 생각할까?

• • •

직접 해선 안 되는 일을 하게 만드는 이유는 돈을 아끼고 싶다는 타당한 욕구 때문만이 아니다. 당신의 팀이 "그 정도는 우리가 직접 하자"라는 믿음 때문에 전략과 경제성이 결여된 방향으로 나아가고 있다면, 거기엔 다음과 같이 비교적 덜 타당한 동기가 작용하고 있을 수 있다.

첫째, 개인적 흥미 또는 자기과시 욕구이다. 어떤 팀원이 어떤 일을 맡는 이유에는 그것이 눈에 띄는 일이라서, 그것이 새로운 일을 배우는 기회라서, 재미있는 일 같아서, 맡은 일이 별로 없어서 등등이 있다. 물론 이러한 이유로도 충분할 때가 있지만, 중요한 프로젝트에는 그보다 더 탄탄한 근거가 필요하다.

둘째, 새것의 매력이다. 내가 몸담았던 한 회사의 간부진은 인도에 고객서비스센터를 건설하는 계획에 상당한 시간을 투자했다. 그런 센터가 생기면 우리에게 도움이 되긴 하겠지만, 우리의 핵심 사업과는 무관한 프로젝트였다. 회사는 "그 정도는 우리가 직접 하자"고 판단했다. 천만다행으로 이 프로젝트는 끝내 실행되지 않았지만, 그 일을 고민하고 논의하는 데 들인 엄청난 시간을 생각해보면 결코 다행한 일이 아니었다. 평소의 업무와 분야를 벗어난 새롭고 색다른 계획은 큰 매력을 발휘할 수 있다. 특히 회사의 중심 사업이 힘겹고 지루하게 느껴질 때, 당면한 어려운 현실로부터 눈을 돌리고 싶을 때는 그러한 매력에 더 쉽게 걸려들 수 있다.

셋째, 자신의 강점에 대한 과신이다. 망치만 가진 사람에게는 모든 게 못으로 보인다는 말이 있다. 우리 대부분은 제 자신의 강점과 관점을 실제보다 더 가치 있게 생각하는 경향이 있다. 이러한 편향이 위험해지는 때는 제 자신의 능력을 과신하다가 문제의 해결 방향을 잘못 짚는 경우다.

넷째, 책임 분담의 두려움이다. 다른 사람들은 고지식하고, 무지하며, 소심하기 때문에 그 일을 똑바로 해낼 수 있는 건 자기뿐이라고 생각하는 것이다.

"일은 직접 해야 제대로 할 수 있는 법이다?"

나는 이 책에 여러 유명한 격언과 통설을 인용해왔다. 그리고 그 대부분은 잘못 적용될 위험과 함께 일말의 진실을 담고 있기에, 위험은 비판하면서도 존중하는 마음을 잃지는 않았다. 대체로 말이다. 그러나 "일은 직접 해야 제대로 할 수 있는 법이다"라는 말은 순전히 엉터리이며 반드시 의심해야 하는 문장이다.

다행히도 내가 보기에 이 말은 주로 반어법으로, 농담으로 쓰이는 것 같다. (이를테면, "좋은 정보를 알려줘서 고마워. 지금부터는 내가 알아서 할게. 아무래도 일은 직접 해야 제대로 하니까"에서처럼.) 하지만 누군가가 진담으로 그렇게 말했다면? 오직 자신만이 제 기준을 맞출 수 있다는 세계관은 얼마나 애처로운가! 그 얼마나 오만하고 외로운 사람인가! 혹시 당신 자신이 이 비싼 문장에 사로잡혀 있다면, 한 걸음 물러나서 스스로를 객관적으로 바라보아야 할 때다.

수십 년 전, 산업계에는 "우리 것이 아니면 거부한다Not Invented Here"(줄여서 NIH 증후군이라고 부르기도 한다)라는 사고방식으로 유명한 몇몇 기업이 있었다. 그들은 자기 조직 바깥에서 창조된 혁신에 대해서는 두 번 생각하지 않고 퇴짜를 놓았다. 세계 도처에서 매 순간 혁신이 이루어지고 있는 오늘날, 그런 식의 순진하고 진부한 태도는 통하지 않는다. 일을 하는 올바른 방법은 더 이상 독점될 수 없으며, 모든 일을 직접 하겠다고 고집하는 사람은 뒤처질 수밖에 없다.

주어진 질문이나 문제가 무엇이든, 그 최선의 해답이 우리 자신에겐 없을 것이다. 그래도 괜찮다. 지금 세계에는 우리가 원하기만 하면 도움을 받을 수 있는 전문가와 해결책이 풍부하게 존재하므로.

외부인이 일을 더 잘하는 이유들

최근 들어 나는 클라이언트에게 IT 업무나 회계를 외부에 맡기라는 조언을 여러 번 했다. 이제는 그 분야의 수많은 회사가 전보다 낮은 비용과 낮은 리스크로 서비스를 제공하고 있기 때문이다. 이러한 이점이 존재하는데도 많은 기업 리더가 외부 업체 고용을 꺼리는 것은 신용 문제 때문이다. 데이터 보안이나 재정 실무와 같은 중요한 영역을 외부 회사에 일임하기가 불안한 것이다. 신뢰는 당연히 가벼운 사안이 아니다. 그러나 불신을 전제하는 태도에는 잘못된 믿음이 깔려 있다.

어떤 회사가 IT나 회계 업무를 내부에서 처리한다면, 그 부서를 이끄는 사람들 및 접근권과 특권을 가진 모든 소속원을 믿는 것이다.

회사는 그들의 인격과 그들의 능력을 신뢰한다. 다시 말해, 그 일을 맡은 팀은 사기나 부주의가 발생할 소지를 허용해선 안 될 뿐만 아니라, 최신 기술, 공정, 정책을 빠짐없이 파악하고 있어야 한다.

외부의 파트너는 몇 가지 특정한 이유에서 훨씬 더 높은 신뢰 기준을 충족할 수 있다. 첫째, 사업의 규모와 범위 때문이다. 사내 팀은 자기 회사만을 위해 일하지만, 능력 있는 외부 업체는 다양한 클라이언트의 다양한 필요를 채우고자 한다. 수많은 회사와 협업하는 업체는 가장 효율적인 업무 방식과 업계 트렌드를 발견할 수밖에 없다. 그런 업체는 확실한 방식을 구축하게 되고, 가장 중요한 일을 수차례 반복해서 하게 된다.

둘째, 그 업무를 제대로 해내는 것이 그 업체에 얼마나 중요한 목표인지 생각해보자. 외주 업체의 유일한 용도는 특정 서비스 분야를 전담하는 것이다. 만약 그 서비스에 차질이 생기면 업체의 미래가 불투명해질 것이다. 이를테면, 어떤 조경회사가 회계에 문제를 겪고 있다면, 그건 회계 문제다. 그러나 어떤 회계 업체가 그 문제를 바로잡지 못한다면, 그들은 그 업계에서 살아남기 어려울 것이다.

우리가 우리 주변의 사람을 더 믿는 것은 그들을 잘 알기 때문이다. 그러나 조직 바깥에 있는 사람들이 일을 잘 해낼 수밖에 없는 이유, 일을 잘못 했을 때 그들이 감당해야 하는 위험을 고려해보면, 특정한 업무는 외부에 믿고 맡겨도 좋다는 결론에 이르게 된다.

내가 하기엔 너무도 중요한 일

• • •

급여 지출 관리는 외주의 중요성을 보여주기에 더없이 적절한 분야다. 급여 지출이 흔한 외주 항목이 되기 전만 해도 직원 보수를 관리하는 데 다른 회사를 끌어들이는 방식은 기이한, 나아가 무모한 일로 여겨졌다. 1950년대의 중소기업 사장이라면 지출 관리 서비스를 파는 영업자에게 이렇게 반응했을 것이다. "우리 상품을 배달하는 일은 다른 사람에게 맡길 수 있어요. 하지만 외부 회사에 우리 돈을 맡기고 우리 직원에게 급료를 지불하게 하라고요? 우리 돈이고 우리 직원인데 그걸 왜 남에게 맡기라는 거죠?"

그러나 21세기 미국의 거의 모든 기업은 제3자를 통해 급여를 지불하고 있다. 급여 관리 업체와 단 한 번도 대면하지 않고 전화나 온라인으로만 계약을 맺는 경우도 드물지 않다.

급여 관리는 잘못 처리해선 안 될(급여 문제를 즉시 해결하지 못하는 회사가 앞으로도 존속할 가능성은 제로다) 아주 중요한 업무다. 이제 급여 아웃소싱은 평범한 선택지다.

앞의 두 문장은 얼핏 모순적이지 않은가? 실제로 거의 모든 회사가 급여 관리에서 아웃소싱을 선택하는 이유는 다름 아니라 급여가 너무도 중요한 업무라서다. 우리의 일차적인 직관은 이렇게 말한다. "이 일은 너무나 중요하니까 다른 사람에게 시킬 수 없다." 그러나 오늘날 시장에서는 핵심적인 임무일수록 남에게 맡기는 편이 나을 때가 종종 있다. 내부의 비전문가보다는 외부의 전문가가 더 신뢰할 만하고 더 유능하고 더 절약이 되기 때문이다.

전문가가 늘고 있는 시대

내가 자동차 마니아라고 해보자. 나는 차를 직접 정비하기를 좋아한다. 1년에 세 번 직접 엔진오일을 교체한다. 10년이면 30번 가는 셈이다. 그 정도면 (일반인 기준에서는) 그 일에 꽤 자신이 붙고 능률도 비교적 높을 것이다. 그러나 엔진오일 교체를 전문으로 하는 사람과 비교해볼까? 그 사람은 하루에 30번쯤 엔진오일을 교체한다. 그에 비하면 내 경험은 경험이라고 할 수도 없다.

엔진오일을 가는 것쯤이야 그렇게 큰일이 아니고 일 자체도 간단하므로 경험 차이가 대단한 차이로 이어지진 않을 수 있다. (이 또한 내가 확신할 수는 없는 일이다.) 그러나 이 원칙은 세상 모든 분야의 거의 모든 일에 해당한다.

아무렴, 당신은 회사의 웹사이트를 직접 만들 수 있다. 하지만 당신이 그 일을 맡는 쪽과 100개 회사의 웹사이트를 만들어본 업체에게 일을 맡기는 쪽, 어느 쪽이 더 나을까? 아무렴, 당신은 홍보 캠페인을 직접 기획할 수 있다. 하지만 20년간 홍보 일을 해온 사람을 고용하는 편이 결과가 더 좋지 않겠는가? 아무렴, 당신은 업체와의 협상을 직접 진행할 수 있다. 하지만 지난 10년간 수백 개 업체와 협상한 경험이 있는 사람이라면 당신이 보지 못하는 지점을 발견하고 그로써 더 큰 돈을 절약하거나 퀄리티를 높일 수 있지 않을까?

지난 100년 사이에 테크놀로지, 유통, 소통과 같은 특정 분야의 기술은 무척 빠른 속도로 개선되고 발전되어왔다. 그 결과 지금 우리는 그 어느 때보다 풍부한 아웃소싱 기회를 누리게 되었다. 인터넷과 국제배송 산업이 발달하면서 더 넓은 시장이 더 가까워졌으며, 그로 인해 우리가 전문가의 힘을 빌릴 기회는 한층 더 풍부해졌다.

이러한 변화를 상인의 관점에서 생각해보자. 1960년대에 닥스훈트용 스웨터를 만들던 사람에게 잠재고객은 그가 사는 마을이나 도시 주민에서 끝났을 것이다. 그중 1퍼센트만이 닥스훈트를 기르고 또 그중 10퍼센트만이 개에게 옷을 입혔다고 하면, 그 시장은 아주 작았을 것이다. 인터넷 시대에는 매우 경제적으로 전 세계에 개옷을 광고할 수 있고 상품을 하룻밤 만에 배송할 수 있다. 스웨터 상인에게도 좋고, 닥스훈트에게도 좋은 일이다. 판매량이 늘고, 규모가 커지고, 전문성이 높아지고, 비용은 낮아지기 때문이다.

집중할 자유

당신 팀이 마주하는 거의 모든 문제는 지금까지 수십, 수백, 수천 팀이 이미 마주했던 문제다. 전문화, 세계화, 테크놀로지, 이 세 요소의 트라이앵글은 당신에게 문제의 해답에 이르는 길을 알려준다. 당신 혼자 황무지를 갈지 않아도 된다. 당신의 필요에 꼭 맞는 가장 효율적인 해법이 이미 존재하니까.

누구나 본능적으로 "그 정도는 나 혼자 할 수 있다"라고 믿는 시기를 지나온다. 드물긴 하지만 아직 그 말이 진리인 상황도 있다. 무인도에 표류했다거나 인적 없는 곳에서 캠핑을 할 때 말이다. 그런 드문 경우가 아니라면, 어떤 문제를 해결해야 할 때 스스로에게 가장 먼저 던지면 좋은 질문은 바로 이것이다. "이 일을 누구한테 맡길 수 있을까?"

지금 비즈니스계의 여러 분야에서 선택지가 늘어나고 있을 뿐만 아니라, 퀄리티도 함께 높아지고 있고, 비용은 낮아지고 있다. 당신이 이러한 동향을 의식하고 있다면 균형 잡힌 관점에서 언제 나 자신을 쓰고 언제 돈을 쓸지를 현명하게 결정할 수 있을 것이다.

경영진이 상품 개발과 마케팅, 배송, 고객 서비스, 재정 실무를 아웃소싱하기로 판단한다면 수많은 노련한 업체가 그 일을 맡겠다고 나설 것이다. 이 장 초반에도 말했지만, 비즈니스 리더가 반드시 갖추어야 할 몇 안 되는 기술 중 하나가 바로 어떤 일에 내부 직원을 투입하고 어떤 일에 외부 인력을 사올지 판단하는 능력이다.

직접 할 것인가, 외부인을 쓸 것인가

• • •

지금까지 너무 많은 일을 회사 내부에서 진행할 때 발생할 수 있는 여러 비용, 우리가 내부의 힘에 의존하려고 하는 이유, 점점 더 좋은 솔루션이 점점 더 많이 나오고 있는 최근의 시장 상황을 두루 살펴보았다. 이 내용들은 전부 한 방향을 가리키고 있는 것 같지만, 사실 나는 우리가 눈과 마음을 열고 '만드느냐, 아니면 사느냐'의 선택을 사고할 수 있도록 땅을 고른 것뿐이다.

우리의 시작점은 문제의 활동이다. 배수관을 고치든, 새 상품 라인을 출시하든, 백서를 작성하든, 회사를 매입하든, 어떤 일에서나 우리는 먼저 몇 가지 질문을 던지고 답을 찾은 뒤에야 그 일을 직접 하든지 남에게 맡겨야 한다. 팀의 능력을 가늠하고, 그 프로젝트의 경제적 비용을 계산하고, 팀의 일정을 확인하고, 기회비용과 대리비용을 따져야 한다.

퀄리티: 나에게 그 일을 할 능력이 있는가?

"그 정도는 우리가 직접 하자"는 문장을 들었을 때 우리가 가장 먼저 떠올려야 하는 질문은 "정말인가?"이다. 무난한 기준도 통과할 수 없는 퀄리티가 예상된다면 그 일은 당연히 맡아선 안 된다. 그렇다면 충분한 퀄리티란 정확히 어느 정도일까?

여기에는 두 개의 기준선이 있다. 하나는 스스로가 요구하는 기본적인 결과를 최소한으로 충족하는 퀄리티다. 이를테면, 마케팅 뉴스레터를 배포하는 일에서 당신이 직접 뉴스레터의 내용을 작성하고 그것을 무난한 형식으로 배치한 다음 우편이나 이메일로 타깃 고객에게 뉴스레터를 보낼 수 있다면, 이 첫 번째 기준에 도달한 것이다.

두 번째는 상업적 퀄리티다. 뉴스레터 작성과 발송을 홍보 업체에 맡긴다면 어떤 결과물이 예상되는가?

두 기준선을 함께 보면 어느 정도 차이가 나타나는가? 내부의 결과물과 제3자의 결과물 사이에 유의미한 격차가 있는가? 그 격차가 활동 결과에 영향을 미치는가?

비용: 그 일을 하는 데 드는 비용은 얼마인가?

어떤 일을 내부에서 잘 해낼 수 있다고 결론지었다면, 그다음 던질 질문은 "어떤 비용이 얼마나 들 것인가?"이다. 여기서 가장 중요하게 비교할 것은 그 일에 외부 인력을 고용했을 때의 비용이다. 반대로 그 일에 외부 인력을 고용한 경우에도, 직접 했을 때의 비용과 비교해야 한다.

규모가 작은 프로젝트에 대해서는 내부 진행 비용과 외주 비용 모두를 대강 어림짐작해도 충분할 것이다. (물론 어림짐작은 짐작일 뿐이다. 외주 업체에 드는 비용을 정확히 알아내는 유일한 방법은 서면으로 가격을 받아보는 것이다.)

시간: 그 일을 언제 할 수 있는가?

퀄리티와 비용을 현실적으로 파악했다면, 다음은 달력을 들여다볼 차례다. 당신 또는 팀이 원래 하던 중요한 업무를 계속 하면서 새로운 일을 맡아 기한 안에 끝낼 수 있는가?

프로젝트에 시간 압박이 있다면 외부 인력을 고용하는 편이 합리적이다. 시간만이 문제일 때, 즉 적당한 비용으로 적절한 퀄리티를 구현할 능력이 당신에게 있을 때, 이건 순전히 용량의 문제다. 그런 경우에는 업체를 고용하는 것도 방법이지만, 팀원을 보강하여 업무량을 소화하는 선택지도 있다.

기회비용 계산하기

어느 사업 분야에서든, 심지어 개인생활에서도, 특정한 업무나 프로젝트로 인해 발생하는 경제적 기회비용을 계산하는 능력은 우리에게 도움이 된다. 이를 위해서는 당신 자신 또는 팀원의 시간에 구체적인 가치를 매길 필요가 있다.

기회비용은 절대적인 수치가 아니다. 시간을 어떻게 쓰느냐에 따라 달라지며, 따라서 당신 또는 팀이 맡은 각 역할에 따라서도 달라진다. 소프트웨어 기술자가 회사의 사활이 걸린 프로젝트에서 제 속도를 내지 못하고 고객지원팀이 근무 시간의 30퍼센트를 할 일 없이 보낸다고 할 때, 기회비용이 큰 쪽은 기술자이고 고객지원팀의 기회비용은 0에 가깝다.

기회비용은 계절에 따라 달라지기도 하고, 심지어 하루 중 시간대에 따라 달라지기도 한다. 당신의 회사가 10월에 대형 컨퍼런스를 주최한다고 하면 직원들은 9월을 너무도 바쁘게 보낼 것이다. 따라서 그해 초에 내부에서 진행하기로 한 프로젝트의 기회비용이 9월에는 더 높아질 것이다.

기회비용 계산에 들어가는 또 하나의 변수는 집중력과 기술이다. 어떤 사람이 하루의 30퍼센트를 빈둥거린다고 해서, 그 사람이 더 큰 프로젝트를 맡아도 원래의 70퍼센트에는 변함없이 집중하리라곤 장담할 수 없다.

이 모든 단서에서 알 수 있듯이, 도출된 기회비용만을 근거로 일을 내부에서 할지 외부에 맡길지를 판단해선 안 되지만, 한편으로는 당신의 시간에 구체적인 가치를 설정하고 기회비용을 계산하는 과정이 꼭 필요하다. 대강의 어림짐작이라도 합리적인 결정을 내리는 데 도움이 될 것이다.

주말 요금표를 작성하라

집안일 프로젝트에서는 기회비용이 더욱 현실적으로 나타난다. 예컨대 베란다에 놓을 의자를 직접 만들기로 했다면, 친구들과 골프를 치거나 아이들의 축구경기를 관람하거나 아니면 그냥 휴식을 취할 수 있었을 소중한 시간이 그대로 사라진다.

당신 자신의 '주말 시급'을 미리 정해두면 집안일을 직접 할지 아니면 다른 사람에게 맡길지 결정을 내리는 데 도움이 된다. 이를테면, 잔디를 깎는 데 두 시간이 예상되고 나의 주말 시급이 2만 원이라면, 3만 원을 받는 옆집 학생을 부르는 게 이득이다. 간단하다.

물론 여기서도 그 일이 개인적인 보람이 되고 일 자체로 가치 있는 활동일 수 있다. 그 일을 매개로 친구나 가족과 함께 시간을 보내는 것에 가치를 둘 수도 있고 말이다. 그런 일이라면 '요금' 같은 건 잊고 그 일에 우선순위를 두어도 문제없다.

대리비용 계산하기

당신이 어떤 업무를 아웃소싱한다고 해서 그 일을 완전히 '내던지고' 관심을 꺼도 되는 경우는 거의 없다. 업체를 고용할 때는 그 업체를 관리하는 데 관련된 비용을 고려해야 한다.

업체나 브로커 등 제3자를 통해 일할 때 발생하는 비용을 '대리비용'이라고 한다. 여기에는 소통 비용, 통제력 약화, 외부 주체를 끌어들였을 때 발생할 수 있는 추가 리스크, 그 밖에 직접 일하지 않을 때 발생하는 각종 관리 비용 등이 있다.

경제학자들은 그 대리인이 내부에 있든(다른 팀원) 외부에 있든(업체나 업자) 대리비용은 늘 있는 상수라고 말한다. 다시 말해, 업체를 관리하는 과정에서 생기는 지출과 성가신 일은 팀이나 직원을 관리하는 데 드는 노력과 다르지 않다는 것이다.

어쨌든 이론은 그렇다. 현실세계에서 대리비용은 아웃소싱을 할 때 더 높아지기도 하고 더 낮아지기도 한다. 이 비용은 일을 맡기는 조직과 일을 맡은 업체에 따라서, 소통의 원활한 정도에 따라서, 해당 서비스의 복잡도에 따라서 달라진다.

대리비용을 믿을 만한 범위 안에서 예측할 수 있는 공식은 없지만, 시장에 선택지가 적을수록, 또 그 업무 기능의 역사가 짧을수록 대리비용이 높아진다고 볼 수 있다. 역으로, 시장에 안정적인 선택지가 많을 때는 대리비용이 낮아진다. (이제는 매달 수백만 건의 급여 지출이 외주 업체에 의해 진행되고 있다는 사실을 떠올리면 된다.)

대리비용을 추정하는 데는 일단 다음 두 질문이 필요하다. 첫째, 일 잘하는 업체를 찾는 것이 어느 정도로 어려운가? 둘째, 업체를 바꾸는 것은 어느 정도로 어려운가?

업체를 찾거나 교체하기가 비교적 쉽다면 대리비용 또한 낮다고 보면 된다. (필요하다면 다른 업체를 찾는 편이 낫다는 뜻이기도 하다.)

퀄리티, 시간, 비용 등의 기본 사항부터 기회비용과 대리비용까지 모두 파악했다면, 이제 충분한 근거를 바탕으로 결정을 내릴 차례다.

전략은 수많은 작은 결정의 총합이다

• • •

우리가 매일 매주 마주하는 '만드느냐, 아니면 사느냐'의 문제는 단기적 전술 이상의 의미를 가진다. 현실에서는 구체적인 작전이 비지니스 전략으로 직결되기 때문이다. 만약 연례 보고서를 직접 인쇄하기로 한다면, 당신은 인쇄업계를 (아주 살짝이라도) 침범하게 된다. 어떻게 보면 당신은 본질적으로 페덱스 및 다른 인쇄업체들과 경쟁하고 있다. 페덱스의 고객을 빼앗으려는 건 아니지만, 당신은 그 일을 그들만큼 효율적으로 해낼 수 있다고 내기를 건 셈이다.

사무실을 대여하는 대신 건물을 직접 사서 일부 공간은 다른 회사들에 세를 놓겠다는 결정에도 같은 원리가 적용된다. 이제 당신은 기업 부동산 업계에 들어왔다. 직원 채용을 전담하는 직원이 몇 명 있다면, 구인업계에 발을 담근 것이다.

때로는 보고서를 직접 인쇄하는 것, 건물을 사들이는 것, 정규직 리크루터를 고용하는 것이 옳은 결정이다. 그러나 팀의 누군가가 "그 정도는 우리가 직접 하자"고 말할 때는 다음과 같은 전략적인 질문을 던져보자. "우리는 그 업계에 들어가고 싶은가?" "우리는 그 업계 선두주자들과 경쟁할 수 있는가?" "우리는 그 업계 최고의 인재를 고용할 수 있는가?"

'아니'라고 말해야 할 때

당신의 팀은 옳은 일은 옳다고 하고 틀린 일은 틀렸다고 말하는 능력을 갖추고 있는가? 당신은 무엇이 핵심에 속하고 무엇은 아닌지 평가할 수 있는 기준을 마련해두고 있는가? 당신의 팀은 애초에 어떤 목적을 위해 만들어졌으며, 그 목적이 팀이 업무 구성을 결정하는 근거다.

이를테면, 당신이 기업의 대형 옥외간판을 제작하는 회사의 CEO이고 내가 그 회사 영업부의 부서장이라고 해보자. 나는 영업부가 판촉활동 성과를 더 효과적으로 파악할 수 있는 방법이 있다고 설득력 있게 주장한 다음, 당신에게 판매 추적 시스템에 투자하기를 요청한다. 나는 그 시스템을 만드는 방법을 잘 알고 있기에, 6개월간 소프트웨어 업체를 고용하면 그들을 지휘해서 시스템을 완성할 수 있다고 확신한다.

당신은 CEO의 권리로, 또 매우 현명하게도 나에게 소프트웨어 개발 경력이 있느냐고 묻고, 내가 할 일은 영업부의 성과를 올리는 것이지 시스템을 만드는 게 아니라고 말한다. 그렇다면 더 좋은 방법은 십중팔구 시중에 나와 있는 판매 추적 시스템을 구입하거나, 필요하다면 그 분야 전문 업체를 통해 맞춤 시스템을 갖추는 것이다. 판매는 나의 주요 업무가 맞지만, 판매 추적 시스템을 개발하는 것은 나의 핵심과 거리가 멀다. 내가 그런 일을 하라고 직원으로서 급여를 받는 게 아닌 것이다.

이번에는 회사 건물 1층에 새로 넣을 간판이 필요하다. 오호! 이번 일은 정확히 우리의 핵심에 부합한다. 돈을 받고 대형간판을 만들어 내는 우리가 그 누구보다도 효율적으로 할 수 있는 일이 아니겠는가? (최소한 아무에게나 맡기는 것보단 잘할 테고 아무나가 만든 것보다는 훌륭한 결과물이 나올 것이다.)

삶과 일에서 당신 존재의 핵심, 당신이 향해야 할 '진북'을 가리켜 주는 나침판은 한두 개가 아니다. 그중에서도 나는 시장이야말로 간단한 나침판이라고 말하고 싶다. 어떤 클라이언트가 내 회사에 돈을 내고 서비스를 구매한다면, 그 서비스에 팔 만한 가치가 있음이 입증되는 것이다. 즉, 그 서비스에서는 우리가 프로다.

"이 정도는 할 수 있죠?"

누군가가 당신에게 돈을 내겠다고 하면 당신이 꼭 그 일을 받아들여야 할까? 결코 그렇지 않다. 주택의 지하실 마감공사를 전문으로 하는 건설업체가 있다고 하자. 프로젝트 하나가 마무리될 즈음에 고객이 감사인사를 전하려고 현장에 들렀다. 그가 사장에게 말한다. "아무래도 뒤뜰 쪽으로 테라스를 낼까 싶어요. 그 일도 맡아줄 수 있겠죠?"

이와 같은 칭찬과 영업 기회가 그 자체로 나쁜 건 아니지만, 우리에게 원치 않는 일을 떠안길 때는 비싼 문장으로 변한다. 지하실 마감을 전문으로 하는(전기, 배관, 목공, 마감재 등을 다룰 줄 아는) 업체라면 그보다 비교적 간단해 보이는 테라스 시공도 잘하리라고 짐작할 만하다. 그러나 흙을 파고 토대를 다지는 등, 그 일에는 또 다른 핵심 기술이 필요하다. 게다가 집 밖에 구조물을 세우는 일이니만큼 그와 관련된 관청 인가와 날씨의 제약 때문에 일이 복잡해지고 비싸질 것이다.

혹시 이 업체가 테라스를 잘 만들 수 있다고 해도, 비즈니스 전략과 계획에 어긋날 가능성이 있다. 반대로 이 일을 계기로 사업 전략을 확장할 수도 있다. 요컨대 새로운 기회를 평가할 때는 그것이 팀의 계획과 전략에 긴밀하게 연관되는지를 기준으로 삼아야 한다.

같은 노선, 다른 결과

옛날식 축음기에 귀 기울이고 있는 개의 사진을 본 적이 있는가? 그 축음기를 만든 RCA는 개인용 엔터테인먼트 장비가 처음 등장한 시대의 선두주자였다. 이후 RCA는 텔레비전을 대중적으로 보급하면서 대단한 성공을 거두었다. 소비자용 전자제품 분야에서 높은 수익과 독보적인 지위를 누리던 RCA는 이윽고 "우리가 직접 해야 하는 일이 또 뭐가 있을까?" 하고 질문을 던졌다.

그들은 다른 영역에 돈을 투자하기 시작했다. RCA는 1960년대와 1970년대를 거쳐 여러 분야를 아우르는 거대 기업으로 계속 성장하면서, 자동차 렌털, 냉동식품부터 서적 출판, 부동산에 이르는 다양한 업계의 회사를 사들였다. 그들이 인수한 업체 하나하나는 가치가 있었지만, 소비자용 가전제품과는 거의 또는 아무런 관계가 없었다.

RCA 경영진이 인수 합병과 새로운 산업에 몰두하고 있던 그때, 일본의 여러 제조업체는 텔레비전에 새로운 혁신을 도입했다. 그들은 비슷한 혹은 더 뛰어난 상품을 더 낮은 가격으로 내놓았고 그로써 RCA가 차지하고 있던 시장 점유율을 빼앗았다. RCA는 그제서야 핵심 사업으로 돌아가려 했지만 텔레비전 시장에서의 1위 자리는 결코 되찾지 못했다. 그들은 제 가치가 무엇인지 갈피를 잡지 못했고, 결국 1980년대 중반 다른 회사에 인수되었다.[29]

RCA의 몰락은 미국 산업 역사에서 잊히지 않는 실패로 남아 있지만, 그들이 유일한 사례일 리 없다. 크고 작은 수많은 회사들이 너무 광범위하게 영역을 확장했다가 초점을 잃는 대가를 치러야 했기 때문이다.

RCA의 사례가 유독 흥미로운 이유는 이 회사의 역사와 이 회사를 사들인 회사의 더 유명한 역사가 정반대의 길을 보여주기 때문이다. 제너럴 일렉트릭 역시 여러 독립적인 사업 노선을 추구하던 혼종 기업이었다. 그러나 그 역사를 들여다보면 다양성이 꼭 약점이나 부실함을 뜻하진 않는다는 사실을 알 수 있다.

잭 웰치가 제너럴 일렉트릭의 CEO가 된 것은 1981년, 그가 20년간 이 회사에서 기술자, 관리자, 부서장으로 근무한 뒤의 일이다. 그간 여러 다양한 사업 분야를 경험한 웰치는 여러 부실한 영역이 제너럴 일렉트릭의 명성을 해치고 있다는 것을 알았다. 회사가 말 그대로 수백 개의 상품 라인을 보유하고 있는 상황에서, 단 두세 개로 라인을 정리할 수 있을까? 그 정도 대규모의 사업 축소는 현실적으로 불가능했다. 웰치는 사뭇 다른 방법으로 기업 전체를 체계적으로 검토하고 정비함으로써 제너럴 일렉트릭을 일류 회사로 만들었다.

웰치가 이끄는 제너럴 일렉트릭은 "우리가 이 사업을 계속해야 하는가?"라는 질문에 어떻게 답을 찾았을까? 그들은 간단한 척도를 세웠다. "제너럴 일렉트릭은 시장 점유율에서 세계 1위나 2위인 사업만을 유지한다." 이미 그 지위에 올라 있는 생산 라인은 그대로 유지될 것이었다. 해당 업계에서 1위나 2위가 아닌 사업이 있다면 문제를 해결하거나, 회사를 매각하거나, 문을 닫을 것이었다.

"1위나 2위가 아니면 소용없다"라는 이 접근법은 그들에게 더없이 효과적이었다. 잭 웰치의 임기 동안 제너럴 일렉트릭은 여러 사업을 정리하는 와중에도 매출과 이익 기록을 꾸준히 경신하고 주가를 40배나 올렸다.

“그 정도는 우리가 직접 하자”는 말을 듣는다면

• • •

우리는 더 좋은 문장으로 비싼 문장에 맞설 수 있다. 누군가가 외부 업체에 맡겨도 될 일을 내부에서 해야 한다고 주장할 때, 다음의 문장을 알맞게 변형하여 대응하도록 한다.

> “그래요, 그 정도는 우리도 할 수 있죠. 아마 꽤 잘 해낼걸요? 하지만 우리의 우선순위를 잊으면 안 됩니다. 이 서비스를 맡아줄 업체도 꽤 많고요.”
>
> “이 일이 우리의 전략에 부합할까요? 우리가 앞으로 1년 안에 이 상품을 출시할 계획이 아니라면 우리 팀의 핵심 자원을 여기에 낭비해선 안 됩니다.”
>
> “혹시 우리가 요금을 받아야 할 만큼 이 일을 잘하나요? 지금은 보이지 않지만 분명 우리가 감당하기 어려운 복잡한 문제가 나타날 겁니다.”
>
> “그래요, 당신이라면 이 일을 잘할 거예요. 하지만 난 당신이 더 잘하는 일에 집중해주었으면 해요.”

그룹 대화를 위한 주제

팀의 대화 중에 무언가가 ‘부족하다’, ‘아깝다’는 표현이 등장하고 있다면, 다음과 같은 질문으로 그 뒤에 숨은 믿음을 진단하고 분석하도록 하자.

- 우선순위에 관하여

  우리는 우리의 우선순위에 대해 잘 알고 있는가?

  우리에겐 자원이 충분히 있는가?

  현재 우리가 너무 많은 일을 시도하고 있는 건 아닌가?

- 거래처와 파트너에 관하여

  우리는 왜 외부 업체를 이용하는가?

  우리는 언제 일을 바깥에 맡기고 언제 안에서 처리하는가?

  외부 업체와 함께 일한 경험 중 가장 좋았던 것은 무엇인가?

- 핵심 활동에 관하여

  우리 회사가 가장 잘하는 일은 무엇인가?

  혹시 우리는 우리의 핵심에 속하지 않는 일을 하려고 하지 않는가?

  우리가 내부에서 처리하는 일 가운데 다른 사람에게 요금을 받을 수 없을 만한 것은 무엇인가?

성공도 실패도 말 한마디에서 시작된다

이제 세상의 모든 비싼 문장과 싸우는 마지막 훈련이다. 어쩌면 나는 책의 맨 앞에 이렇게 경고했어야 했는지도 모르겠다. 아는 것은 힘이지만 때론 짐이라고. 이제 당신은 모든 자리에서 비싼 문장을 듣기 시작할 테니 말이다.

이 마지막 장에서는 먼저 이 책의 독립된 주제로 깊게 다루지는 못했지만 언제 어디서든 발견되는 몇몇 문장을 더 살펴보기로 하자. 그런 다음 모든 비싼 문장을 빠르고 효과적으로 격파할 수 있는 총체적인 해결법으로 들어간다. 마지막으로, 비싼 문장과 관련하여 앞으로 더 주의 깊게 살펴보면 좋을 몇 가지 개념과 사고방식을 제시하겠다.

비싼 문장은 더 있다

• • •

이 책에서 우리는 아홉 가지의 구체적인 문장을 깊이 있게 살펴보았다. 각 문장이 여러 표현으로 변신하는 모습도 알아보았고, 잘못된 언어와 근거 없는 경험칙 때문에 결정이 틀린 방향으로 나아간다는 것을 확인했다. 하지만 그 아홉 가지가 전부일 순 없다. 여기, 우리가 꼭 알아두어야 할 비싼 문장이 네 가지 더 있다.

"이 가격은 예산 안에 들기 때문에 협상할 필요가 없다"

예산은 시장이나 가치와 (거의) 아무런 관계가 없다. 그만큼 임의적이라는 뜻이다. 상품 가격이 작년에 수립한 예산보다 낮다 해도, 그 사이 시장 가격이 50퍼센트 하락했다면 꽤 큰돈을 초과로 지출하는 셈이다. (예컨대 미국 정부에 20조 달러 부채가 쌓인 데는 예산을 기준으로 한 구매가 큰 역할을 했다.)

"좋은 서비스에는 그만한 돈을 내야 한다"

훌륭한 서비스는 나쁜 서비스보다 당연히 좋지만, 꼭 돈을 더 내야만 훌륭한 서비스를 누릴 수 있는 것은 아니다. 또한, 서비스는 당신의 사업 목표에 더 가까이 다가가게 해주는 수단이 될 수도 있고 아닐 수도 있다. 어떤 서비스가 그저 좋은 정도가 아니라 특별할 만큼 좋을 때, 그리고 그것이 당신의 사업에 큰 이익을 가져다줄 때, 그때에야 돈을 낸 만큼 값을 할 것이다.

"곧 세일 마감합니다!"

세일은 나타났다가 사라지는 법이다. 가격은 올랐다가도 내린다.

때로 우리는 좋은 조건에 물건을 살 기회를 놓칠 수 있지만, 다른 사람의 판촉 일정에 휘둘려 물건을 구매했다가는 필요 이상의 돈을 지불하게 된다. 희소성과 긴급성이 한데 섞인 이 비싼 문장은 당신의 필요에 맞지 않는 물건을 쓸데없이 많이, 그것도 비싼 값에 사도록 부추긴다.

"세일이라서 샀다"

나의 부모님이 부부가 되었을 때, 외할아버지가 새 사위, 그러니까 내 아버지를 한쪽으로 부르더니 덕담인지 악담인지 알쏭달쏭한 말씀을 하셨다고 한다. "이제 내 딸은 자네 돈을 아끼게 됐구만. 내 돈은 더 이상 아낄 수 없는 지경이거든."

참고로 내가 아는 한 어머니는 늘 검소하고 현명하게 돈을 쓰는 사람이었다. 하지만 우리 모두가 다음과 같은 비싼 문장을 말하며 절약하는 척 돈을 쓰고 싶어 하지 않는가! "이건 소셜 커머스로 싸게 샀어." "원플러스원 행사를 하더라고요." "나한테 40퍼센트 할인쿠폰이 있었는데 유효기간이 거의 끝나 가더라고. 그래서 어쩔 수 없이 샀지."

이러한 할인 기회들은 신중하게 구매 계획을 세운 상황에서는 유익한 도구가 될 수 있다. 하지만 "할인행사를 하지 않았어도 내가 이 물건을 샀을까?"라는 질문에 "아니"라고 대답한다면, 아무리 좋은 조건이라도 무시하고 쇼핑 목록에 집중하는 편이 더 현명하다.

비싼 문장을 바로잡는 세 가지 질문

• • •

이 책을 읽은 다음, 당신은 비싼 문장일 가능성이 있는 여러 표현을 알아듣게 될 것이다. 어쩌면 자신이 비싼 문장을 말할 수도 있고 말이다. 그럴 땐 다음과 같이 스스로에게 질문을 던져보길 바란다.

"방금 그건 비싼 문장이었을까?"

말은 말일 뿐이다. 그 자체가 사람이나 회사인 것은 아니며, 그 안에 꼭 뿌리 깊은 믿음이나 굳은 생각이 들어 있는 것도 아니다. 우리는 말을 하다 보면 어색한 단어, 서로 어울리지 않는 개념을 이어 붙이곤 하며, 인간은 그럴 수밖에 없다.

스스로에게나 동료에게 실시간으로 의문을 제기할 수 있다면, 비용이나 손실 없이 그 즉시 진로를 바로잡을 수 있다. 나의 바람은 당신이 팀에서나 친구들 사이에서, 가족 안에서 나타나는 비싼 문장을 대화를 통해 파악하고 교정하는 것이다. 다음 내용을 그러한 습관의 모델로 삼도록 해보자.

이 책 맨 앞에서 우리는 "어쩔 수 없다", "특별하다", "아깝다" 이 세 가지 개념으로 비싼 문장을 크게 구분했다. 그러니 일단 이렇게 묻는다. “지금 나에겐 방법이 없는가?” “지금 나에겐 누군가가 특별한가?” “지금 나에겐 누군가가 아까운가?”

하나 이상의 질문에 “그렇다”는 답이 나올 때는 다시 다음 세 가지 질문으로 문제를 구체화해보자. “그 비싼 문장이 옳다면, 그 이유는 무엇인가?” “ 그 비싼 문장은 언제 옳은가?” “만약 그 비싼 문장이 틀렸다면?”

이 세 질문은 아치를 그리듯 자연스럽게 이어진다. 다른 사람들에게도 같은 질문을 던져보자. 함께 답을 찾으며 공감대를 형성하는 과정에서 각자의 사고방식을 점검하고, 서로가 제시하는 새로운 관점으로 문제를 다시 바라보도록 한다.

공감대 형성하기: 그 비싼 문장이 옳다면, 그 이유는 무엇인가?

첫 번째 질문은 그 어떤 저의 없이 던지는 질문이다. 즉, 일단 그 문장에는 타당한 근거가 있다고 전제한다. 이유는 두 가지다. 첫째, 모든 비싼 문장의 핵심에는 일말의 진실이 있기 때문이다. 둘째, 상대를 설득하여 관점을 바꾸길 원한다면 그 즉시 그를 저격하기보다 같은 편에 서서 상대의 사고방식을 긍정하는 편이 더 효과적이기 때문이다. 다시 말해, “아, 그거 재미있는 생각이네요. 그쪽으로도 같이 생각해볼까요?”라고 제안하는 편이 “당신, 정신이 나갔어요?”라고 쏘아붙이는 쪽보다 더 좋은 결과를 끌어낸다.

비싼 문장은 그 자체로 나쁘거나 어리석지 않다는 사실을 기억하자. 때로는 그 안에 진짜 지혜가 담겨 있다. 그러니 첫째 질문의 목적은 그 문장이 정말로 그 상황에서 도움이 되는 이유가 있는지를 확인하는 것이다. 문장이 어느 정도 타당하다고 판단했다면 (그리고 그 과정에서 상대와 공감대를 형성했고 신뢰를 쌓았다면) 두 번째 질문을 던질 차례다.

맞부딪치기: 그 비싼 문장은 언제 옳은가?

두 번째 질문은 그 문장을 적용하려면 특정한 조건이 형성되어야 한다는 뜻을 담고 있다. 물론 문장이 들어맞지 않는 상황이라면, 그 불안 요소를 끄집어내는 질문이기도 하다. 그 문장이 대체로 참인 상황을 찾으면서 다음과 같이 구체적인 범위로 좁혀 들어가도록 한다.

> *"우리는 그 말이 맞을 때도 있고 틀릴 때도 있다고 동의했어요. 그렇다면 이 경우에도 맞는 말일까요? 맞는다면 그 이유는? 맞는 쪽과 틀린 쪽, 어느 쪽에 더 확신이 드나요?"*

두 번째 질문의 목적은 그 문장의 대체적인 진실이 이 특수한 경우에도 들어맞는지 구체적으로 확인하는 것이다. "무조건, 절대적으로, 어느 경우에나 맞다"는 답이 나오지 않았다면 세 번째 질문으로 넘어가도 좋다.

새로운 길 제시하기: 만약 그 비싼 문장이 틀렸다면?

상대가 믿는 비싼 문장에 조금이라도 균열을 냈다면 희망이 생긴 것이다. 우리에겐 '방법이 없진' 않을 것이다. 우리의 선택지를 제한하거나 비용을 부담할 만큼 그 업체가 '특별'하진 않을 것이다. 그 기회가 우리가 생각했던 것만큼 '아깝진' 않을 것이다. "만약 그 비싼 문장이 틀렸다면?" 하고 묻는 목적은 우리가 전보다 더 자유롭게 사고할 수 있게 된 지금, 우리가 붙잡을 수 있는 구체적인 가능성을 확인하는 것이다.

> "이 사업을 맡길 만한 업체가 그곳 하나가 아니라고 한다면, 더 좋은 가격을 알아볼 수 있고 새 직원을 고용하는 방법과 비용이 얼마나 차이가 날지 생각해볼 수 있어요."
>
> "다음 주에 당장 프로젝트를 시작할 필요가 없다면, 좀 더 여유를 가지고 우리의 업무량을 줄일 만한 다른 방법을 찾을 수 있습니다."
>
> "그 사람이 나의 운명이 아닌 게 맞다면, 기준을 좀 더 높여서 정말로 나에게 딱 맞는 사람을 찾을 수 있을 거야."

우리가 누군가를 비싼 문장으로부터 구할 때, 그 사람의 상황이 더 밝아지고 그 사람이 진 짐이 더 가벼워진다. 비싼 문장을 올바른 문장으로 고쳐 쓰는 것은 사람의 삶을, 생명을 구할 수 있다.

더 큰 그림을 바라보라

• • •

책의 도입부에 밝혔듯이, 나는 일을 하다가 우연하게 비싼 문장을 발견했다. 처음에 내가 주목한 영역은 기업의 구매 결정이었지만, 곧 거의 모든 영역의 결정으로 범위가 넓어질 수밖에 없었다. 나는 그러한 상황을 '비싼 문장'이라고 개념화할 때 어떤 새로움과 이로움이 있을 것이라고 믿는다. 하지만 이 개념이 오직 내 머릿속에서 완성되었다곤 말할 수 없다. 이 도구에는 인간이 생각하고 교류하는 방식에 관한 여러 시대의 철학이 깃들어 있다. 내가 이 아이디어를 떠올리게 된 몇 가지 배경을 소개하면 당신에게도 도움이 될 듯하다.

다시 셰익스피어로, 성경으로, 과학으로

『햄릿』 2막에서 로젠크랜츠와 길덴스턴은 상심에 빠진 옛 친구를 만나러 간다. 햄릿은 덴마크를 감옥이라고 표현하며 자신의 우울함을 드러낸다. 친구들은 당황한다. 덴마크가 감옥이라고? "저희는 그렇게 생각하지 않는데요."

"그렇다면, 자네들에겐 아니로군. 좋은 것도 없고, 나쁜 것도 없어도 생각이 그런 걸 만들어내니까. 그래서 나에게는 감옥인 게지."

햄릿이 표현한 관념은 셰익스피어 시대에 이미 그리 새로운 것이 아니었고, 『잠언』에도 비슷한 구절이 있다. "생각이 그러하면 그의 사람됨도 그러하다."

생각과 말의 힘은 심리학과 의학의 주요한 연구 주제다. 인지행동요법이라고 하는 심리치료법은 요통, 불안증부터 각종 중독과 불면증에 이르는 다양한 질환에 효과를 보이고 있다. 이 치료의 핵심은 무익한 사고방식과 행동을 보다 건강한 믿음으로 대체하는 것이다.

내가 주장하는 비싼 문장에는 대중 심리학과 자기계발서에서 말하는 '믿음 확장법'이나 '자기 말걸기'와도 다르지 않은 면이 있다. 많은 사람이 믿음의 범위를 바꾸고 언어를 바꿈으로써 삶의 방향을 바꾸었다. 이 책도 그런 연습의 하나가 될 것이다.

편향과 저항을 뚫고 나가라

본문에서도 여러 번 이야기했지만 비싼 문장은 편향과 연결될 때가 많다. 어쩌면 우리는 편향 자체를 거부하는 편향을 가지고 있을 수도 있다. '편향'은 그만큼 혼란스러운 단어다. 그러나 우리 모두가 여러 편향을 가지고 있으며, 그게 꼭 나쁜 것은 아니다. 앞서 설명했듯이 편향은 인간의 뇌가 기능하는 데 꼭 필요하다. 인지 편향과 관련하여 내가 발견한 가장 훌륭한 책은 대니얼 카너먼Daniel Kahneman의 『생각에 관한 생각Thinking, Fast and Slow』이다. 에이모스 트버스키Amos Tversky와 공동 진행하여 노벨상을 탄 그의 획기적인 연구 덕분에 우리는 뇌의 작동 방식을 새롭게 이해하기 시작했다.

신경과학 분야에는 카너먼 외에도 여러 인물이 있다. 그러나 과학만이 아니다. 예술가의 교과서인 『예술이라는 전쟁The War of Art』에서 스티븐 프레스필드Steven Pressfield는 저항 관념을 이야기한다. 이 주제에 관해서는 세스 고딘Seth Godin의 『린치핀Linchpin』도 함께 읽어야 한다. 저항은 단순히 타성이나 일상적인 걸림돌이 아니다. 저항이 사람의 몸을 빌리면 힘센 적이 되고, 사람의 창의성을 짓밟는 악당이 된다. 우리에게 리스크와 성공을 멀리하고 좁고 안전하고 조용한 곳에 머무르라고 명령하는 것은 우리가 가진 '파충류의 뇌'다.

비싼 문장은 팀과 조직에서 발사되는 저항의 폭탄이다. 우리는 매일매일 변명과 관성과 정치와 관료주의를 충분히 맛보고 있다. 이 책은 그 모든 평범하지만 위험한 말을 가로지르는 길을 알려주는 지도다. 어떤 비싼 문장은 비효율성과 비용으로 다 설명할 수 없을 만큼 사악하고 파괴적일 수도 있다. 이 책이 프레스필드와 고딘과 그 외 여러 저자의 책 옆에 함께 꽂혀서 당신이 저항을 이겨내는 데 강력한 무기가 되기를 바란다.

관심 있는 독자는 위에 언급한 책부터 살펴보길 바란다. 여기까지 책을 읽어준 독자 여러분께 고맙다. 부디 이 책이 당신의 삶과 일을 더 풍요롭게 이끌기를.

때로 나는 내가 아는 그 누구보다도 많은 응원과 지지를 받는 것 같다. 하지만 이런 책을 쓸 때는 그 한 마디 한 마디가 꼭 필요하다. 수많은 사람의 도움을 받아 이 책을 썼지만, 그중에서도 마이크 매니언Mike Manion, 마크 조지프Mark Joseph, 팻 에니스Pat Ennis, 브래드 필립스Brad Phillips의 도움이 컸다. 모두가 나를 나보다 더 잘 알고 이 책을 꼭 써야 한다고 믿고 응원해주었다.

이 책이 누군가에게 도움이 되었다면 그 찬사는 뛰어난 편집자 캐서린 올리버Catherine Oliver와 나누고 싶다.

늘 나에게 용기를 주는 사람은 아내 린다이다. 아내는 넘치는 에너지로 나에게 영감을 주고 나를 끝까지 믿어준다. 아내가 없었다면 이 책을 결코 완성하지 못했을 것이다. 그렇다. 이건 '비싼 문장'이다. 하지만 진실이다.

주

1. 나폴레옹과 프랑스군에 관한 이 일화는 19세기 프랑스 역사가 드 세구르 백작Comte de Ségur이 1824년에 출간한 『나폴레옹과 대육군의 1812년Histoire de Napoleon et de la Grande Armee pendant l'annee 1812』 영역본에서 가져온 것이다. 원정에 참여한 여러 사람에게 객관성과 정확성을 인정받았고 지금 읽기에도 흥미로운 책이다.

2. 매몰비용과 관련한 스키 여행 실험은 해롤드 아키스Harold R. Arkes와 캐서린 블루머Catherine Blumer의 「매몰 비용의 심리학The Psychology of Sunk Costs」(Ohio University 1985)에 서술되어 있다.

3. 『시편』 103편 12절.

4. 나는 '긴급성의 독재' 개념을 스티븐 코비Steven Covey의 『중요한 일을 먼저 하라First Things First』에서 읽고 알았지만, 코비가 밝혔듯이 그 기원은 미국의 교육자이자 성경학자인 찰스 험멜Charles Hummel이 1967년에 펴낸 31쪽짜리 소책자로 그 제목이 바로 『긴급성의 독재Tyranny of the Urgent』이다.

5. 해리 채핀Harry Chapin은 1974년에 방영된 사운드스테이지Soundstage 공

연에서 <요람 속의 고양이Cat's in the Cradle>의 기원을 짤막하게 설명하면서 "솔직히 난 이 노래가 죽을 만큼 무서워요"라는 말을 했다.

6. 위임에 대해서는 많은 책이 나와 있다. 그중 가장 좋은 책을 하나 고르라면 나는 마이클 거버Michael E. Gerber의 『사업의 철학E-myth Revisited』을 들겠다. 거버는 사업과 그 소유주가 한 몸을 이루는 단계를 사업의 '유아기'라고 정의하면서, 리더가 책임을 분담하는 법을 배울 때 비로소 유아기가 끝난다고 말한다.

7. 지오메트릭스Geometrx가 2013년 4월 11일에 발표한 프리도니아Freedonia 그룹의 연구 결과에 따르면, 집 안 정리를 위한 상품의 수요는 매년 약 4퍼센트씩 증가하고 있다. 차고 수납 시스템과 같은 일부 카테고리는 더욱 빠르게 성장하고 있으며, 정리 서비스는 그보다도 빠른 성장세를 보이고 있다. 곤도 마리에Marie Kondo의 베스트셀러들은 이 분야에 세계적인 관심을 불러일으켰으며, 전미 오거나이저 연합의 성장도 그 추세를 증명한다. 내가 개인적으로 존경하는 이 분야의 영웅은 알찬 뉴스레터를 발행하고 있는 사무실 정리 전문가 케이시 페이드Kacy Paide다.

8. '바쁨 중독'은 심리학, 라이프스타일, 신앙 분야의 정기간행물과 웹사이트에서 수많은 기사로 다루어지고 있다. 내가 추천하고 싶은 관련 사이트는 '휴식하는 랜즈Rands in Repose'와 '미래 리더십 학회Future Leadership Institute'이다.

9. 『조직의 대화법Dialogue in Organizations』에서 메건 라이츠Megan Reitz(영국 애쉬브리지 경영대학원 교수)는 조직의 속도와 바쁨이 소통을 방해하고 창의성을 떨어뜨리는 여러 사례를 제시한다.

10. 이언 앨트먼Ian Altman은 저술과 강연 활동을 통해 클라이언트에게 가치가 있는 문제를 제기하라는 메시지를 전하고 있다. 이언과 나는 친구 사이로 『고객은 우리 편이다Same Side Selling』를 함께 썼다. 그의 웹사이트 www.IanAltman.com에도 유익한 내용이 가득하다.

11. 나는 페덱스의 역사에 관한 여러 글을 읽었지만, 이 내용에 도움을 얻은 자료는 페덱스 웹사이트에 올라와 있는 "우리의 이야기our story"이다.

12. 나는 스타벅스의 라테LATTE 프로그램을 여러 글을 통해 접했는데 그 대부분이 찰스 두히그Charles Duhigg의 『습관의 힘The Power of Habit』을 출처로 삼고 있었다.

13. 차별화의 중요성은 거의 모든 중요한 비즈니스 전략서에 강조되는 내용이다. 그중 가장 잘 알려져 있고 나도 추천하고 싶은 책은 문영미의 『디퍼런트Different』이다.

14. 나는 지금도 퀴즈노스 샌드위치를 사랑하며 그들이 다시 회복하기

를 간절히 바라고 있다. 패스트푸드 사업의 성쇠는 우리 눈에 잘 보이기 때문에, 또한 퀴즈노스는 낮은 프랜차이즈 요금으로 많은 가맹점을 끌어 모았기 때문에, 이 기업의 재난과도 같은 역사에 대해서는 많은 글이 쓰였다. 그중 가장 좋은 기사는 2014년 3월 3일《미디엄Medium》에 게재된 제임스 다실바James Dasilva의 글과 2013년 3월 15일《덴버 포스트Denver Post》에 게재된 스티브 라브Steve Raabe의 글이다.

15. 사우스웨스트 항공사는 내가 1998~99년 켈로그 경영대학원에서 공부할 때 인기 높은 사례조사 연구 대상이었고 지금도 그렇다고 알고 있다.《이진 아티클즈Ezine Articlest》 웹사이트에 2005년 12월 11일자로 올라온 한 글은 사우스웨스트 성공 역사의 여러 측면을 깊이 있게 다루고 있다. 그보다 최근인 2012년 6월 18일《이코노미스트Economist》 웹사이트의 한 블로그에 올라온 글은 사우스웨스트의 보잉 737 단일 기종 사용에 초점을 맞추고 있다.

16. 통일성이 비용을 줄여준다는 이 장의 전반적인 메시지는 헨리 포드가 모델 T를 설명하면서 위트 있게 표현한 "검은색이면 아무 색이나 고르실 수 있습니다"라는 말로 대변된다. 모델 T 대량생산은 극히 효율적인 제조업 시대를 열었던 동시에, 생산 비용을 낮춤으로써 모든 생산 인구가 자동차를 소유할 수 있는 자동차 시대를 열었다. 바로 이 시기에 포드는 공장 노동자의 임금을 두 배로 올렸으며 이것이 전반적인 임금 인상으로 이어졌다.

17. 헨리 데이비드 소로는 『월든』에서 "다른 북소리"에 관한 이 구절을 썼다.

18. 벤저민 프랭클린은 이 격언을 『리처드 연감Poor Richard's Almanac』에 적어 두었다. 이 표현을 최초로 만들어낸 사람이 프랭클린은 아닐 수 있지만, 그 덕분에 이 정도로 유명해진 것은 사실이다.

19. 2009년 2월 18일자 《일렉트로닉 리크루팅 뉴스Electronic Recruiting News》에 따르면 "왓슨 와이어트Watson Wyatt의 보고서(2008/2009 Workusa)는 직원 몰입도가 높아지면 회사의 생산성이 26퍼센트 상승하고 이직률이 낮아지며 좋은 인재를 끌어들일 가능성이 커짐을 밝혀냈다. 지난 5년간 그러한 회사는 주주에게 돌아가는 총 수익도 13퍼센트 증가했다." 왓슨 와이어트는 그해에 타워스 페린Towers Perrin과 합병하여 타워스 왓슨Towers Watson이 되었다. 이 회사가 2012년에 발표한 또 다른 연구를 토니 슈워츠Tony Schwartz가 《하버드 비즈니스 리뷰》(2012년 11월 8일)에 요약한 바에 따르면, 직원 몰입도가 낮은 회사의 실제 이익률은 10퍼센트, "지속적인 몰입도"가 가장 높은 회사는 27퍼센트였다.

20. '6 Why' 기법은 나의 발명품이 아니고, 사실 정확히 누가 고안했는지도 알 수 없다. (누가 됐든 그 사람 집에는 네 살배기 꼬마가 있지 않았을까?) 식스 시그마 방법론에서도 문제의 근본 원인을 파악하

기 위한 '5 Why' 기법이 있으니 그 변형일 가능성도 있다.

21. 『마태복음』 13장 12절.

22. 나는 대선수 줄리어스 어빙이 이에 대해 한 또 다른 말도 참 좋아한다. "틈은 찾으려고 하면 찾아진다." 나는 이 말이 적혀 있는 어빙의 포스터를 30년 전에 가지고 있었지만, 다른 데서 정확한 출처를 확인하지는 못했다. 본문에 인용한 말은 2007년 11월 '성취의 학교Academy of Achievement'에 게재된 인터뷰에서 가져왔다.

23. 잭 웰치의 인재 관리 접근법은 그의 『승자의 조건Winning』 7장에 설명되어 있다. 이 책은 여러 번 다시 읽을 만한 훌륭한 비즈니스 매니지먼트 서적이다.

24. 내가 마셜 필드Marshall Field에 관해 처음 알게 된 것은 1998년 시카고 시내에 있는 마셜 필즈 본점을 방문했을 때다. 2004년에 마셜 필즈 체인을 인수한 메이시스Macy's의 모회사 메이 컴퍼니May Company가 마셜의 브랜드를 포기하기로 했을 때는 얼마나 실망했는지 모른다. 필드는 소매업을 혁신한 위대한 인물이었다. 그에 대해 알아보는 방법은 많겠지만, 내가 추천하는 책은 로이드 웬트Lloyd Wendt와 허먼 코건Herman Kogan이 쓴 『부인이 원하는 것을 드리세요: 마셜 필드 앤 컴퍼니 이야기Give the Lady What She Wants: The Story of Marshall Field & Company』이다.

25. “공을 던질 때 일어날 수 있는 상황은 딱 세 가지이며, 그중 둘은 나쁘다.” 이 말은 대체로 오하이오대의 우디 헤이즈Woody Hayes가 했다고 여겨지지만, 텍사스대의 대럴 로열Darrel Royal과 연결되기도 한다. 이 말이 책에 처음 등장한 것은 1963년의 일이며, 그 후 거의 모든 미식축구 중계자들이 이 표현을 즐겨 썼다.

26. 레고 이야기의 출처는 2013년에 출간된 데이비드 로버트슨David C. Robertson의 『레고 어떻게 무너진 블록을 다시 쌓았나Brick by Brick』이다. 기업이 성장과 변화 사이에서 유지해야 하는 균형에 관한 훌륭한 책이며, 책에 등장하는 여러 레고 시리즈를 가지고 논 기억이 있는 독자에게 특히 재미있을 것이다. (나도 그런 사람 중 하나이지만, 내 동생 벤이야말로 미니피규어와 캐슬 시리즈, 스페이스 시리즈를 만끽한 세대였다. 물론 동생 덕분에 나도 레고를 오래 즐길 수 있다.)

27. 《하버드 비즈니스 리뷰》에 실린 “성능 피로 극복하기Defeating Feature Fatigue”는 《하버드 비즈니스 리뷰》가 2006년에 수행한 연구를 충실하게 요약하고 있다. 지금의 완연한 스마트폰 시대에 더욱 흥미롭게 다가오는 글이다.

28. 내가 이 이야기를 들은 것은 시카고에 있는 프랭크 로이드 라이트Frank Lloyd Wright의 주택 겸 작업실을 둘러보는 투어 프로그램에서였다. 이야기를 확증할 만한 근거는 결국 찾을 수 없었으니 지어낸 이

야기일 가능성도 있다. 따라서 나는 이를 역사보다는 이야기로서 이 책에 소개했으며, 라이트 같은 선구적인 인물의 정신을 엿보는 데는 문제가 없을 것이다.

29. RCA는 텔레비전 시대를 연 기업이다. RCA의 역사는 로버트 소벨Robert Sobel의 2002년 저서 『RCA』에 자세히 기록되어 있다.

말기술

1판 1쇄 펴냄 2018년 6월 11일
1판 1쇄 펴냄 2018년 6월 18일

지은이 잭 퀄스
옮긴이 오윤성
펴낸이 조윤규
편집 민기범
디자인 홍민지

펴낸곳 생각의서재
등록 2017년 1월 6일 제2017-000050
주소 (07788) 서울특별시 강서구 마곡중앙로 161-17 보타닉파크타워1 612호
전화 영업부 02-3661-7283 / 기획편집부 02-3661-7284 | 팩시밀리 02-3661-7285
이메일 houseofthinking@naver.com

ISBN 979-11-961926-6-2 03320

· 원고 투고를 기다립니다. 집필하신 원고를 책으로 만들고 싶은 분은 houseofthinking@naver.com로 원고 일부 또는 전체, 간략한 설명, 연락처 등을 보내주십시오.

이 도서의 국립중앙도서관 출판예정도서목록(CIP)은 서지정보유통지원시스템 홈페이지(http://seoji.nl.go.kr)와 국가자료공동목록시스템(http://www.nl.go.kr/kolisnet)에서 이용하실 수 있습니다.
(CIP제어번호 : CIP2018016107)